THE NEXT ECONOMIC CRISIS

下一轮经济危机 2
中国凭什么幸免于难

韩和元◎著

北京大学出版社
PEKING UNIVERSITY PRESS

图书在版编目（CIP）数据

下一轮经济危机 2：中国凭什么幸免于难/韩和元著. —北京：北京大学出版社，2013.1
ISBN 978 - 7 - 301 - 21525 - 8

Ⅰ.①下… Ⅱ.①韩… Ⅲ.①中国经济-经济危机-研究 Ⅳ.①F113.7 ②F124.8

中国版本图书馆 CIP 数据核字（2012）第 265547 号

书　　　　名	：下一轮经济危机 2：中国凭什么幸免于难
著作责任者	：韩和元　著
责 任 编 辑	：宋智广　　闫　勤
标 准 书 号	：ISBN 978 - 7 - 301 - 21525 - 8/F·3388
出 版 发 行	：北京大学出版社
地　　　　址	：北京市海淀区成府路 205 号　100871
网　　　　址	：http://www.pup.cn　　新浪官方微博：@北京大学出版社
电子信箱	：rz82632355@163.com
电　　　　话	：邮购部 62752015　　发行部 62750672
	编辑部 82632355　　出版部 62754962
印　　刷　者	：北京正合鼎业印刷技术有限公司
经　　销　者	：新华书店
	783 毫米×1096 毫米　16 开本　18 印张　240 千字
	2013 年 1 月第 1 版　2013 年 3 月第 2 次印刷
定　　　　价	：42.00 元

未经许可，不得以任何方式复制或抄袭本书之部分或全部内容。
版权所有，侵权必究
举报电话：010 - 62752024　电子信箱：fd@pup.pku.edu.cn

本质上，资本主义是一个内生的经济变迁过程，当缺乏变化时，资本主义社会将不复存在。

　　　　　　——约瑟夫·阿洛伊斯·熊彼特（Joseph Alois Schumpeter）

　　信用扩张确实能导致一时的繁荣，但这种繁荣迟早会归于破灭，导致新一轮的萧条。货币把戏只能收到表面的一时之效。从长远看，它肯定会让国家陷入更深重的灾难。

　　　　　　——路德维希·冯·米塞斯（Ludwig von Mises）

谨以此书献给我的女儿韩猗。

The Next Economic Crisis | 推荐序

中国当前所面临的问题，与其说是单纯的经济问题，不如说是政治经济问题。我们看到诸多国家在经济转型过程中，往往伴随着关键的政治转型问题，如20世纪80年代的韩国和90年代的墨西哥。

经济危机？ 对这轮的经济危机，无论是业界还是官方都习惯用"美国或者是欧洲发生的危机"来定义，并认为中国经济的波动只是受欧美危机的影响而已。财政部副部长朱光耀就曾表示："因为欧盟是中国的第一大贸易伙伴，而当前欧洲主权债务危机已经蔓延到了全球，并波及中国。"

如果上述观点成立，中国所受的影响与欧美国家相比应该轻微得多才是。可实际情况却恰好相反。数据显示，自2008年次贷危机爆发以来，作为危机发源地的美国，股市损失不足一成，倒是最先从危机中复苏的中国，股市却被拦腰斩断。对此，很多人难免会发出这样的疑问，既然当前的危机虽被称为美债危机、欧债危机，可为什么我们的股市下跌得如此厉害？

为什么？ 对于这个疑问，本书作者韩和元给出的答案是"股市是经济的晴雨表。股市所反映出来的问题,已表明中国的经济问题不只是外部因素所造成的,它与中国自身也有着莫大的关联。"

军事政治专家乔治·弗里德曼所指出,造成当前中国经济混乱的根源就在于"中国是没有'内部经济'的国家"。他甚至据此而断言"中国在以出口为主的结构和贫穷的冲突下,未来10年内将陷入'危机'"。

这的确是一个问题,作为一个拥有近14亿人口的国家,是哪些因素导致了我们高度依赖出口而没有形成与之对应的"内部经济"呢?

作者在本书中所给出的解释是,这与我们所采取的发展战略有关。自改革开放以来,我们所采取的是出口导向型竞争战略,这一战略依靠廉价的劳动力,粗放式地使用资源,形成所谓的比较优势。这种发展战略固然促成了过去30年,特别是最近10年经济的高速增长,但同时也为今天聚集了大量的问题,其中最为突出的就是我们高度依赖出口而没有产生与之对应的"内部经济"。

也正是由此产生了弗里德曼所指称的中国必然崩溃的危机。

怎么办? 对世界来说,中国确实是一个奇怪的国度。一方面它保持了长达30年的经济高速增长,在世界的舞台上备受关注。它成功地举办了奥运会、世博会等盛大活动,更让神舟系列飞船上天。为此,连一向傲慢的英国人也不得不惊叹:中国将"统治"世界(马丁·雅克,《当中国统治世界》)。

但另一方面,这个国家正进入最严峻的社会矛盾高发期。中国正上演着最为惊人的贫富分化,中国是世界上最大的奢侈品消费国,但同时也有1亿多人口挣扎在贫困线下。近年来,自然灾害日益严重,地震、泥石流、洪涝等在数量上和程度上都屡屡刷新记录,越来越多的人死于癌症和各种传染病。中国面临着乔治所指称的最为严峻的外部经济增长环境。

但作者显然并不悲观,他反倒认为,中国所特有的这种二元的、矛盾的结构决定了，面对未来的危机，我们可采取的措施还很多。因为，我们还存在着大量的改革空间。在作者看来，中国完全可以通过诸如经济和政治体制的改革、技术和管理的创新等手段，让经济再次出现质的飞跃。

对于作者的这一观点我完全赞同。制度经济学家诺思有一个著名的"国家悖论"，他认为国家是构成有效制度安排和经济发展的必要条件，但是，这往往又是阻碍经济发展的根源。这话又可反过来这样表述，政府固然是很多麻烦的所在，但它也的确是经济发展的必要条件。这一点是我们不能忽视的，特别是在中国这样一个国度，因为中国社会最大的力量还是政府力量。因此，要想扫除阻碍中国经济发展的障碍，体制改革必须先行。事实上，改革开放以来的这30多年的经验也证实了这一点。

转型陷阱。当然作者对于未来也还是颇存顾虑的，他的顾虑来自对改革的不确定。作者认为，在改革和转型过程中所逐步形成的既得利益格局，已阻碍了进一步改革的可能。因为，从自身利益最大化的角度出发，对既得利益者而言，他们所需的就是将某些具有过渡性特征的体制因素定型化、制度化、合法化，以此来维持现状。

也正是因此，作者认为我们现在最需警惕的，不是拉美式的中等收入陷阱，也不是改革的倒退。就现在而言，真正需要警惕的是以"不改革"为主要表现形式的"转型陷阱"。对此，作者忧心忡忡，他指出如果继续"深陷转型陷阱，中国将会沿着目前这条即存的二元结构的裂痕而撕裂，国家将陷入混乱"。

对于这一判断，我持原则性认同态度。去年，在给国务院研究中心朱敏博士所著的《转型的逻辑》一书的推荐序里，我就提及，如果社会的统治阶层尊重社会正义，那么更广泛的社会公众才会遵守社会伦理；但如果统治阶层不能正视这点，无视社会大多数人的利益诉求，而任由既得利益集团将权贵资本主义进行到底,最后只能导致社会矛盾的激化,和社会创新动力的丧失,进而丧失从外源性增长向内源性增长转变的宝贵机会,最终招致社会危机或者坍塌。

假说与证伪。就该判断是否能站得住脚,我们无法给出一个合理的答案。因为正如英国哲学家卡尔·波普在其《开放社会及其敌人》一书里所论的,"科学理论是无法得到证实的,必须被当作假说去接受证伪,只要它未被证伪,我们就可暂时认为它是真实的"。这一观点在经济领域同样适用。就作者对未来经济走势的分析和判断,我们只能说必须将其当成一种假说让时间去证伪。但实践证明,作者的一些判断是真实的,是未被时间证伪的。

事实上,无论是从福柯的知识权力的角度,还是从哈耶克的个人秩序知识论的角度,我们都可以得出一个结论:所有的历史"事实"其实都是某种"解释模型"或者理论。作者以他良好的直觉、专业的经济学思维方式及丰富的工作经验,在2006年准确预测到2008年的危机(酝酿中的全球经济危机——格林斯潘给我们的遗产,2006)、2009年预测到其后到来的通胀(我们离通胀还有多远?2009),到2011年年中他基于伯南克的学术思想和西方国家的经济政治周期性,更是斩钉截铁地认为美国一定会推出QE3(为什么我们坚信美国一定会推出QE3?2011)。价值中国网很荣幸,可以为包括本书作者韩和元在内的广大专业人士提供这样一个表达观点的平台,正是这个平台,让我们见证了这样一个证实证伪的过程。

思想的市场。作为世界上最大的发展中国家,中国持续30多年的改革开放也走到了一个新的拐点。从目前的趋势来看,世界经济格局将会发生根本性的变化。在这种巨变中,处于新时代的十字路口中的中国经济和中国社会,到底应当向何处去?如何应对才能积极稳妥地融入全球的巨变中,已经成为一个不容回避的重大课题。在这个"人人都是自媒体"的时代，我们都能够感受到这种"历史性"的变迁。只有厘清中国现阶段发展过程中的各种混乱思想，我们才能够寻找到那把打开中国转型之门的钥匙。

但在这个过程中，我们更应该注意到的是，不同的"思想"往往会产生不同的"市场"。法国历史学家托克维尔曾说过："18世纪和（法国）大革命，像共同的源泉，生成了两股巨流。第一股引导人们追求自由制度，第二股则引导人们追求绝对的权力。"也就是说，当前的思想将直接决定未来的方向和命运，因而当前思想意义上的探索是极其重要的。也正是因此，更需要各界有识之士更多思想上的探索和行动上的呼吁；也正是因此，我们希望通过本书，可以与广大的读者一起感悟、体验、把握或者推动这个历史时刻。

林永青

价值中国网创始人兼CEO

前言

欧美的债务危机正威胁着世界经济,而中国经济已经感受到其负面影响。所以,正确评价当前和未来欧美经济的走势,对中国的投资者、企业家和决策者而言,是非常必要的。

对于当下的经济形势,人们会产生很多疑问:虽然爆发的是美国次贷危机、美债危机、欧债危机,可是为什么中国的经济同样那么艰难?哪些变化导致了我们经济的下滑?这些变化对未来的中国经济走势会有哪些影响?中国与此危机又有着怎样的瓜葛?

中国经济为什么会如此糟糕?对于这一问题,当前的主流观点是"外部环境论"。正如官方媒体所报道的,2012年中国对外出口已经下滑,甚至出现了负增长。数据显示,2011年,作为国内经济发展"三驾马车"之一的出口对中国经济增长的贡献率为-5.8%。为此,财政部副部长朱光耀认为,"中国经济下滑的重要原因在于外部环境的恶化"。这一观点与2008年经济危机的官方解释是一致的。只不过,在政府看来,上一轮的麻烦制造者是因房地产泡沫破灭而引发金融危机的美国,而这一次则是被债务危机所缠身的欧洲罢了。朱部长的观点是:"欧盟是中国的第一大贸易伙伴,而当前欧洲主权债务危机已经蔓延到全球,并波及中国。因此,在外部环境不断恶化的影响下,自去年第一季度以来,中国经济增速开始逐季回落。"

持有这种观点的还有美国著名军事政治专家乔治·弗里德曼(George Friedman)。2011年6月,弗里德曼博士在接受韩国媒体《朝鲜日报》采访时断言:"中国在以出口为主的结构和贫穷的冲突下,未来10年内将陷入'危机'。"他的理由是:"中国是没有内部经济(internal economy)的国家,如果欧洲和美国不买中国产品,那么它就无法生存。"在他看来,"中国就像外部世界的人质"。

这一观点无疑具有一定的价值。《世说新语·文学》上有"铜山西崩,灵钟东应"的典故:汉武帝时期,未央宫前殿的钟无缘无故地响了三天三夜。武帝惊诧,召问博士东方朔,东方朔说:"铜是山之子,山为铜之母,钟响就是山崩的感应。"三天后,千里之外的南郡太守上书说有山崩发生,波及二十多里。

我们所赖以栖身的世界不是孤立存在,而是彼此相互联系、相互影响的。特别是随着全球化的深入,世界俨然成为一个联动链条,其中任何一个环节出现问题,整个链条都将受到影响。2007年的次贷危机爆发于美国,但最后受影响的是整个世界,欧洲和中国的经济都为之出现巨大的波动,这就是最好的证明。

欧美的债务危机,尤其是欧元区的债务问题,对世界经济的影响又何尝不是如此呢?!欧美的债务危机正威胁着世界经济,而中国经济已经感受到其负面影响。所以,如何评价当前和未来欧美经济的走势,对中国的投资者、企业家和决策者而言,是至关重要的。那么,现在的疑问是:当前的欧美经济到底怎么了?是哪些因素导致了这种局面的出现?这些因素对未来的欧美经济又会有怎样的影响?

为了回答上述问题，本书从许多不同的，甚至是与经济关系甚远的领域，搜集了大量的资料。许多经济研究人员往往会忽视从这些领域获得认识，但事实证明，这些认识对于研究经济问题十分关键。这些领域包括经济学、社会学、管理学、历史学以及生物学，我们从中获得了很多对当今经济问题深刻而有效的认识。

综合上述领域的研究，我们对当前的经济问题予以梳理。总的来说，当前的世界经济显现出一个典型的特点，即缺乏变化。按照约瑟夫·阿洛伊斯·熊彼特（Joseph Alois Schumpeter）的观念，缺乏变化就意味着创新处于停滞状态。"没有创新，资本主义就无法运转，经济体制就会瓦解。[1]"因而，欧美国家当前所面临的不只是经济的危机，还有社会的危机。

创新的停滞直接导致社会生产力增长乏力。这时，包括"战争支出＋社会福利支出"在内的社会支出，由于缺乏相应的弹性，将大于社会产出，这种缺口就是初始的主权债务。政府在错误的认识指导下，普遍采用印刷钞票制造通胀的方式来应对，这种应对的意义在于用私人的财政赤字代替了公共的财政赤字。人为压低利率的结果只能是制造出大量错误投资的伪繁荣。随着社会时间偏好[2]的改变，纯利率上升，那些依靠低资金成本维系的错误投资和高杠杆化运作将难以为继，继而便是包括企业、家庭在内的私人部门资产负债表急剧恶化，衰退来袭。

而政府基于维持社会和经济稳定的诉求，不得不着手救助那些错误投资。这样一来，在原来的"战争支出＋社会福利支出"的基础上又增加一笔对错误投资的救助成本，也就是政府为防止经济的进一步下滑，

---

[1] [美]托马斯·麦克劳. 创新的先知：约瑟夫·熊彼得传[M]. 中信出版社，2010.

[2] 时间偏好是指"现在就要，还是以后再要"。"时间偏好"是一个实证性很强的中性化概念，在经济学奥地利学派中，从卡尔·门格尔、欧根·庞-巴维克、路德维希·米塞斯到穆瑞·罗斯巴德，这些经济学家都用"时间偏好"来强调各种原因驱动下个人行为的时间体现，包括用它来解释"利息"和"贴现"。

将原本属于私人部门的债务,主动承接下来。这种承接一旦成为社会的负担(有学术观点认为,当一国债务总额占GDP比例超过90%后,该国经济将陷入增长迟滞),那么,反过来自然也对生产力形成影响,进而制约生产力的提高。一方面是巨大公共债务泡沫的衍生,另一方面则是产出的进一步减少,面临这种形势,为去债、维持经济增长,政府不得不再次释放流动性,制造更大的泡沫……

普遍存在的"创新的停滞",导致世界经济陷入这种致命的循环之中,而这种致命的循环生成了目前各国债务的累积。这就是当前困扰欧美各国的债务危机的根源。

然而,正如上述循环所昭示的,缺乏变化的不仅只是产品、服务、企业、企业家,更重要的是政府。在应对因创新停滞而引发的经济波动时,政府所采用的办法因循守旧。他们不是让产业进行一场创造性的破坏,而是像当年的日本政府一样,不停地用积极的财政政策和宽松的货币政策刺激经济,以期实现稳定、保持增长。这种只顾眼前利益的应对政策,让"创造性破坏"成为一句空话,同时,也让"产业结构的优化和调整"成为一句空话,因为这种应对之策不仅巩固且进一步强化了原有的僵化的产业模式。也就是说,这种应对之策事实上是在人为地破坏"创造性破坏"这一市场机制。

那么,造成这种现象的深层次原因是什么呢?关键是那些掌权者对创新热情的缺乏。英国著名历史学家阿诺德·约瑟夫·汤因比(Arnold Joseph Toynbee)在其著作《历史研究》中指出,在获得伟大的成功后,人类都会趋向于可怕的堕落。这种堕落并非出于宿命,而是由于成功常使得我们趋于怠惰、自满和浮夸……

有怎样的认识就有怎样的应因之策,从目前种种迹象来看,掌权者似乎并没有想从当前的想法中觉悟过来的意思。这也就决定了,面对问题,政府只能继续走那条该死的老路;这也就决定了,当前的产业模式非但不会得以优化和调整，反而只会进一步得到固化。这样的结果只能是，产能进一步过剩，产出进一步减少。

但与之相对应的却是，随着婴儿潮一代的老去，整个世界将陷入老龄化的深渊。如果继续因循老路，社会支出只会越来越大。产出减少，支出加大，这一缺口让债务问题越来越膨胀、越来越泡沫化。不管是股市的泡沫、房地产的泡沫，还是债务的泡沫，只要是泡沫就一定会崩溃。债务泡沫的崩溃，就是我们所预判的下一轮经济危机。

伴随着债务泡沫崩溃而来的是，欧美各国为修复资产负债表将再次步入"去杠杆化"。而今天世界所面临的问题，正是2007年房地产泡沫崩溃所造成的资产负债表的恶化所导致的。下一次债务泡沫破灭，欧美国家的金融机构与家庭的资产负债表无疑将会再度恶化，他们必然会再次以"去杠杆化"的形式来予以应对。在这样的背景下，我们又岂有独立于世的道理呢？

由此看来，欧美经济的走势并非"干我底事"，而是与我们息息相关。关于这点，汤因比在《历史研究》的开头，就尖锐地指出："欧洲没有一个民族国家，能够独立地说明自身的历史问题。因此，应该把历史现象放到更大的范围内，加以比较和考察。"这一分析问题的方法同样适用于考察一国的经济问题。也正是因此，在本书的开始几章，我将更多的精力放在对国际经济形势的评估和判断上。这对国内的读者，或许有些不太习惯。

其实，这种情况早在100多年前的法国就曾出现过。1872年，马克思在其主要面对法国读者的《资本论》第一卷"法文版序言"里，曾写道："法国人总是急于追求结论，渴望知道一般原则同他们直接关心的问题的联系。因此，我很担心，他们会因为一开始就不能继续读下去而气馁。这是一种不利，对此我没有别的办法，只有事先向追求真理的读者指出这一点，并提醒他们。"

就像马克思一样,为了更好地说明问题,我也别无他法,只能在此事先向各位说明这一点。我的目的就是通过这些讨论,了解欧美国家的经济现状,掌握未来的经济走势以及由此而对中国造成的历史性变动。

当然,将所有的问题一概地推给外部因素,显然不足以解释我们所面临的情况。譬如,虽称之为美债危机、欧债危机,可为什么中国的股价下跌得比美国和欧洲的大部分国家都要严重呢?股市是经济的晴雨表,股市所反映出来的问题表明,中国的经济问题不只是外部因素所造成的,它与中国自身也有着莫大的关联。能否正确认识这一点,是把握问题的关键。

诚如查尔斯·罗伯特·达尔文(Charles Robert Darwin)在《物种起源》中所阐明的,"变异必须在生物的本性,也就是内因,和条件外因共同的作用下才能进行,且是缺一不可的"。他认为"关于变异,生物本身的内因往往比条件外因更为重要,原因就在于,它直接决定着生物变异的方向和性质"。[1]这一现象不仅发生在生物界,在现实的经济领域也是如此。

朱光耀和弗里德曼一致认为,我们的问题在于中国没有内部经济,要依靠欧洲和美国购买产品来维持生存。持有相近观点的还有2008年的诺贝尔经济学奖得主保罗·克鲁格曼(Paul R. Krugman)。在纽约时报的一期专栏里,他这样写道:"谁为(中国)过剩的产品和服务买单?部分由国际市场消化。原因是,随着消费份额所占经济比重的持续下降,中国长期以来不得不更多地依靠贸易顺差维系工业的正常发展。"

那么,对拥有近14亿人口的中国而言,是什么导致了我们高度依赖出口而没有与之对应的内部经济呢?这些因素对中国经济乃至社会的未来,又会产生怎样的影响呢?

---

[1] [英]达尔文.物种起源[M].陕西人民出版社,2001.

我们知道，中国依靠廉价的劳动力及丰富的自然资源形成所谓的"比较优势"。这种发展战略固然促成了过去30年特别是最近10年中国经济的高速增长，但同时也为今天的中国积累了大量问题，其中最为突出的就是我们高度依赖出口，而没有产生与之对应的内部经济。

中华民族有"未雨绸缪"的传统，在没有与之相匹配的养老、医疗、教育等社会保障的前提下，人们更趋向于为不确定的未来做储备，这就解释了为什么我国居民工资很低但储蓄率却高企。而这也决定了住房、教育、医疗支出及保障性储蓄主导着国人消费、投资的结构及行为，国人的日常消费支出被压缩。这种情况导致我们生产发展的内在张力被无形地耗损，产能不得不寄希望于国外的需求，恶性循环就此形成——在工资很低且缺乏社会保障的情况下，国内居民没钱消费也不敢消费，政府与企业不得不将更多的注意力放到国外；高度依赖出口，产业结构必然会进一步畸形化，居民收入就无法实现快速增长——中国的发展不得不集中在投资和出口领域。

由此便产生了弗里德曼和克鲁格曼所指称的危机。但我们也需认识到，这种因素形成了我国所特有的二元结构，它导致了在中国既有日本式的富有，也存在着非洲式的落后。但正是这种矛盾性、二元性和极端性，决定了中国在应对未来的危机时，手中可动用的牌远比当年的日本和今日的美国要多得多，因为我们还存在大量的改革空间，城市和乡村的差异巨大，东西部发展极端失衡，国有民营的二元结构亦趋恶化；在中国广阔的中西部地区，在广阔的农村地区，目前存在的问题不是开发过度，恰恰相反，而是严重不足……

那么，为什么会出现这种情况呢？原因在于出口导向型发展战略让经济的增长来得太容易了，这使人们丧失了创造性地改善国内制度生态的动力，也就无法为内部经济的增长提供一套根本性的制度架构以及健全的管制生态。

长期的结果是，这种经济结构严重阻碍了中国经济的可持续发展。随着中国经济的增长，其占世界经济的比重越来越大，这种结构对全球经济的可持续发展，亦是一种莫大的挑战。

事实上，我们的财经官员对这一问题是有深刻认识的。中国人民银行货币政策司司长张晓慧在其2011年的一篇工作论文里指出，导致中国经济问题出现的根源"与出口导向型发展战略，以及围绕此战略长期形成的财政体制、收入分配体制、贸易体制、价格体制、汇率体制等因素有关"。简言之，我们目前所采取的包括汇率、货币、收入分配等在内的一切相关政策都是为出口导向型战略服务的。

既然知道问题的所在，为什么不肯改革呢？法国人让·皮萨尼-费里（Jean Pisani-Ferry）的观点或许能给大家一定的启示："中国的经济再平衡，以及投资和出口导向型增长方式的转变，比预期要缓慢很多。此前的预期主要来自经济判断，但是，这一经济判断拗不过墨守成规的现实政治和根深蒂固的利益集团。[1]"

对于那些既得利益集团而言，当前的这种格局是最好的，他们可以痛痛快快、舒舒服服、有吃有喝，过着美好生活。对于如此惬意的生活，他们自然不愿回到过去，同样也不愿再前进一步。回到过去，意味着得重新过那种朝不保夕、有上顿没下顿的困苦日子；而继续前进，意味着幸福生活就此一去不复返了。

我们最需警惕的，不是拉美式的"中等收入陷阱（Middle Income Trap）"，也不是改革的倒退。对现在而言，我们真正需要警惕的是被孙立平教授称之为"转型陷阱（Transition Trap）"的陷阱。这种陷阱指的是，在改革和转型过程中形成既得利益格局，而这种格局阻碍了进一步改革的可能。这些既得利益者就像"金发姑娘"，他们所需的就是维持

---

[1] 让·皮萨尼-费里. 咎在政治财新[J]. 财新新世纪, 2011（32）.

现状,就是将某些具有过渡性特征的体制因素定型化、制度化、合法化,以此来保障其利益最大化。

也正是这种体制因素决定了,今天的中国面临着发达国家所面临的问题,如严重的房地产泡沫,但同时更面临着如非洲穷国般等待发展的问题。这种国情的差异使中国与当年日本和今日美国面对的问题性质大为不同。对此,我们需进行辩证地认识,这些固然是问题,但何尝又不是机遇呢?!

就经济的增长,广州大学教授陈潭博士最近将其细化和扩展为这样一个模型:$G=I[MPT]$[1]。在该模型中,G为经济增长,I代表制度,M为市场,P为人口,T为技术。陈教授认为,发育完善的市场要素是经济增长的核心,人口要素是重点,技术要素是关键,而稳定和良好的制度结构则是经济增长的基础。正如该模型所表明的,可以提升中国经济增长的有利要素有很多,譬如通过政治经济体制改革,以此来提升I;通过技术和管理创新,以此来提高T;通过提高居民的可支配收入刺激消费,以此促进国内市场M。如果应对得当,任何一个要素处理得好都可以让我们的经济再次出现质的飞跃。

但是,如果我们的改革任由既得利益集团把持,那么中国的问题也将较之今日欧美的麻烦要大出不知多少倍。整个国家也将不再是现在的城乡间的巨大差异,和东西部间失衡的矛盾,而是整个国家将沿着目前这条即存的二元结构的裂痕而被撕裂,国家也将彻底陷入混乱之中。那么,彼时的中国,其关键词将不再是崛起,而是崩溃(collapse)。

本书的意图正是在于帮助人们了解这些情况。

---

[1] 经济增长模型,详见新浪微博@陈潭物语,http://weibo.com/2238722972/yxsuT7qHg,2012.08.16。

本书概要

第一章从中美货币供应量的差异着手分析欧美经济现状。我们知道，为应对次贷危机，中美两国采取的是几乎一样的政策——宽松的货币政策和积极的财政政策，但为什么中美两国的结果却迥然不同呢？短短几年间，中国的货币供应总量以翻番式增长，但美国的货币供应总量却几乎没有增长。是什么原因造成这种现象的呢？根本原因在于，房地产泡沫破灭导致了包括美国金融行业在内的各行业的资产负债表严重恶化。为修复资产负债表，这些金融机构加速"去杠杆化"，自然也就为之惜贷，这就直接导致了货币供应总量的不增长。这一现象表明，美国已经陷入了上世纪90年代开始的、日本式的资产负债表衰退。

第二章主要从历史和现实来分析资产泡沫到债务泡沫的演化逻辑及过程。回顾历史，对照现实，我们可见，资产泡沫迟早会演变为债务泡沫。只要是泡沫，那么其结果从一开始就注定了，那就是投资者的财富是虚幻的，但泡沫破灭后所遗留下来的债务却将是真实的。所谓的资产泡沫化其实就是为解决债务而始，到制造出一笔更为庞大的债务而宣告结束的一个过程。

第三章则从人口老龄化入手分析当前经济形势。在现行制度下，这就意味着未来欧美国家的政府支出只会越来越大。在债务本已缠身的前提下，再加一笔巨大支出，这只会令目前的债务问题恶化。那么，面对如此庞大的债务，世界各国将会如何应对呢？从目前所反馈回来的种种信息来看，各国正走在那条该死的老路上。

而导致这种应对的根源是什么呢？这是第四章所关注的。我们认为，今天危机的根源在于创新的停滞。创新停滞的必然结果是产出的下降。随着具有刚性需求的社会福利支出的不断扩大，各国为应对入不敷出，开始发行债券，从而导致初始债务的出现。各国为应对这种债务，采用的办法是通货膨胀，结果便陷入了一种：债务→信用扩张和财政刺激→泡沫→泡沫破灭后私人部门债务的增长→私人部门去杠杆化导致经济衰退→政府为防止经济全面崩溃，主动承接债务，私人债务社会化→主权债务危机→信用扩张和财政刺激→泡沫→债务……的恶性循环。

有怎样的认识就有与之对应的应对之策。但目前的种种迹象显示，未来的债务泡沫只会进一步膨胀，是泡沫就必然会破灭。这是我们在第五章里所探讨的。结合米塞斯－哈耶克的货币与经济周期模型和卡莱茨基的经济政治模型，我们倾向于认为下一轮危机将在下一个大选年的2016年前后全面爆发。

第六章则是针对当前世界所普遍存在的创新停滞这一病症，开出复苏的药方——创造性破坏。熊彼特指出："每一次的萧条都包含着一次创新的可能。"但仅仅只是一种可能，这种可能是建立在对竞争的保护、对"创造性破坏"的保护这一基础之上的。要想为当前的经济问题寻找一个根本的解决之道，进行足以提高生产力的创造性破坏固然是关键，但为其扫清那些制约其发展的因素如过度福利、过度负债也是必不可少的。

而如果这一药方并不为各国领导者所接受，只是如当下一样依赖于传统的路径，那么其结果必然是欧美的债务泡沫崩溃。这无疑将会对中国形成巨大的冲击。但基于中国因特殊政策所导致的富有和贫苦矛盾地统一在一起的这一二重性，我们认为，在实际应对上中国比欧美国家可动用的牌要多。更重要的是，我们还存在大量的改革空间。这是我们在第七章里所关注的。如果中国应对得当，经济将会得到质的飞跃。但是，如果应对失当，整个社会将沿着现有的裂痕彻底撕裂。

第八章则是对引发中国式问题的出口导向型模式，是否具有可持续性所进行的探讨。从中国现在所发生的一切来看，显然不仅仅只是"外部环境"的问题，而是中国经济本质的问题，也就是我们保存至今的以出口占主导的产业结构发生了问题。随着劳动供给减弱、非熟练工人工资迅速提高、人民币的升值和土地成本的上升，即使没有当前的危机，单纯依靠比较优势来获取竞争力的日子也行将终结。

第九章则是从政治、社会、文化等深层次原因入手，对中国现状进行分析。中国经济面临的最大问题是经济的判断拗不过墨守成规的现实政治和根深蒂固的利益集团。事实上，目前的中国已经深陷于转型陷阱之中。

第十章则是单独针对中国经济所提出的一些建议。当下中国经济的再平衡，关键在于包括社保体系的建立完善、收入增长、土地城乡平权化等在内的社会财富的再分配。唯有以此促进民众的消费欲望，才能扩大内需市场。

第十一章是我们对家庭和企业所给出的一些建议。既然泡沫过后个人和企业的痛苦都是源于高负债。那么，为了避免重蹈当年日本和今日欧美的覆辙，我们给出的建议是，尽量降低负债率。

The Next Economic Crisis | 目录

第1章　重蹈日本覆辙的欧美经济　//001
量化宽松下，美国的货币为何不增长　//001

又是"去杠杆化"进行时 //007

"我们不是日本！"——不，你们就是日本 //011

第2章　资产负债表就是这样恶化的　//015
从解决债务到制造更大的债务　//015

资产泡沫时代　//022

债务泡沫寻因　//033

债台高筑　//042

第3章　走在当年的老路上　//047
没人生产，又何来财富　//047

还能有什么办法　//056

走在因循守旧的老路上　//073

第4章　咎在认识　// 077
认识不同，对策不同　// 077
克鲁格曼与辜朝明的谬误　// 079
格林斯潘和伯南克的"资产价格凯恩斯主义"　// 085
熊彼特式危机　// 091

第5章　下一轮危机——债务泡沫大崩溃　// 097
克鲁格曼的预言　// 097
致命的循环　// 102
债务崩溃的导火索——欧元的崩溃　// 106
假性繁荣的危害　// 111

第6章　复苏之路——创造性破坏　// 117
辜朝明的馊主意　// 117
战争　// 119
创造性破坏　// 123
扫清制约因素　// 128

第7章　中国，独立于全球金融危机之外　// 139
中国经济会崩溃吗　// 139
凭什么独立于危机之外　// 142
不能幸免于全球经济的衰退　// 151

第8章　出口导向型战略的崩溃　// 155
为什么我们的经济会如此被动　// 155
全力支持出口的那些政策　// 161
中国绝对胜出的日子行将终结　// 172

第9章 经济与政治 // 181
中国为什么选择出口导向型战略 // 181
深陷"转型陷阱" // 186
具有决定作用的创造力 // 190

第10章 中国如何突围 // 197
当务之急，"腾笼换鸟"应缓行 // 197
扩大内需的关键 // 204
国内市场建立的根本之道 // 212
如何规避鲁比尼预言的实现 // 222

第11章 企业与家庭的应对之策 // 225
深陷于"赌博经济" // 225
负债才是元凶 // 227
降低负债是避免重蹈覆辙的关键 // 233
信用扩张下资本市场的一般规律 // 235

附录 // 239
学者小传 // 239
近年被验证的预测（摘要）// 248

致谢 // 251
参考文献 // 255

第1章
重蹈日本覆辙的欧美经济

现在一个整齐一致的声音正在呼喊："不，你们就是日本！"不管克鲁格曼怎么说，按照他2002年的定义来看，今天，包括美国、英国等在内的欧美发达国家，事实上已经陷入了日本式的"资产负债表衰退"中。

量化宽松下，美国的货币为何不增长

2010年3月，广东金融学院的陆磊教授提出了一个很有趣的问题：美国与中国采取了完全相同的货币政策——同样的低利率与数量扩张相结合的货币政策，但结果却迥然不同：在中国，出现了货币乘数[1]大幅度提升，广义货币[2]增长率快速上升的局面；而美国则恰好相反，出现

---

[1] 货币乘数，也称为货币扩张系数或货币扩张乘数，是指在基础货币（高能货币）的基础上，货币供给量通过商业银行的创造存款货币功能产生派生存款作用而产生的信用扩张倍数，是货币供给扩张的倍数。

[2] 广义货币（Broad money）是一个经济学概念，和狭义货币相对应，是货币供给的一种形式或口径，以M2来表示，其计算方法是交易货币（M1，即社会流通货币总量加上活期存款）以及定期存款与储蓄存款。由于历史原因，在不同国家，统计口径及表示方法会有所不同。例如，在美国的经济统计中，常常以M3表示广义货币；而在英国，则以M4表示。

了货币乘数下降近一半，广义货币几乎不增长的局面[1]。与陆磊教授之间相映照的是流行于微博上的一个"段子"。"段子"说，中国的货币总量在2008年前就已经高达40多万亿元，但离谱的是，到了2012年6月，更是于短时间内突破了90万亿元。而反观美国，其货币发行总量则几乎没有什么增长。

对于陆磊博士所提的这个问题，我在随后与董登新教授的笔墨官司中，予以了解答。当时，武汉科技大学金融证券研究所所长董登新在价值中国网撰文指出，"中国的房价之所以被推高，其根本原因就在于银行的贪婪和低利率政策"。他的这一观点貌似正确，但事实却是不得要领。

首先，我们得弄清楚的一点是：人性都是贪婪的，贪婪不是中国人的专利，其他国家的人也是如此。既然银行这种行业和组织是人的集合，那么它就不会例于人的局限性之外。对银行来说，基于自身利益的考虑而大量放贷以谋求自身利润最大化，应该算是天经地义、无可厚非的。

其次，就董教授所提的低利率政策，对于中国长期以来的信贷冒进，我们完全认同低利率政策是一股重要的促成力量。但显然它不是唯一的，甚至不是重要的要素。自2008年金融危机以来，美国采用的也是低利率政策，并且比中国的利率要低得多。2008年12月23日，中国人民银行将一年期存款利率下调到2.25%，而在此7天前，美联储则将其基准利率降到了地板上——0~0.25%，这样的利息水平已经是降无可降了。然而，就在这一常规货币手段"弹尽粮绝"的时候，美联储于2009年3月18日宣布购买3000亿美元的长期国债和1.25万亿美元的抵押贷款证券，紧接着，又于3月23日推出银行"解毒"计划，处理金融机构的"有毒资产"问题，这就是所谓的量化宽松（Quantitative Easing）

---

[1] 陆磊.项目投资的再分配效应及其改革[J].南方金融，2010（03）.

政策[1]，其目的是进一步释放流动性。这种应对之策较之中国更为积极，却导致与中国截然不同的结果，这显然说明，低利率政策本身并不是问题的根源。

那么根源在哪里呢？我的答案是两国银行间对资产负债表[2]的态度。对于董教授的观点，我引用陆磊教授的问题做回复，并指出："为什么在同样的政策下，结果却截然不同呢？按照董教授的思维，难道是中国的银行贪婪，而美国的银行不贪婪的缘故？显然不是，人性都是贪婪的，包括你、我、他。真正的原因或许在于，中国的银行不需要对其资产负债表负责，而它的美国同行却需要。"

事实也确是因此。面对不确定的前景，本已经深受资产负债表之苦的美国银行业，为了不使其资产负债表再趋恶化，而不得不为之惜贷[3]。而对资产负债表无须负责，已经是中国银行业的痼疾了。信达、华融、东方、长城四家资产管理公司的诞生，就是国有商业银行这种行为的必然结果[4]。

那么，我们又是如何判定美国银行业普遍存在着惜贷现象呢？关于这一点，无须去看那些枯燥的数据，当时的一则新闻就很能说明一切。

---

[1] 量化宽松是指中央银行在实行零利率或近似零利率政策后，通过购买国债等中长期债券，增加基础货币供给，向市场注入大量流动性资金的干预方式，以鼓励开支和借贷，也被简化地形容为间接增印钞票。

[2] 资产负债表（the Balance Sheet）亦称财务状况表，表示企业在一定日期（通常为各会计期末）的财务状况（即资产、负债和业主权益的状况）的主要会计报表。

[3] 所谓"惜贷"，是指商业银行在"三有一符"（即有放贷能力、有放贷对象、借款人有贷款需求、符合申请贷款条件）情况下，不愿发放贷款的一种经营行为。商业银行认为放出贷款会产生收不回的风险，银行宁愿将货币存入央行获得并不算低的利息收入的现象。

[4] 国家于1999年成立了四家直属国务院的资产管理公司——中国长城资产管理公司、中国信达资产管理公司、中国华融资产管理公司和中国东方资产管理公司，专门对应负责解决中国农业银行、中国工商银行、中国建设银行、中国交通银行不良资产的问题。根据国务院《金融资产管理公司条例》规定，金融资产管理公司可收购国有银行不良贷款、管理和处置因收购不良贷款形成的资产。

美英政府逼银行放贷

2009年01月21日 来源：第一财经日报 作者：赵刚

获得政府注资的欧美各大银行并没像政府希望的那样把钱继续贷出去，而是把钱留到了自己口袋里以备不时之需。但美英两国政府正在努力改变这一状况。

美国财政部问题资产剥离计划（TARP）负责人 Neel Kashkari 已于本月16日向包括花旗、美国银行在内的20家获得政府救助的银行致函要求汇报其在商业和消费贷款方面的数据，以及抵押贷款支持证券和资产支持证券的回购情况。

此外，财政部还要求上述银行对他们的借贷行为给出评价，并提供一份数量化的趋势报告。这份报告的期限将涵盖去年10月、11月和12月，而截止日为今年1月31日。接下来这些银行将按月继续提供类似报告，并予以公布。

有分析指出，要求银行按月提交放贷报告不仅可以让政府颜面好看，而且外界也能按时间对接受救助的银行的贷款活动进行跟踪和比较。

而英国财政部也和日前获得了第二轮救助的苏格兰皇家银行签订了一项协议，协议要求该行在获得政府救助后向英国借款人提供60亿英镑的贷款（合87亿美元），协议中对放款条款进行了规定，而审计师也会定期检查苏格兰银行是否按照政府的要求进行了放贷。

正如该新闻所表明的，银行普遍惜贷这一现象并不是个案，不是孤立地发生于美利坚一国。事实上，对当时的整个欧美而言，这是一种普遍现象。

2009年1月19日晚,在布鲁塞尔召开的月度例会上,欧元区16国财长敦促各国银行等金融机构积极发放贷款,以缓解实体经济领域面临的信贷紧缩局面,促进经济复苏。欧元集团主席、卢森堡首相让-克洛德·容克(Jean-Claude Juncker)在会后举行的新闻发布会上说,欧元区财长再次呼吁包括银行在内的所有金融机构,在企业尤其是中小企业要求获得贷款时,应该履行自己的职责,恢复信贷渠道的畅通。容克说,欧元区财长们对信贷紧缩局面未能明显缓解感到不满,因为"如果银行业不能改变信贷紧缩局面,那么欧元区各国政府出台的经济刺激措施很难奏效"。

在英国,时任财政大臣的乔治·奥斯本(George Osborne)于2010年8月1日敦促英国多家主要银行,利用当年上半年获得的利润,增加对中小企业放贷。奥斯本在接受媒体采访时说,他不会容忍银行业增加中小企业的压力,他认为银行业有义务帮助这些企业[1]。

至此,大家不免要诧异,为什么银行不肯放贷呢?银行不就是靠放贷维持吗?对此,国际货币基金组织(International Monetary Fund,IMF)的副总裁朱民博士给出的解释是:"银行业正处于漫长而曲折的'去杠杆化'的过程中。"对于朱民博士的这一观点,我深表认同,在谈"去杠杆化"之前,我们有必要先了解一下什么是"杠杆化"。

杠杆化,指用借贷来扩大交易收益的手段,按照英国经济学家约翰·斯图亚特·穆勒(John Stuart Mill)的意思,就是可以使用更多的信用。这种模式在金融危机爆发前被不少企业和机构采用,特别是投资银行,其杠杆化的程度普遍较高。

普遍交易是:某人用自有的1万元人民币,买了一件商品,然后以1.1万元的价格将其出售给其他人,这时他净赚1000元,也就是10个百

---

[1] 英国财政大臣敦促银行增加放贷[N].证券时报,2010.08.03.

分点的收益。应该说，这桩买卖还算不错。但如果用"杠杆"操作，那么，这个有1万元人民币本金的人，就有资格到期货公司等金融机构再借99万元，于是他手中就有了100万元。那么，他就可以用这笔钱去买100个相同的商品，再以110万元的价格出售给其他人。一番交易下来，他还掉99万元的贷款本金和1万元的利息，再除去最初的1万元自有本金，那么，最后他还将净赚9万元。同样的1万元，一个可以赚9万元，一个却只能赚1000元，可见"杠杆"能够将一笔不错的买卖打造成超凡的交易。

随着同类手法的生意越来越多，生意人所获得的收益也越来越高，他们将会获得的信用也自然越来越多。获得更多信用的结果是，他们可以动用更多的杠杆。炒期货、外汇的人对这种玩法一定不陌生，保证金制度就是一种典型的杠杆化操作。

事实上，华尔街的银行也是这么赚钱的。华尔街的许多投资银行为了赚取暴利，往往会采用20甚至30倍的杠杆率予以操作。假设华尔街某家银行自身的资产为10亿美元，按照30倍杠杆的标准，这家银行可动用的资金就高达300亿美元。假如其投资收益率（rate of return on investment）为5%，那么这家银行就可获得15亿美元的投资收益。这笔收益相对于其自身资产而言，是足足150%的暴利。华尔街就是靠这种方法，做了许多大生意，还掉本金后，他们都赚得盘满钵满。

当经济持续繁荣、资本市场亦全面向好时，这种模式带来的高收益，往往会使人们忽视了它的高风险的存在。一旦经济走向出现转折，资本市场开始走下坡路时，杠杆效应的负面作用也就开始全面凸显了，其风险性将于短时间内被快速放大。对于那些过度使用杠杆的个人、企业和机构来说，资产价格的上涨可以使它们轻松获得超额收益；资产价格下跌，其亏损也会被相应放大，有时甚至超过自有资本，从而导致其迅速破产倒闭。仍以上文的银行为例：当资本市场向坏，投资出现亏损，假定其亏损率同样为5%，那么这家银行的亏损额也将高达15亿美元。可这家银行的自有资本才10亿美元，也就是说，这家银行不仅赔光了自己的全部身家，还倒欠了5亿美元及因此而产生的高额利息。

由于催生美国房地产泡沫的"次级按揭贷款"（subprime mortgage loan）的主要投资者多为包括欧美各国银行在内的金融机构，美国房地产泡沫的破灭直接导致了欧美金融机构出现普遍性的严重亏损。

早在1933年，美国著名经济学家欧文·费雪（Irving Fisher）分析当时的金融危机时就曾明确地指出："当高度负债的个人和商业机构陷入金融困境时，他们通常都会选择卖掉资产用来偿还债务。"随着次贷危机的爆发，高"杠杆化"带来的风险被人们重新认识并普遍接受，个人和企业的首要目标也就从原来的利润最大化转移到负债最小化。个人、企业特别是那些金融机构，纷纷以通过抛售资产、削减各项支出等方式努力偿还负债。

这个过程就是所谓的"去杠杆化"。

又是"去杠杆化"进行时

对于"去杠杆化"，素有债券之王之称的比尔·格罗斯（Bill Gross）有非常清醒的认识。这位世界最著名的投资公司之一PIMCO的创始人和首席投资官说："一旦进入去杠杆化进程，包括风险利差、流动性利差、市场波动水平乃至期限溢酬都会上升，资产价格将因此受到冲击。而且这个进程不是单向的，而是互相影响、彼此加强的。比如，当投资者意识到次贷风险并解除在次级债券上的投资杠杆时，和这些债券有套利关系的其他债券、持有这些债券的其他投资者以及他们持有的其他品种，都会遭受影响。这个过程可能从'有瑕疵'的债券蔓延到'无瑕疵'

的债券，并最终影响市场的流动性。[1]"

重要的是，这次的危机主要出自银行部门，而非一般企业。尽管美联储释放了大量基础货币，资产负债表也得以急剧扩张，但由于商业银行资产负债表严重受损，加上过多的不良贷款反过来又降低了银行的资本充足率（Capital Adequacy Ratio），银行不得不减少放贷，以期恢复资本充足率。如此一来，信贷标准更是趋紧，货币流通速度自然也就缺乏相应的提升。

与此同时，来自企业的融资需求也大幅下降。美国设备租赁和融资协会（Equipment Leasing and Finance Association，ELFA）称，2011年4月份企业借款额度为51亿美元，较3月的62亿下降18%，这表明该国企业对借贷进行投资仍然持谨慎态度。

而另一方面，自国际金融危机爆发以来，欧美国家家庭资产负债表也同样遭受严重损害。为修复资产负债表，家庭资产也在加速"去杠杆化"，这点可于信用卡行业的低迷中见端倪。2009年前三个月，美国首次出现信用卡支付小于借记卡支出的情况。信用卡"卡奴"消费低迷影响美国信用卡产业。花旗集团、美国银行、摩根大通和美国运通等公司合计在美国信用卡产业的占有率超过80%。在经济向好的时候，这些业者因信贷呈现爆炸性成长而享有丰厚获利；随着经济的恶化，这些业者也呈现出巨额的亏损。Visa虽然因该公司仅处理交易，并未进行放贷，有幸躲过了这场全球信贷危机。然而，"消费者试图降低债务也造成其营收成长力道随着交易量放缓[2]"。这一情况随着2008—2009年连番的货币与财政政策的刺激一度有所好转，但到了2012年年中，情况再度波动。2012年8月7日，美联储（Federal Reserve System，FED）理事会公布的一份报告显示，美国6月份的消费信贷达到8个月来最低月度增

---

[1] 全球去杠杆化：痛苦并快落中[N].全球外汇网，2009.01.20.

[2] 美国信用卡产业低迷，将削减费用[N].国际财经时报，2009.06.03.

幅，原因还是"美国民众削减信用卡债务[1]"。而这无疑将严重影响到传统的负债型消费模式。

据美国经济分析局（U.S. Bureau of Economic Analysis，BEA）所公布的数据显示，目前进行储蓄的美国人数量是经济衰退前的两倍多。这也就决定了，建立于杠杆基础上的消费模式将面临持续调整。另外，就欧洲而言，尽管居民储蓄率高于美国，但欧元区部分国家已经通过紧缩财政预算、降低社会福利、增加税负等措施启动财政紧缩周期，而这无疑将压缩居民的可支配收入，进而进一步制约居民消费能力。

同时，由于短期内缺乏新兴技术和革命性产业变革的提振，目前发达国家的资本回报率普遍大幅下降，多数发达国家的利率水平也已降至极限。资本回报率的下降，再加上庞大的政府、民间债务负担，反过来又使得企业和居民扩张信用的需求疲弱。

也就是说，伴随着家庭、商业机构和金融机构"去杠杆化"而来的是总需求的急剧下降。也正是基于这样的判断，包括美国政府在内的各国政府认为，如果不遏制住这股势头，整体经济就有可能卷入一场全面衰退之中，这显然不是他们所愿意看到的。作为回应，欧美政府开始大幅扩大自身的资产负债表，向金融、居民和企业部门提供经济刺激，以此来减缓财富缩水的冲击，控制"去杠杆化"的速度。

这一现象的最近例证，莫过于2010年至今的西班牙。自2000年到2010年这10年间，西班牙经济的快速发展很大程度上得益于其房地产的繁荣。但随着房地产泡沫的破灭，该国的银行遭到巨大冲击。原因在于当初房产商开发的钱都是从银行贷款而来，房地产泡沫破灭带来的是，这些贷款成了不良债务。快速增长的债务使得西班牙银行的资产负债规模在这些年间增长了近3倍，以至于包括西班牙的第三大银行银基

---

[1] 美国6月消费信贷增幅远不及预期[N].FX168，2012.08.08.

亚在内的银行业，都不得不求助于政府。政府基于我们在前面所论及的原因，亦不得不对其进行包括国有化在内的一系列救助行动。

2012年5月11日，西班牙政府批准了新的银行改革计划，这是该届政府自2011年12月上台以来授权的第二个银行业改革方案。根据方案，政府要求银行业大幅提高拨备，以防范风险。所有无法获得额外资本的银行都可通过可转换债券方式以10%的利率从政府获得五年期贷款，这一利率水平相当于西班牙国内基准利率的两倍。此外，西班牙政府内阁委员会也在讨论组建一个"坏账银行"，将与房地产业有关的银行不良资产收拢到一起，帮助这些银行清除不良资产。

如此一来的结果是，包括商业银行在内的私人部门的资产负债顺势转移到了政府部门。根据西班牙中央银行公布的数据，2008年以来，经济危机和金融重组给西班牙银行带来的损失已达1874亿欧元，银行和政府用于银行体系正常运行、支持银行重组计划的资金已相当于国内生产总值的18%。持续刺激的结果是，私人部门的债务危机全面演化为主权债务危机。根据政府公布的数据，截至2011年，西班牙公共债务总额已达8490亿欧元，5年内增加了4000亿欧元。而成立"坏账银行"无疑会给公共财政带来更大的负担，使主权债务问题更趋恶化。更为糟糕的是，政府庞大的资金需求导致资金虽不是全部但至少也是大部分流入了国债的发行人——政府而非实体经济，这就对真正支撑经济增长的家庭和企业等私人部门，形成了事实上的挤出效应，如此一来，后果将不堪设想。

奥地利学派著名经济学家路德维希·冯·米塞斯（Ludwig von Mises）指出，"财政和货币把戏只能收到表面的一时之效[1]"。在宽松的货币政策和积极的财政政策的刺激下，欧美经济出现暂时的、表面的假性复苏。

---

[1] [奥]路德维希·米塞斯.社会主义——经济与社会学的分析[M].中国社会科学出版社,2008.

为了修复其日益恶化的资产负债表，欧美国家于2010年开始又逐步进入以政府为代表的第二波金融"去杠杆化"进程。由于银行交叉持有各国债务，跨境银行风险是主权风险蔓延到银行并进一步扩散到其他银行体系的渠道。国际货币基金组织在2011年4月发布的《全球金融稳定报告》中警示，全球银行业在未来将面临高达3.6万亿美元的巨额到期债务[1]。为此，银行业将不得不与负债国家的政府展开博弈，确保自身资金的安全。事实上，欧洲许多银行都需要更大的资本注入才能重新获得市场信任，这无异于加重金融体系负担。

资产泡沫的崩溃，导致私人部门债务泡沫的膨胀。为防止过度"去杠杆化"带来经济大萧条，政府出手刺激，结果是私人部门的债务转移到政府资产负债表。私人部门的债务危机最终演化为全面的主权债务危机。这种演化轨迹与上世纪90年代前期的日本是何其的相似！

"我们不是日本！"——不，你们就是日本！

2002年8月16日，普林斯顿大学经济学教授克鲁格曼开在《纽约时报》（The New York Times）的专栏，如期与读者见面了。在这一期的个人专栏里，克鲁格曼的文章题目叫《当心产出缺口》（Mind the Gap）。结合文章内容，这篇文章的标题若改成《我们是日本！》或许更为恰当。

在这篇专栏文章中，这位6年后的诺贝尔经济学奖得主对今天的欧美经济形势做出了成功的预言。文章是这样写的：

一个整齐一致的声音正在呼喊："我们不是日本！"有一半概率我

---

[1] 全球金融稳定报告[R].IMF, 2011.04.13.

会支持这一论调,这取决于我早餐吃什么了(米饭还是腌菜?)。然而,让我告诉你们一些令人不安的想法。

大约4年前,我开始专门研究日本问题。我在头脑中给自己列了一个清单,以说明美国不会重蹈日本长达10年的经济停滞的覆辙,理由如下:

1.美联储有足够的空间来降低利率,这足以应付任何不测。

2.美国长期预算头寸依旧富裕,即使降息不足以解决问题,还有足够的空间可以通过财政刺激来应付这种不太可能发生的情况,即长达10年的经济停滞。

3.美国有优秀的公司管理机制,不必担心对企业部门丧失信心的亚洲模式问题。

4.美国也许存在股市泡沫,但没有房地产泡沫。

现在,我不得不从我的清单中剔除掉前3项理由,并且开始担心第4项理由。

越来越多的人都用"泡沫"这个词来形容房地产市场。最近,经济政策研究中心(Center for Economic Policy Research)的迪安·贝克(Dean Baker)对房地产泡沫进行分析得出了一个引人注目的结论:住宅价格的涨幅远远高于租金的涨幅。这表明,现在人们买房是出于投机,而不是居住的需要。而且我们听到关于高房价的解释,就像我们听到关于纳斯达克指数达到5000点的解释一样,越来越合乎经济原则了。

他说:"如果美国的确存在房地产泡沫,当泡沫破灭时,我们将会与日本同病相怜。"但事实却是,他并不认为美国会出现房地产泡沫,恰好相反,他所担忧的是通缩而不是通胀。在这篇文章以及他之前、以后的文章中,他一如既往地将责任推诿给时任美国联邦储备委员会(Federal Reserve)主席的艾伦·格林斯潘(Alan Greenspan)的专断独行,指责对方没有采纳他的建议。在这篇文章中,这位"正确"的预言家,不是要警告美联储别忙着开启货币的水龙头,加速房地产泡沫的形成,而是嘲讽艾伦的婆婆妈妈,嘲讽他放起"水"来不够果断:

美联储近来对日本经验的分析表明,日本在20世纪90年代前期所犯的致命错误,"不是政策的制定者们没有预见到即将到来的通货紧缩式的衰退,毕竟大部分的预测者都预见到了,而是他们没有进一步采取措施预防,如放宽货币政策,即没有对经济下滑的风险实施充分的保险"。用美联储的话来说就是:"如果你认为通货紧缩可能发生,那就立刻把钱投入市场,不要担心过了头。"

对于美联储并没有如他之前预期的那样在8月13日降息,克鲁格曼讽刺道:"有些经济学家私下里把美联储主席称为'格林斯潘桑'[1],也许这还是个不错的昵称。"

但事实却是,格林斯潘对如何印刷钞票非但不"桑",反倒是非常之"爽"。从2001年9月开始,为应对互联网泡沫的破灭,美联储已连续多次降息,这一举动创下了1981年以来"最为猛烈的降息轮回"[2]。到2003年6月联邦基准利率降低到朝鲜战争[3]以来的最低点——1%,且这一政策维持了一年之久。

在这位普林斯顿大学经济学教授看来:"由于经济增长过于缓慢,经济的理论产出值与实际产出值之间的缺口越来越大,'产出缺口'转化成了失业率的增加和通货紧缩的恶化,低增长率也会像实际产出下降

---

[1] 当时作为普林斯顿大学经济系主任的本·伯南克,曾在公开场合一再批评日本,认为日本经济之所以陷入衰退,根本原因是日本央行印钱不够所以失败。另外,他的普林斯顿大学同事克鲁格曼也持这一观点。他们之所以为格林斯潘加个日本特有的敬词"桑",就是在嘲讽他像日本人一样,连钱也不会印。

[2] 6年后看9·11:格林斯潘路线潜伏次债危机[N].中评社,2007.09.12.

[3] 国内的正式叫法为抗美援朝战争。

一样成为一个大问题。[1]"不管经济下滑的原因是什么,他需要的仅仅只是经济的增长,以期来消弭这个缺口。

是的,他的预测完全正确。得益于这位络腮胡经济学家的建议,以及"格林斯潘爽"与"伯南克爽"的共同精心谋划,现在一个整齐一致的声音正在呼喊:"不,你们就是日本!"

不管克鲁格曼今天怎么说,按照他2002年的定义来看,今天,包括美国、英国等在内的欧美发达国家,事实上已经陷入了日本式的"资产负债表衰退"中。

---

[1] Paul R. Krugman.The Great Unraveling: Losing Our Way in the New Century[M].W. W. Norton & Company,2004.08.

第2章
资产负债表就是这样恶化的

所谓的资产泡沫，就是以解决债务而始，到制造出一笔更大的债务而终的过程。无论是历史还是现实，都昭示着资产泡沫或迟或早一定会演变为债务泡沫的道理。

从解决债务到制造更大的债务

熊彼特曾说过："如果一个人不掌握历史事实，不具备适当的历史感和所谓的历史经验，就不可能指望他理解任何时代的经济现象。"可爱的保罗·萨缪尔森（Paul Samuelson）到其晚年似乎也开始持有这种观点了。2009年7月，在他生命的最后一段日子里，这位颇具传奇色彩的经济学家接受了一个专访。记者问："你想对即将入校的经济学专业研究生说点什么？"这位首次将数学分析方法引入经济学的大师给出了一个出乎所有人预料的回答，他说："我现在的想法和年轻时完全不同了，我认为应该高度重视经济史的研究，因为从历史中可以找到有助于推理和分析的原始素材。"

结合当前的经济现象，我们认为以下这段经济史就值得我们学习和体会。

被20亿债务压垮的法国

1715年，路易十四（Louis XIV）驾崩，由于他生前的挥霍，国库被彻底掏空，法国由此经历了自17世纪以来最为严重的萧条。当时法国的债务问题恶化到何种程度？据说，当时的总债务额高达20亿里弗尔[1]，这20亿里弗尔的债务是从约40个私人银行家那里借来的，按照之前的契约，法国政府每年需支付的债务利息为9000万里弗尔。可政府的年财政收入却只有1.45亿里弗尔，付息前的年财政支出额为1.42亿里弗尔。财政盈余在付息之前就只剩区区的300万里弗尔，如何能支付高达9000万里弗尔的债务利息呢？更不用说那20亿的本金了。以摄政王奥尔良大公为代表的掌权者[2]为货币不足、物价回落以及国家债务的膨胀而苦恼。

约翰·劳的还债计划

这时一位来自苏格兰的经济学家得到了一场豪赌的机会，赌注也是有史以来最高的——创造货币。这位经济学家就是欧美世界的纸币之父约翰·劳（John Law）。他一直酝酿却始终得不到施展的伟大计划，终于有用武之地了！

1716年，也就是大公开始摄政的第二年，大公接见了劳并和他讨论了施政方略。踌躇满志的劳一见面就向摄政王提交了两份备忘录，指出流通中的货币量远不能满足经济运行，导致货币屡屡贬值。仅有金属通货而缺少纸币的辅助，庞大的货币需求量永远都会处于失衡状态，这根本不符合一个商业国家的标准。他还专门引述了英国、荷兰的例子，以此证明纸币的优越性。他还提出了许多关于货币信用的实际数据，这一

---

[1] 里弗尔（fr:Livre tournois），法国的古代货币单位名称之一。又译作"锂"或"法镑"。

[2] 路易十四驾崩后，即位的是他的曾孙。不过，小皇帝其年不过5岁，遵照路易十四的遗诏，小皇帝的堂叔祖奥尔良大公腓力二世成为摄政王。

切都是为了一个目的——重建法国的货币信用。

功夫不负有心人,1716年他获得可以设立发行银行券的个人银行的授权。由于劳所发行的银行券可与硬通货进行交换,所以极具信用,逐步为投资者信任,最后纸币胜过了黄金!新的纸币作为硬通货被人们普遍接受。到1717年,短短的一年时间内,纸币的价格涨到115里弗尔金币。这种可靠交易手段的出现,刺激了贸易的发展;商业出现好转,对纸币的需求也与日俱增。

在这期间,摄政王渐渐注意到,纸币如同万能药。劳的理论不只是实验,而是一场了不起的胜利。之前大公还非常不情愿让政府涉足银行,如今他一改前态,将劳氏银行国有化,并将其改名为法兰西皇家银行(The Royal Bank of France),同时授予皇家银行若干特许权,如独家冶炼金银权,来进一步支持它。这也意味着法兰西皇家银行得以波旁王朝的信誉作保证发行纸币。

为了消除路易十四所遗留下来的庞大国家债务,劳提出了更为大胆的设想,建立把银行、贸易公司与国家财政统合在一起的体系,这就是所谓的"密西西比计划(Mississippi Scheme)"。劳的设想是特权贸易公司通过发行股票来回收流出的银行券,然后将其转借给中央政府,而中央政府则用它来偿还债务和支付日常开支。他的建议是,在公司公开出售股权时,人们应该用行政债券购买,如此一来,国家的债务就消失了。大公对此提议非常兴奋,臭名昭著的"密西西比计划"由此诞生了。

在劳提出建议后不久,就获得了为期25年的自由开发路易斯安那的特许权。随后,执行该特许权的平台——西方公司(Companied'Occident)(也就是民间所说的密西西比公司)顺利成立,公司资本被划分为20万股,每股500里弗,这些股票可用公债抵付。

到1719年初,西方公司与另一家特权企业塞内加尔公司合并,1719

年5月又全面接管了中国公司（The China Company）的全部财产，以及部分法兰西东印度公司（the French East India Company）的财产。随着法兰西东印度公司被控制，人们期望这个新的巨人能够挑战全能的英国东印度公司。而同时，新公司的特许权得到奥尔良大公的授权再予扩大，这些权限包括：

1. 公司专有贸易权不仅包括密西西比河、路易斯安那州，还包括中国、东印度和南美等地区。
2. 公司以5000万里弗尔的转让价得到了一项时间长达9年的独家铸造法定硬币的权利。
3. 为期9年的国家税负征收权。
4. 烟草专卖权。

1719年，公司股票在证券交易所公开上市，上市之初便引来集中性投机，股价以惊人的速度飞涨。几千里弗尔的投资，几周或者几个月后，收益就达到了数百万里弗尔。据说，一位投资者让仆人以开盘价8000里弗尔卖出250股公司的股票，当仆人到达交易所时，股价已涨至10 000里弗尔了。在当时获得财富的速度到底有多快，可从这个真实的故事窥见一斑。

然而，新股发行所募集到的巨额资金，不是用于路易斯安那州的金矿开发，而是用于对政府的借贷。也就是说，皇家银行发行的银行券被政府转给了一般居民。取得银行券的居民，用它去购买西方公司的股票。公司募集到的资金再被用于政府支出和支付给债权者，获得银行券的债权人则利用取得的银行券，购买更多的股票。正是由于这样的信用循环过程，泡沫才会不断膨胀。

当时不只是资本市场运转得非常好，在股市所形成的巨大的财富效应下，整个国民经济体系似乎都运转得不错。通过偿还国家债务，货币进入了流通领域，法国政府似乎也恢复了支付能力。更重要的是，那些大量释放出来的货币就像"蜂蜜"一样，带着浓浓的黏性，它所流到的地方，价格都涨了起来[1]。不久以后不仅交易所牌价不断攀升，就连工资和房租也升至高位。

繁荣幻觉和31亿的亏空

也许是因为钱来得太容易，人们的消费观也为之改变，及时行乐成为当时的风尚，奢侈品的价格大涨，巴黎更是从世界各地进口了大量的工艺品、家具和装饰品。这种情形从未有过，消费者也不再仅仅由贵族构成，还包括通过买卖股票而发达起来的中产阶层。那些购买股票的人突然发现，区区几千里弗尔居然可以增长到100多万里弗尔。很快，法语增加了一个新的词汇——百万富翁。

而这直接导致劳动者的工资报酬也大幅上涨，以前每天赚15苏[2]的工匠现在可赚到60苏，整整增长了4倍。随着工人工资的大幅上涨，食品价格也一路飙升，面包、鲜肉和蔬菜的价格高得令人难以置信。同时，那些赚到钱的人们改善居住环境的要求也越来越强烈，随之而来的是，法国到处都在大兴土木，城镇以前所未有的速度向四周扩张。繁华景象充斥整个国家，看得法国人目眩神迷。总体来说，法国人——特别是巴黎人表现出来的致富速度是人类历史上从未有过的。

但作为西方公司基础的路易斯安那州的金子并没有被挖掘出来，劳氏体系终究难逃崩溃的命运。根据查理斯·麦基（Charles Mackay）的记述，崩溃是这样开始的：

约翰·劳的巨大成功，刺激到了一位皇亲，那就是鼎鼎有名的贵族

---

[1] 周其仁.货币像蜂蜜，流到哪里哪里涨[N].扬子晚报，2009.07.11.

[2] Sol，又译索尔，在当时1里弗尔等于12苏。

路易·阿尔芒二世·德·波旁。在劳大获成功后，这位亲王也想插手西方公司的事务，然而他的要求却遭到了当时人气和威望都如日中天的劳的委婉拒绝。劳的态度伤害了亲王的自尊，这位昔日劳改革计划的支持者，一边怒不可遏地咆哮着"这个狗娘养的苏格兰杂碎"，一边将手中的股票悉数抛给仍在疯狂购买股票的投资者，以此套现皇家银行发行的纸币。现在我们已无法确切知道他当时到底提了多少钱，但史书的记载是，他套现的纸币足足装了三马车。然后，他驾车到皇家银行。"瞧，先生们！"他当时就是这么说的，"这就是你们所谓的'见票即付'的纸币。现在你们瞧见了吗？那好，给我换成硬币吧！"

以此为开端，几个具有远见的人开始思考，如果人人都将自己手中的纸币兑换成硬币，皇家银行有这么多硬币吗？于是，他们陆续把银行券换成了硬通货，并运往英国和荷兰。这样，泡沫开始崩溃！西方公司最终于1720年底倒闭，密西西比泡沫最终以彻底的破产而宣告终结，它给波旁法兰西带来的是一场繁荣幻觉和至少31亿里弗尔的财政亏空。

制造更大的债务

滑稽吧？！

但令人遗憾的是，这不是戏说的野史，而是像麦基这样的经济史学家们，通过翔实的历史资料，还原出来的历史真相。

在这段泡沫史中，有两个数据值得我们玩味。第一个数据是：路易十四驾崩后，遗留给波旁王朝的遗产是一笔高达20亿里弗尔的债务；而另一个数据则是，密西西比泡沫破灭后，法国的债务额不再是当初的20亿里弗尔，而是31亿里弗尔。

在这段经济史中，我们还可了解到的是：当时的波旁王朝之所以会授权约翰·劳启动密西西比计划，是为了解决路易十四所遗留下来的那笔庞大的债务。然而，最后不仅没有成功去债，反倒是其资产负债表更趋恶化——在原有的债务基础上，又平白增添了一笔高达11亿里弗尔的债务。

由这段历史我们可见的是，所谓的资产泡沫化其实就是为解决债务而始，到制造出一笔更为庞大的债务而终的过程。同时，还可见的是，资产泡沫或迟或早一定会演变为债务泡沫。

也是于这段经济史，我们可发现的一个规律是："信用扩张确实能导致一时的繁荣，但这种繁荣迟早会归于破灭，导致新一轮的萧条。货币把戏只能收到表面的一时之效，从长远看它肯定会让国家陷入更深重的灾难。[1]"

也许有人会对此予以诡辩，说那是纸币刚刚被发明的时候，其主事者的技术含量和应对的经验，跟今天有着本质的区别，所以它们本身缺乏应有的可比性。让我套用一位财经作家的话来说：这真的不重要，因为他们的命运最终是相同的。甚至可以说，当前的技术和经验，不仅没有将当初的问题予以简化，反倒是令问题更趋复杂化。1919年，意大利裔投机商查尔斯·庞齐（Charles Ponzi）的那套把戏如果搁今天，也许上当的人不会太多。但伯纳德·麦道夫（Bernard Madoff）却可以令华尔街乃至世界那么多精英上当受骗。我们总不能说，麦道夫的那套把戏就不是庞氏骗局吧。既然是庞氏骗局，那么不管其形式有何不同，我们可以肯定的是，其结果必然是相同的。同样，只要是泡沫，那么其结果也将从一开始就注定了，那就是投资者的财富是虚幻的，而正如密西西比计划所昭示给我们的，泡沫破灭后所遗留下来的债务却是真实的。密西西比泡沫时期的波旁王朝是如此，今天的世界各国也概不例外。

---

[1] [奥]路德维希·米塞斯.社会主义——经济与社会学的分析[M].中国社会科学出版社,2008.05.

资产泡沫时代

一个时代的开启

如果后世的历史学家回顾我写作本书的2012年,不知道他会将我们今天所处的这一年与历史上的哪一个年份相提并论,是股市崩盘、世界迈入大萧条的1929年,或是大滞涨开始的1969年,还是"华盛顿共识"形成的1989年?我个人认为,就历史相关性而言,1989年是个我们应记住的特殊年份。

正是这一年,整个拉美陷入债务危机的深渊而不能自拔。为克服危机,经济改革势在必行。美国国际经济研究所(Institute for International Economics,IIE)[1]邀请国际货币基金组织、世界银行(The World Bank Group,WBG)、美洲开发银行(Inter-American Development Bank,IDB)和美国财政部的研究人员,以及拉美国家代表在华盛顿召开研讨会,旨在为拉美国家的经济改革提供一套行之有效的方案。时任美国国际经济研究所所长的英国著名经济学家约翰·威廉姆森(John Williamson)在会上说,就拉美国家已经采用和将要采用的包括"加强财政纪律,压缩财政赤字,降低通货膨胀率,稳定宏观经济形势""实施利率市场化""实施贸易自由化,开放市场""对国有企业实施私有化""放松政府的管制"和"保护私人财产权"等在内的十个政策工具,与会者在一定程度上达成了共识。由于会议召开地及主要参会单位的总部均位于华盛顿,因此这一共识被人们称为"华盛顿共识(Washington Consensus)"。

---

[1] 该研究所是由伯格斯滕(Bergsten)于1981年所建立的私营的、非营利的、无党派的研究所,是非牟利无党派的美国两大智库之一。2006年,为了纪念其共同创始人彼得·乔治·彼得森(Peter G. Peterson),更名为"彼得·乔治·彼得森国际经济研究所(Peter G. Peterson Institute for International Economics)"。

也正是在这一年，曾经在经济方面令美国为之战栗的日本，股市在该年年末达到了历史的巅峰——平均股价为60 000日元。但物极必反，当时间的刻度指向上世纪90年代时，股市开始大幅下跌。到1990年12月，该国平均股价回落到24 000日元，创下了一年中下跌40%的记录。

在日本国民为其经济崩溃而发出的叹息声中，美国的另一个宿敌——苏联也开始分崩离析。1991年，这个在军事和意识形态上一度可与美国相抗衡的国家，分裂为若干个以市场为导向的国家。一场持续时间长达40多年的冷战，也随之宣告终结。

国际政治局势动荡不安本不利于美国经济发展，但很多人却把它们看成美国主要竞争对手衰弱的表现。在美国人看来，上帝的天平显然正向着美国倾斜。为此，美籍日裔历史学家弗朗西斯·福山（Francis Fukuyama）兴奋地认为历史已经终结。在他看来，人类社会的发展史，就是一部"以自由民主制度为方向的人类普遍史"。自由民主制度是"人类意识形态发展的终点，是人类最后一种统治形式"，他认为，"从此之后，构成历史的最基本的原则和制度将不再进步了"[1]。

也正是由这一年开始，胜利主义和爱国热情相辅相成。爱国主义式的自我鼓励，在经济讨论中的地位一直十分突出。在爱国主义精神的刺激下，美国经济呈现出前所未有的特异现象，那就是资产价格的暴涨。这一年，美国正式接过日本人的棒，迈入一个泡沫膨胀的时代。从20世纪90年代开始，包括股价和房价在内的资产价格先后迅速上涨，美国经济出现了所谓的"资产价格通货膨胀"（或"存量资产通货膨胀"）的现象。这种现象的基本特征在于除了资产价格猛涨之外，一般商品和服务的价格都基本保持稳定。

---

[1] [美]弗朗西斯·福山. 历史的终结及最后之人[M]. 中国社会科学出版社, 2003.

泡沫.com

下图是由耶鲁大学的经济学家罗伯特·希勒（Robert J. Shiller）绘制，展现的是美国自1871年1月到2000年1月实际（扣除物价上涨因素影响）标准普尔综合股价指数以及同一时期相应的实际标准普尔综合收益的变化走向。罗伯特·希勒教授指出："不难看出，当今市场的表现与过去迥然不同。"的确如此，如图所示，自1992年开始到2000年为止，股价近乎直线上升。

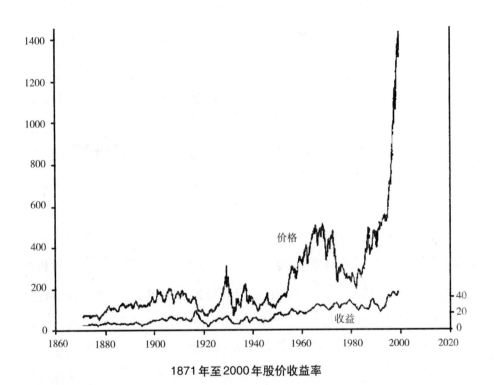

1871年至2000年股价收益率

资料来源：罗伯特·希勒著，《非理性繁荣》

与此形成呼应的是，威德默在其所著的《下一轮经济危机》里也提供了这样一组数据：道琼斯股票平均指数从1928年到1982年升高了300%。然而，在接下来的20年里，道琼斯股票平均指数以令人惊讶的速度再度升高了200%，这一增长速度是美国在前54年的增长速度的4

倍，而花费的时间却比以前少70%。以1994—1999年为例，1994年年初该指数还在3600点附近徘徊，但到了1999年，就突破了11 000点大关。也就是说，短短5年内，以道琼斯指数为代表的股市价格就整整翻了两番。

当然，正如野口悠纪雄教授所认为的，即使在正常情况下，股价也会随着经济增长而上涨。要判断这一时期的股价上涨是否异常，最好的办法就是将它们与经济增长的状况进行比较。

当时美国的事实是，一些基本的经济指标却并没有同幅度增长。罗伯特·希勒教授所掌握的数据显示，美国国民个人收入和国内生产总值，在这5年内增长幅度不超过30%；如果再剔除掉通货膨胀的因素，那么这一数值还要降低一半。此外，企业的利润增长亦不到60%。

有学者认为，测量整个股票市场规模的最好方法，就是将它与该国经济整体的规模相比较。美国应以其股票的市场价值和用国内生产总值（GDP）衡量的经济年度总产出为计算标的。

根据历史数据显示，从1925年到1994年年末，美国所有股票的总价值是整个经济产出价值的一半左右。虽然股票市场的价格有时候会高涨，并且远超出这一平均水平。例如，1929年华尔街大崩盘之前，股票价值一度就达到GDP的81%，但这是此后的66年里这一比值所达到的最高值。按照统计学的平均取值法来看，自1925年以来的70年里，美国股票的价值平均相当于GDP的55%。

然而到1995年9月，这一数值迅速上冲，击破1929年的81%这一历史最高位，达到82%。此前的历史已经表明这是一个危险的水平，但这却仅仅只是一个大泡沫时代的开始。

1996年，股票市场总价值与经济总值的比值，从前一年9月的82%增长到了100%。这也就是说，美国的投资者将上市公司的价值定位于与美国这个全球最大经济体的经济总产值同等的水平。但随后的一年，市场创造了另一个纪录，达到了GDP的120%；1998年，该数值更是上蹿到140%了；1999年则突破了170%的水平。在市场达到顶点时，美国股市的市场总值占全国经济产出总值的比值已经高达183%了。这也就意味着，美国的资本市场不是被定价为美国经济价值的一半，而是扩张为全世界经济总值的一半。这一定价与历史经验数据中国家所认可的正常定价的极限，有着惊人的偏离。如果市场与它的长期平均值相符，2000年它就应被定价为5.3万亿美元。但事实是，亢奋中的投资者将它推高到了17.7万亿美元这个珠穆朗玛[1]。

这绝不是一个正常的现象，这是美国乃至世界史无前例的一次失常。假使我们用泡沫规模与该国经济规模的比例来衡量泡沫，将这个比例与历史数据相应比作比较，仍可发现，这是一个令人惊讶的数字。事实证明，此次泡沫的比例超过了400年来金融资本主义市场中所有的狂热数据。对此，榊原英资（Eisuke Sakakibara）博士——这位可爱的"日元先生"[2]就直率地说，美国经济已经陷入了严重的"泡沫.com（bubble.com）"之中。

对于上世纪90年代末期美国股市资产价格的这种异常飙升，罗伯特·希勒教授当时就不客气地指出："从这些数据中我们不难看出股价如此大幅度地增长是没有理由的。"卓曼价值管理公司（Dreman Value Management LLC）的主席大卫·卓曼（David Dreman）也曾感慨过："这真的是一代人的泡沫，它真的比郁金香热还要疯狂。"

在本·拉登实施他们的打击之前，美国资本市场的崩溃和经济的衰退就已经开始了。2000年3月，过度膨胀的股市泡沫终于自我毁灭了，

---

[1] 上述数值还可参考：吴向宏.股市市值占GDP比率高涨难道是好事吗？[N].南方都市报，2007.10.08.

[2] 榊原英资，1995年任大藏省国际金融局局长，1997任大藏省事务次官，升至日本官僚系统的最高位。因为主管利率、汇率等货币金融政策，他被称为"日元先生"。

崩溃的股市将经济拖进了衰退期。

统计数据显示，与美国国内战争、第二次世界大战和1929年的华尔街大崩盘所造成的损失相比，2000年的股市崩溃才是让美国损失最多的"战争"——在股市达到顶点的三年后，这一崩溃让股东损失了7.8万亿美元的财富。而第二次世界大战，就是按照今天美元的价值，也仅仅只是让美国花费了3.4万亿美元而已。也就是说，由1996—2000年所形成的互联网泡沫，其破灭的成本相当于两场第二次世界大战[1]。

然而，即使是如此巨大的财富损失，放在此后为解决这一债务问题而引发的房地产泡沫面前，也只能说是小巫见大巫了。

疯狂的房子

当互联网泡沫破灭时，格林斯潘立即意识到美国的总需求正在迅速下降，基于对经济全面衰退的担忧的回应，从2001年9月起，美联储连续11次降息。直到2003年6月，联邦基准利率降低到朝鲜战争以后50年来的最低点——1%，并维持了近一年的时间，直至2004年6月再次加息。当然，这一政策的另一层含义亦不容忽视，那就是，当时的格林斯潘正全力配合小布什政府，为其随后进行的对阿富汗、伊拉克及整个基地组织的反恐战争筹措经费。这点可从如此之"巧合"的时点中见端倪——在2000年年中时，美国的互联网泡沫就已破灭，但美联储尤迟迟不见采取行动。反倒是9·11事件发生后，美联储立即作出了回应。

1%的基准利率和2%的通胀率，意味着美联储实际上给予那些借钱的人补贴。特别是，美联储以基准利率隔夜拆借给银行，银行能够以1%的利率从美联储借款，这也间接降低了更大范围市场内的资金成本。

再加上，包括中国、日本等在内的出口导向型经济体，在汲取1997

---

[1] [美]威廉·弗莱肯施泰恩，弗雷德里克.格林斯潘的泡沫——美国经济灾难的真相[M].中国人民大学出版社，2008.

年"外汇储备不足"而导致的亚洲金融危机的教训后,主动积极地积累以美元为主的外汇储备,日本、中国利用手中大量的外汇储备购买美国国债,美国国债债息上升,与之对应的美国长期利率下降,这更进一步降低了资金成本。

大量的低息贷款使得银行借贷轻而易举,他们疯狂地使用"杠杆"。华尔街从美联储那里借入大量的信贷,赚得盘满钵满。投资者们看到以后,也想分一杯羹。可因为互联网泡沫的破灭,股市低迷,但同期房屋价格的增长却颇为亮眼,1999年房屋价格的增速为5.2%,2000年为7.6%,2001年为7.5%,2002年为7.6%。于是,华尔街就想到拉拢投资者和房主,利用房贷来发财。

情况大致是这样的:在正常的情况下,某一家庭要买房子,先要存够一定比例的首付款,然后再和房贷经纪人联系,通过房贷经纪人找到房贷公司。房贷公司则根据该家庭的收入情况、信用度等信息,来决定是否该放贷给他们。如果这个家庭条件符合要求,那么房贷公司就会放款给他们。于是,这家人就拿到了这笔房贷,买到了房子而成为房主。房贷公司收取相应的利息,而经纪人则从这笔交易中抽取一定额度的佣金。重要的是,因为房价事实上一直都在上涨,这让各方都觉得一切都是那么完美。

有一天,房贷公司接到华尔街某家银行的电话,银行家在电话里说,他想买下房贷公司手头的这些房贷。基于华尔街银行家给出的价格非常诱人,房贷公司就爽快地将这笔房贷转给了他。银行家凭借从美联储或其他机构借来的数以千万乃至更多的钱,买了成千上万份的房贷,再将其打成一个漂亮的"包"。每个月他都可以从这个"包"里得到房主还的房贷,然后他召唤评级公司这些金融巫师施展魔法,将这些房贷按照信用程度切分为三部分:安全的、及格的、有风险的。然后将其重新"打包",并美其名曰"债务抵押债券(Collateralized Debt Obligation,CDO)"。

随着房价的上升，投资者对其持有的这些债务抵押债券，特别是那些风险甚高同时收益亦非常高的产品很是满意。与之对应的是，随着房地产泡沫的生成，"信用便急剧扩张，人们不仅比平时更自由地使用信用，而且他们实际上也具有更多的信用，因为他们似乎在赚取巨大的收益[1]"。在这样的一种循环机制下，泡沫膨胀得越来越大，其营造出的繁荣幻觉也让轻率的爱冒险情绪成为一种流行。在一片繁荣的景象中，人们冒险的情绪被彻底激发出来，于是他们想买更多的债务抵押债券。华尔街的银行家们受到前期成功效应的鼓励，再次找到房贷公司，购买更多的房贷；房贷公司则找来经纪人，要求他们提供更多的房主。可经纪人一时找不到买房的人，因为那些符合申请房贷条件的人，都已经有了房子。但他们还是有办法的，在这样的大环境下，人们比其他任何时候都愿意更多地提供或取得信用，最后就连那些根本没有资格获得信用的人，也开始有人愿意提供信用给他们了。这时，那些事后被人们视之为害群之马的、与次级抵押贷款相关的各路人马开始粉墨登场了。

包括华尔街的银行家和房贷公司等在内的债务抵押债券产品制造商们发现，美国的房价仿佛只会升，不会跌。于是他们认定，即使是没有资格获得信用的人，一旦买了房子成了房主，哪怕他付不起房贷，对于他们而言也是没有损失的。因为他们完全可以将这些人赶出房子并将物业收归公司，等到时机合适、价格合适的时候再将其售出。也就是说，他们认定一直上涨的房价，完全可以覆盖因为断供而造成的相应风险。

持有这种观点的不仅只是这些金融机构，还包括低利率政策的主导者格林斯潘。就有关房地产业"投机过剩"的质疑，这位因"行动迟缓"而被伯南克和克鲁格曼讥为"格林斯潘桑"的时任美联储主席，在国会上保证："虽然在新的房屋抵押贷款如海啸般涌来时，价格已经上涨了，

---

[1] [英]约翰·斯图亚特·穆勒.政治经济学原理[M].华夏出版社,2009.

但房产所有者权益的价值上涨得更快，因为房产的价值上涨了。所以，负债可能上涨了，但是资产价值也在上涨。净效应是家庭的资产负债表处于良好状况，资产超过负债。[1]"

被格林斯潘和那些制造债务抵押债券产品的华尔街银行家们所忽视的是，一旦房地产泡沫破灭，房产的价值就会随之下跌，但因房产而欠下的债务并不会就此消失，到时留给家庭的将是贬值的资产和固定的负债。遗憾的是，高收益往往使人们忽视了高风险的存在，他们在格林斯潘式的逻辑中继续前行。

在金融机构和投资者看来，只需提高新房贷的风险，就可以获得更高的收益。至于新的购房者，他们既不需要首付，亦不需要收入证明和任何相关手续。事实上，他们也正是这么干的，他们不是把钱借给那些值得信赖的潜在房主（也就是所谓的优级贷款，他们的风险低，也就决定了其收益也很低），而是四处找人，并且是专找那些不靠谱的人，于是就出现了次级贷款。

在这样非理性亢奋的刺激下，2005年下半年，美国房地产推动的泡沫开始成为整个经济的泡沫。在这一年里，美国人均收入的增速从21世纪前4年的4%提高到了5%甚至以上，但同期房价的年均增速则是由2004年13%，迅猛拉升至18%。

对房贷投资这条链上的投资者而言，一切都是那么的顺利，大家都发财了。但是，毫无悬念，一些房主注定是还不起房贷的。信用继续在扩展，更多的人能够更自由地使用信用，也有更多的人投入到这场投机运动中。如果人们的需求与供给能力相等，那么这一切也不会有太大问题。可问题在于，人们获得信用的时间，远比房子的生产时间短得多，在这样的狂热中，供需结构失衡就成为必然。

---

[1] [美]威廉·弗莱肯施泰恩，弗雷德里克.格林斯潘的泡沫——美国经济灾难的真相[M].中国人民大学出版社,2008.

伴随着房地产市场供需失衡而来的，是房价的飙升。房价如此之高，以至于零首付及用"超优惠利率"支付贷款也超出了许多美国人的购买能力，房屋销售开始萎靡。更重要的是，2005年，美联储为抑制日益高涨的通胀压力开始加息，30年期抵押贷款利率从原来的5.58%上升到6.66%，上涨了足一个百分点。在这双重的压力下，购房者的月供收入比迅速地从原来的24%上升到37%。而那些低收入、享受次级贷款低首付"照顾"的房主，其月供收入比甚至高达40%以上。显然，这远超出了他们所能够承受的能力范围。

当然，房贷在银行家手中就意味着，当这些低收入者无法按期偿还月供时，房贷公司是可以将其赶出屋子并将房屋收回的。然后，他们可以再选择合适的时间、合适的价位，将房子再次出售。这一切在最初的时候，的确是可以如此操作的。

但问题却在于，要将收回的房屋重新投放到市场上出售，是需要一段时间的。同时，收回抵押房屋也是需要支付法律费用的，无人居住的房屋又常常会朽坏。由于种种因素，将房屋从买房人手中收回的贷款方，通常只能得到原始贷款的一部分金额。更为麻烦的是，不仅只是这一批人，越来越多的人开始无力偿还房贷。被贷款公司收回的房子越来越多，再加上新开发和上市的房屋，整个市场上待售的房子也就越来越多。根据经济学的一般常识，我们可以知道这样的结局会是什么样的——当供给远远大于需求时，房价也就自然下跌，虽然房价最开始只是逐渐下降。

房价的下跌对那些仍在供楼的人来讲冲击巨大，在他们面前事实上已经形成了一个尴尬而有趣的局面：他们要为已经不值钱的房子支付巨额的贷款。那些在泡沫最为严重时期购买房子的人，不管是否支付了20%的首付，最终都将持有负资产，即房屋的价值不够偿还抵押贷款；而持有负资产的房主不论背景如何，都是最容易违约的一个群体。"房子现在的价格仅仅不过七八万美元而已，我为什么还要偿还那30万美元的房贷呢？"他们觉得继续还贷毫无道理。即使他们还有能力还这些房贷，但一番计算下来，他们会发现即使失去了房屋，在经济上也比偿还抵押贷款远为有利。于是，这些房主会倾向于弃房而去。断供潮进一步恶化，更多的房屋被房贷公司收回，市场上有待出售的房子越来越多，房价的自然跳水也就越发厉害。

当人们认识到房市崩溃的严重性时，贷款机构以及购买了住房贷款抵押证券的投资者都已损失惨重。首当其冲的受害者当属华尔街的金融机构，而金融机构中，首先受到冲击的是从事次级抵押贷款业务的放贷机构。2008年年初，众多次级抵押贷款公司遭受严重损失，甚至被迫申请破产保护，其中包括美国第二大次级抵押贷款机构——新世纪金融公司和美国第十大抵押贷款机构——美国住房抵押贷款投资公司。由于放贷机构通常还将债务抵押债券打包成金融投资产品出售给包括对冲基金在内的投资基金，因此随着房价的下跌，那些买入此类投资产品的美国和欧洲投资基金也受到重创。

次贷危机让美国股市草木皆兵，接二连三的消极消息又让美国股市经历了大幅调整。此外，受美联储降息和美国经济悲观预期的影响，美元持续走低，美元加权指数连续冲破30年来最低点。更为严重的是，次级抵押贷款市场危机扩大至其他金融领域，银行为降低风险，普遍选择提高贷款利率和减少贷款数量，甚至贮藏资本。这样的必然结果是，全球主要金融市场流动性不足，甚至借贷停止。这时，不仅那些过度激进的金融机构承受巨大损失，就连那些健康的金融机构、企业和消费者也遭遇了流动性困难，以至于若不低价处置他们所持的资产就无法偿付相应的债务。而投资者通过"去杠杆化"的形式抛售资产，使资产价格进一步下挫。由此，危机从金融部门开始向经济的其他部门蔓延，破坏了商业活动，造成大规模失业。更糟糕的是，这一危机的影响并不仅仅局限于美国，鉴于美国与其货币美元在当前国际货币体系中所处的位置和角色，美国的麻烦最终演化成2008年以来的全球性危机。

这次的危机主要出自银行部门。尽管美联储释放了大量基础货币，资产负债表急剧扩张，但由于商业银行资产负债表严重受损，加上过多的不良贷款又降低了银行的资本充足率（Capital Adequacy Ratio），银行不得不减少放贷以恢复资本充足率。包括美国政府在内的各国政府意识到，伴随着金融机构"去杠杆化"而来的是总需求的急剧下降，作为回应，欧美政府开始大幅扩大自身资产负债表，向金融、居民和企业部门提供经济刺激来减轻财富缩水的冲击，控制去杠杆化的速度。

于是，私人部门的资产损失完全社会化了，也就是说私人负债转移到了政府的资产负债表中。持续刺激的结果是，私人部门的债务危机全面演化为主权债务危机。

债务泡沫寻因

在本章的第一节，我们就密西西比泡沫的讨论所得出的结论是，泡沫化是以债务起始，以制造出更大债务而告终的过程。就这一点，事实上今天的欧美经济亦是如此。当初，波旁王朝之所以授权约翰·劳制造一场大泡沫，旨在解决路易十四所遗留下来的那笔20亿里弗尔债务。那么，格林斯潘们一场接一场地制造泡沫，其意图何在呢？

战争的代价

在古代，一国债务的积欠往往与统治者的穷奢极侈有莫大关系，如法国波旁王朝的路易十四，据说这位皇帝一年的开销就相当于法国全年税收的一半。

比欧洲这位皇帝更为荒唐的是中国历史上臭名昭著的隋炀帝。为粉饰太平，在外国使节入朝朝拜之际，隋炀帝下圣旨把首都长安大街小巷的树都用绸缎缠上，打扮得珠光宝气、富丽堂皇，国库也就这样被耗尽了。

造成一国债务恶化的另一个原因则是，统治者们为其统治欲或求利欲，往往不惜发动一场又一场的战争。还是这位隋炀帝，仅为证明自己所统治国家的富足与强大，就不惜对高丽发动了三次大规模战争。结果是军费激增、财政拮据。为解决战争经费，他又横征暴敛，结果是民变在即；为镇压人民的起义，他又不得不支出一笔庞大的军费。整个社会也就逐步步入一种恶性循环中，直至国破家亡。

旧时王谢堂前燕，飞入寻常百姓家，但也有很多东西却并没有随时间的流逝而为之改变，譬如制造债务的这两条根子，事实上它们已根深蒂固地扎根于我们的社会了。

在西方，虽然民主制度在一定程度上遏制了统治者的奢侈现象，但另外一条根子——战争，始终没有被拔出。

在冷战时期，包括越南战争时期，美国军费总额约5万亿美元。虽然最后，美国成为唯一的超级大国，但它似乎闲不下来。在这以后它先是对侵略了科威特的伊拉克施以颜色，然后是对南斯拉夫实施空袭。

2001年9月11日，恐怖分子的袭击给了美国绝好的机会。在数小时后，时任总统的乔治·布什宣布美国将进行一场新的反恐战争。

尽管债务是所有问题综合产生的，但正如研究全球安全局势的独立智库——牛津研究组织所认为的，联邦开支和赤字大增是同阿富汗战争和伊拉克战争同时发生的。根据国会预算办公室的数据，2000年美国有财政盈余2360亿美元。但自从乔治·布什上台后，情况遽然间发生转变——联邦支出随即扩大。到2001财政年度，对阿战争让美国原有的盈余迅速减少到1200亿美元。而在2003年对伊拉克开战之后，联邦的财政支出增长速度更是惊人。这种额外开支使美国的债务猛增到2002年的1500亿美元。而后，随着战争的扩大和深入，债务数字也日益增加。

美国布朗大学瓦特森国际研究所，于2011年6月29日发布了其最新的研究报告。这份由20多位专家学者完成的、名为《战争的代价》的报告指出，从2001年美国发动阿富汗战争以来，美国10年间的战争开支在2.3万亿到2.7万亿美元之间。而战争还没结束，加上对退伍和伤残老兵长期的抚恤福利金等，战争开销还将飙升。这还没包括1万亿美元将到期需要支付的利息和无法明确计算的开销。到2010年已有55万人向美国退伍老兵部申领残疾福利；预期今后40年向退伍老兵支付的各种福利将在5890亿美元到9340亿美元之间。报告称，美国发动的阿富汗战争、伊拉克战争以及在巴基斯坦对付"基地"组织和塔利班的战斗，累计开销将在3.67万亿到4.44万亿美元之间。取其中值，亦即4万亿美元。

这意味着什么呢？意味着战争所制造的债务占到了美国公共债务总额15万亿的近30%，这一数据也约等于美国2个财政年度的全部财政收入。

也许有细心的读者要质疑，美国今天所面临的债务困局，"战争说"或许成立，但这一观点在欧洲和日本怕是不成立吧？是的，包括日本和英国等在内的国家虽然被美国裹挟着而不得不参与到对阿富汗、伊拉克的战争中，但其参与的规模显然要小于美国。更何况德国、法国的一贯主张是坚定地反对对伊拉克动武。如果将其今日所面临的债务危机也归因于战争，显然是不恰当，甚至是滑稽可笑的。那么，又是什么因素导致今日欧洲和日本的债务危机的呢？与战争不同，这个因素是伴随着凯恩斯主义发展起来的新生事物——高福利。

高福利的代价

过去十多年来，希腊人已习惯了一种令美国人都羡慕嫉妒的舒适生活。在这个爱琴海畔古老而又年轻的国度里，人们舒适地生活着。《法治周末》的报道很诗意："这个国家的公民们通常吃晚饭的时间是晚上9点，各种社交活动也多是在这个时段进行。有人形容希腊人的一天是这样度过的：上午上一会儿班，下午小睡一会儿，晚上狂欢一夜。希腊公务员的福利更是令人艳羡。在希腊，仅政府部门的公务员数量就占全国劳动人口的10%。希腊公务员上班时间是早上9点到下午2点，下午2点一过，不要说行政机关，就连银行都大门紧闭。公务员每个月可以获得介于5至1300欧元之间的额外奖金，会使用电脑、会说外语，甚至连准时上班都会获得额外奖金。希腊法律还允许公务员在过了40岁之后就退休并领取退休金。"

然而这种悠闲幸福的生活，希腊人仅靠自己的钱已无法维系，于是他们开始借钱，不断地借钱。也正是这种惬意的生活，决定了希腊财政多年超支，直至酿成今日的债务危机。

棘手的是，希腊的福利并不是孤立的个案，这种高福利不仅仅局限于希腊。以《华氏911》（Fahrenheit 9/11）而闻名于世的美国著名导演迈克·摩尔，在2007年推出一部片名为《医疗内幕》（Sicko）的纪录片，以此来批判美国的市场化医疗服务体制，赞美欧式全民公费医疗体系。为表现全民免费医疗的优越性，摩尔不辞辛劳地从美国跑到欧洲。欧洲人惬意的生活，让摩尔无比羡慕。

当摩尔在英国、法国分别询问医生、病人看病是否需要花钱时，惹来的是一阵阵的嘲笑和不可思议。"我们看病不交钱，吃药不交钱！在英国，穷人去医院不仅全部免费，甚至连路费都可以报销！"英国人这样自豪地告诉他；而在法国，政府考虑的更是无微不至：对于刚生完孩子的女人，考虑到有些人请不起保姆或钟点工，于是政府派专人去她家帮她洗衣做饭！

英国人和法国人没有欺骗这位来自美利坚合众国的中年胖子。在英国，大部分的药品是免费的，而且儿童、孕妇、一年期的哺乳妇女、60岁以上老人、低收入者和欠发达农村地区的人群一律享受免费医疗。这就是有名的"NHS"，即英国国家医疗服务体系，该系统最早建立于战后的1948年。依赖于该体系，每个在英国有居住权的人都能够享受免费的医疗权利。而支持NHS的资金，82%是由政府财政拨款，12.2%出自国民保险税，其余部分来自社会及慈善机构的捐款和其他收入。

免费医疗是好，但问题是这套体系是否具有可持续性：一方面，医疗网点的覆盖率不断提高，更多的专科治疗技术被引入；但另一方面是后续的经费严重不足，因经费不足而引发的各种问题也越发突出。免费固然好，但NHS体系设施陈旧、手术等候时间有时长达几个月，这也是公认的事实。2007年年初《人民日报》发表文章，标题就是《英国医疗服务体系：全民福利，进退两难》。可以说，困扰今日英国的债务问题，NHS首当其冲。

事实上，当前世界各主权债务危机国，都有着福利的阴影！国际货币基金组织在2011年6月出具的一份报告就明确指出，引发日本债务大增的罪魁祸首就是"社会保障支出的持续上升"。除此之外，一向被人们视为有别于欧陆福利主义的美国也不例外。有"民主女神"美誉的哥伦比亚大学政治学博士刘瑜，在其2009年出版的《民主的细节》一书里，为我们提供了2004年美国联邦政府的预算开支的具体数据，该项数据或有助于说明上述观点：

19.9%用于军费；

21.6%用于社会保障金；

19.5%用于资助穷人、老人、残疾人的医疗保险项目；

4.1%用于退休者和残疾人的开支；

9%用于失业补助，给穷人家庭的住房、食品、收入补助及税收返还；

7%用于偿还债务利息；

3.8%用于教育；

2.6%用于老兵补助；

2.8%用于交通；

1.2%用于国际事务；

1%用于科研；

……

如果将社会保障金、医疗保险费、贫困失业补助等算作广义的福利开支，那么这部分的支出已占据了联邦政府开支的一半以上。刘瑜的这一数据，也得到了美国《国际日报》的支持，2009年6月，该报曾刊文指出："2008年，美国联邦政府支出的61%用于支付个人的福利。"

经济合作与发展组织（Organization for Economic Co-operation and Development，OECD）的相关数据也证实了这点。该组织所公布的数据显示，在欧美国家的政府支出结构中，多数国家宽口径的社会保障与福利支出[1]与美国一样，已达到或超过GDP的60%，有的国家，譬如德国，甚至逼近70%。从该项数据中我们更可以发现，当前债务闹腾得最为厉害的希腊，其占比居然比"有福利支出却无福利之实"的美国还低。

---

[1] 宽口径：社会保险、社会救助、福利补贴和家庭补助等。它是相对于社会保险这一窄口径而言的。

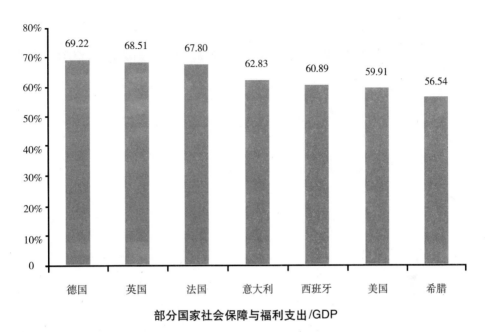

部分国家社会保障与福利支出/GDP

注：社会保障与福利支出包含社保支出、医疗支出和教育支出

数据来源：OECD，人保资产研究所

逆周期代价

包括社会保障金、医疗保险费、贫困失业补助等在内的显性福利支出，显然已为人们所充分关注，但隐性的福利支出却并未引起人们的足够注意。我们知道，充分就业是第二次世界大战后福利经济建设的一个关键基础，也是福利经济要着力的宏观目标。就业对大量的工作适龄人口和他们要负担的家庭来说，是主要的收入来源和最大的福利保障。而较为正规的充分就业，则是保证收入和维持生计的第一来源。凯恩斯的福利经济制度进入世界经济生活，很大程度上是经济萧条和大量失业所带来的人力、资金等资源浪费的应对性政策。凯恩斯福利思想的着力点是减少失业和尽可能地开发利用既有的劳动力资源，以加快经济的增长和发展[1]。

---

[1] 当然现行的福利主义也综合了其他流派的观点，譬如霍布森和庇古的。但它主要的还是以凯恩斯主义为主线，因此在我们看来，欧美的福利主义事实上亦是凯恩斯主义的产物。

而为实现充分就业，不得不付出的违反自然规律的逆周期成本，是凯恩斯主义创立后的又一项"成果"。每逢经济出现波动，哪怕是轻微的波动，各国政府都会毫不犹豫地采用通货膨胀的措施予以应对，以期熨平经济周期来实现充分就业。但问题在于，这样的通货膨胀政策，只会吹出更大的泡沫，制造出更多的错误投资。当时间偏好改变、纯利率上升，这些投资面临被清算的命运。为了继续实现经济增长、促进完全就业，政府只能硬着头皮将这些错误的投资承接下来，就如2008—2009年美国所做的那样。政府本已庞大的债务进一步恶化的同时，也给予市场一种不好的信息，那就是投机者料定自己一旦陷入困境，政府必定会出手相救，结果引发更大的道德风险，而这种风险无疑又会导致更多的错误投资。这为未来更大债务的形成奠定了基础。

该项成本在某种程度上，不比战争和福利支出少。但人们为什么没能认识到呢？原因就在于它本身的隐蔽性。在这里，我们来分析一下该项成本。

前文提到，作为特许公司运作基础的路易斯安那州的金子并没有被挖掘出来，密西西比计划中的劳氏体系终究难逃崩溃的命运。特许公司倒闭，密西西比泡沫破产，法国留下的是一场繁荣幻觉和至少31亿里弗尔的财政亏空。约翰·劳忙活了四五年，不仅没有从根本上将路易十四积欠下来的20亿里弗尔的债务冲销掉，反倒是在这一基础上再增添了11亿里弗尔的债务额。

这种以通货膨胀的方式试图达到去债目的的约翰·劳式应对，并没有因密西西比泡沫的破灭而消失，事实上它有着超顽强的生存能力。随着时间的流逝，它不仅没有被削弱，其势力反而得到空前的加强。

为解决"战争+高福利"所形成的初始债务，政府所采用的方法几乎都是约翰·劳式的，那就是大量印刷钞票，通过信用扩张，促使货币贬值。货币超发形成泡沫，大量的错误投资和大量的廉价信用又在泡沫中形成，当经济周期来临，债务也将会像约翰·劳的实验结果一样，不减反增。近期最典型的案例就是房地产泡沫破灭后的美国。

自1987年格林斯潘出任美联储主席以来，为维系上个世纪60年代完善起来的社会保障体系，配合对阿富汗、伊拉克和巴基斯坦基地组织的战争，当然更不排除他们有去债的打算，美国在货币政策上，一直执行的是约翰·劳式通胀的政策。正是这一政策，先后催生出了美国上世纪90年代中后期的互联网泡沫和2002—2006年的房地产泡沫。

依靠约翰·劳式的通胀，及由其催生出的网络非理性繁荣，克林顿终于在千禧年之际不仅消除了长期以来的财政赤字，还实现了盈余。但他的继任者小布什显然就没有那么幸运了，接手的不仅是一个网络泡沫破灭形成的经济烂摊子，还有更糟糕的，由于美国一国独大而引发的与中东国家的文明冲突日益加剧，结果一群胆大的阿拉伯人做成了第二次世界大战后最为疯狂的事情——9·11事件就此爆发。

为配合战争的进行，美联储开始了自第二次世界大战以来最为激进的货币政策。小布什政府满心以为，他可以像前任克林顿一样，以通胀的形式，实现打赢两场战争，顺带去掉债务的梦想。这一政策在最初的时候的确有效，美国财政部的数据显示，2007财政年度美国政府的财政赤字陡降至1628亿美元，比2006财政年度下降了34.4%，降至2002年来的最低水平。受此鼓舞，小布什政府野心勃勃地计划着，预备于我着手写作本书的2012年消除财政赤字，恢复盈余。然而，就在美国政府刚享受到通胀的好处——逐步去债时，依靠通胀吹出来的泡沫就随之破灭了。

为应对房地产泡沫破灭而引发的次贷危机，2008财政年度美国财政赤字由前一年的1628亿陡增至4500亿美元，较上一财年剧增180%。但这只是开始，2009财政年度美国的财政赤字规模达到1.42万亿美元，较2008财政年度飙升了207%；2010财政年度美国财政赤字为1.3万亿美元，2011财政年度仍然高达1.29万亿。这就是逆周期的成本，这笔成本往往以政府的财政支出形式出现。

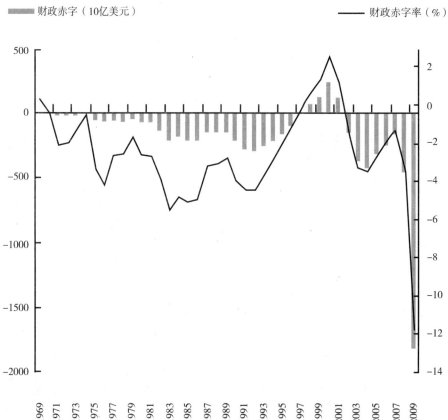

美国财政状况

数据来源：美国财政部

债台高筑

在这里，我们试着将欧美各国这种泡沫化应对的因果逻辑，做个简图：

战争支出＋社会的福利支出⇒严重的债务问题⇒政府不得不印刷钞票，制造通胀来应对⇒制造出大量错误投资的伪繁荣⇒随着时间偏好改变，纯利率上升，靠低资金成本维系的错误投资难以为继，继而便是衰退来袭⇒政府基于维持经济稳定的诉求，不得不救助那些错误投资⇒战争支出＋福利支出＋对错误投资的救助成本，形成更大债务⇒政府不得不进一步释放流动性⇒受此错误激励，只会制造更大的泡沫⇒随着时间偏好改变，纯利率上升，错误投资难以为继，继而便是更大的衰退⇒政府再次基于维持经济稳定的诉求，不得不对那些错误投资再救助⇒战争支出＋福利支出＋对错误投资的救助成本，滚成更大的债务雪球……

这种应对的结果只能是债台高筑。

美国当局在2012年1月发布的数据显示，联邦政府欠其债权人的债务总额已突破15万亿大关，达到了15.23万亿美元。而美国经济分析局的数据显示，截至2011年9月底到期的上一财政年度国内生产总值为15.17万亿美元。

该数值也超出了国际货币基金组织的预估值，国际货币基金组织于2011年7月发布的报告预估，美国联邦公共债务总额占GDP的比于该年将达99%，实际是超出了1.4个百分点，该报告还预计2012年将达到103%。美国国债已超过国内生产总值100%这一临界值，意味着美国债务以超过经济增长的速度扩张。

拥有100.4%的债务占GDP比并不是什么光彩的事，除非你将这个数字与其他国家更高的比率相比。

以全球第三大经济体——日本为例，日本是一个名副其实的"债台高筑"国家。自1991年经济泡沫破灭以来的这2个失落的10年里，其债务占GDP的比一直在恶化。该数值从经济泡沫破灭之前的50%，攀升至目前的200%。日本财务省2011年8月10日公布的数据显示，截至2011年6月底，包括国债、借款和短期政府债券在内的国家债务总额达到943.8万亿日元，再次创造了历史新高。这些债务占GDP的比高达185%，在发达国家中居首位。这远不是全部，据国际货币基金组织预估，若加上地方政府负债，到2011财年日本国家负债总额将达到997万亿日元，债务总水平可能会达到GDP的227.5%。另据经合组织（OECD）的数据，日本政府2010财年的财政赤字规模占GDP的比重为8.14%。

远在欧洲、第二次世界大战时与日本同为轴心国的意大利，与日本可谓是真正的难兄难弟，该国的总债务也占到GDP的128%。但英国经济与商务研究中心却认为，意大利的长期国债利率如果维持在目前的6%的水平，且经济增长依然缓慢，那么，意大利公共债务总额相对GDP的比，将会从目前的128%攀升到2017年的150%。即使其长期国债利率能够回落至4%，到2018年，其债务率还是会高达123%。也就是说，除非意大利未来几年的经济增幅超出预期，否则即使政府紧缩开支，其债务水平也难免继续攀高。

我们再来看各国政府债务余额占GDP的比。

据经合组织公布的数据，截至2010年，除了澳大利亚、丹麦、瑞典和芬兰等少数国家外，其他西方发达国家的该项指标几乎全部超过60%这一公认的警戒线。其中，日本最高为200%，希腊以143%紧随其后，排在其后的是意大利、爱尔兰、比利时、美国、葡萄牙，分别为119%、105%、97%、94%、93%，它们都属于超过90%的"高危阵营"；而加拿大、德国、法国和英国，该值分别达到86%、83%、82%和80%，它们属于介于80%与90%之间的"濒临高危阵营"。

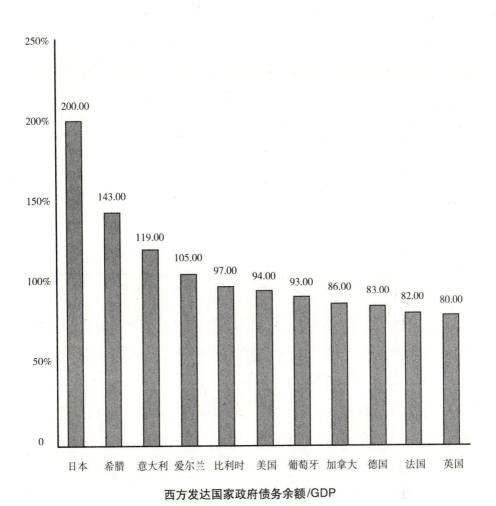

西方发达国家政府债务余额/GDP

数据来源：OECD，标准普尔

我们再来看看政府净债务余额占GDP之比。据国际货币基金组织公布的数据显示，除加拿大的该数值为35%，属于较低水平外，其他国家均超过50%，其中日本以128%、意大利以101%、爱尔兰以95%位居前三甲，而葡萄牙、比利时、法国、英国、美国、德国紧随其后，分别为86%、82%、78%、75%、72%、55%。

另外，从财政赤字与GDP的比来看，除瑞典、芬兰、丹麦和澳大利亚等国外，其他西方发达国家几乎全部超过3%这一公认警戒线。其中，爱尔兰高达32%、希腊为10.5%、英国为10.4%，位居该指标的前三；西班牙、美国、葡萄牙、日本和法国则分别为9.2%、9.1%、9.1%、8.1%和7%；意大利相对较低，但仍然高达4.6%。

综合以上三项指标来看，除希腊外，意大利、比利时、爱尔兰、葡萄牙、日本和美国都处于极度危险的区间，而德国、法国、英国和西班牙情况稍好些，但也处于较高的风险区间。

	日本	希腊	意大利	爱尔兰	比利时	美国	葡萄牙	加拿大	德国	法国	英国	西班牙
政府债务余额	200	143	119	105	97	94	93	86	83	82	80	60
政府净债务余额	128	n.a.	101	95	82	72	86	35	55	78	75	53
财政赤字	8.1	10.5	4.6	32.3	4.1	9.1	9.1	4.9	3.3	7.0	10.4	9.2

部分西方发达国家债务风险指标

注：灰色表示风险最高，浅色表示风险较高，灰白色表示风险相对较低。

数据来源：国际货币基金组织，欧盟统计局，中国人保资产管理有限责任公司研究部

第3章
走在当年的老路上

正如亨利·戴维·梭罗所指出的那样,政治圈子里的人一直都不能面对事实。在处理问题时,他们只采用折衷的办法。在他们无限期地拖延解决问题的同时,债务已悄然积累。

没人生产,又何来财富

在前面我们探讨了我们的现在,接下来探讨我们的未来也就顺理成章了。那么,我们的未来将会是怎样一副景象呢?用一个词可以形容——老态龙钟。再过10年你将会看到,在这个星球上,除了印度和非洲大陆,其他的地方柱着拐杖的老人要远远多过坐在婴儿车里的孩子。

据美联社报道,美国最新人口普查数据显示,虽移民家庭不断增加,但全美儿童人口的比率仍创下新低纪录。有预测认为,该比率还将持续下滑,在2050年以前降至23%;而早在110年前,美国的儿童人口比率高达40%,之后几十年该比率也一直维持在30%以上,直至1980年主要因为白人的出生率下滑,儿童人口比率开始降至28%。

45~60岁这一即将步入老龄化年龄段的人,在美国总人口中所占比例是最大的,这一年龄段的人就是所谓的"婴儿潮(baby boom)"的一代——第二次世界大战后,从1946年至1964年这18年间,美国出生了至少7800万婴儿。基于此,今后二三十年内,美国的老龄人口将会以每10年增长近三分之一的速度快速增加。到2020年,65岁以上的人口将达到5400万。

同时,另一种趋势——人的平均寿命越来越长亦不容忽视,世界卫生组织(WHO)2009年的数据显示,美国人的平均寿命达78.2岁。有分析表明,这一数据还将继续增长。人均寿命的增长意味着,老人们领取社会保障退休金的时间也会越来越长。

对此,华盛顿布鲁金斯学院人口学家威廉·弗雷(William Frey)说,美国老龄化将对国家产生深刻影响。他认为,老龄人口的数量增长很快,人们寿命延长,将为老年人口的应对带来一系列问题,他甚至将这一现象称为"一颗定时炸弹"。

美国正在衰老,但它并不孤单。整个地球都在老龄化,许多地方老得比美国还快。

去过日本的人都有印象,当你走在日本的街头,老年人的身影随处可见。确实如此,日本是一个老龄化非常厉害的国家。近年来,人口老龄化问题已成为日本社会普遍关注的一个大问题。日本内阁府发布的《2011年老龄化社会白皮书》显示,截至2010年10月1日,日本人口为1.28亿,其中65岁及以上人口占总人口的23.1%,劳动年龄人口(15~64岁)与老龄人口的比例为2.8。该白皮书预测,2055年,日本人口将减少到8993万,老龄化率将高达40.5%,劳动年龄人口与老龄人口的比例将为1.3。

与日本糟糕的情况相比,欧洲似乎也好不到哪里。欧盟统计局2011年的统计数据显示,从2000年到2010年,欧盟国家65岁及以上的老龄人口占总人口的比例由15.6%上升到17.4%,而欧元区国家则从16.2%上升到18.3%。人口老龄化的趋势在未来50年内情况将更加严重。据欧盟老龄工作组预计，到2060年，欧盟老龄人口总数将会在2010年的水平上翻番，预计总数将会超过1.5亿。

欧盟执委会的另一项调查也支持上述观点，该委员会就欧洲人口结构所做的专门调查研究表明，由于生育、移民以及平均寿命的变化，未来数十年欧洲的人口结构将发生重大改变。执委会预计未来数十年总人口的规模将微幅增加，但平均年龄却越来越高。虽然15～64岁的人仍将是人口结构中的主力，但所占的百分比将由2010年的67%减至2060年的56%。与之对应的是，65岁以上的老人所占比例，将由2011年时的17%增加至30%。而超过80岁以上的老人，届时将占总人口的5%～12%。

事实上，早在2005年3月，欧盟委员会就发表过一份人口绿皮书。该绿皮书指出，1998年，欧洲老年人口占总人口的20%，而到2050年，

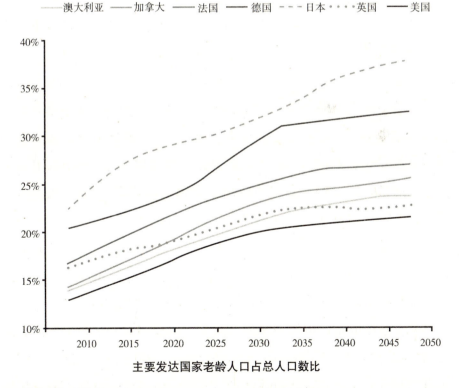

主要发达国家老龄人口占总人口数比

资料来源：联合国

这一数值将上升到35%。报告还显示，到2030年人们更长寿、更健康。届时，老龄工作者（55~64岁）将达2400万，80岁以上人口更将达到3470万之巨，到2050年这一数字还将增长180%。与此同时，欧盟国家的生育率将不断下降。

欧盟的上述数据也得到了联合国统计数据的支持，该项统计数据显示，全球老龄人口总数已达6.29亿，平均每10个人中就有一位60岁或以上的老人。到2050年，60岁以上的老龄人口总数将近20亿，占总人口的21%，并将超过14岁以下儿童人口的总数。其中，百岁老人将从2002年的约21万人增长到320万人。到2050年，包括日本、中国、印度等在内的亚洲国家，其老龄人口将从3.38亿增加到接近于当前中国总人口数的12.27亿；欧洲将从当前的1.48亿增加到2.21亿；美洲将从当前的9600万增加到3亿；就是非洲，其老龄人口也将从目前的4200万上升到2.05亿。

人口老龄化首先冲击的是各国劳动力的供给，劳动力供给取决于工作年龄人口的数量与工作年龄人口的活动率。婴儿潮时期出生的人于2011年开始进入退休年龄，在妇女的劳动力市场参与率已趋稳定的情况下，由于进入劳动年龄的人口规模很小，老龄化对劳动力规模的影响显然日益重要。以欧盟为例，1995—2005年间，欧盟15国的劳动力上升了690万，但在2005—2015年间，将会下降210万。欧洲劳动力预测表明，可用的劳动力储备呈下降趋势，即便就业率按0.7%的速度增长，最大就业率达到75%，到2015年劳动力储备也将下降一半。人口绿皮书预计，到2030年欧盟人口总数虽然达4.687亿，但劳动力缺口却高达2080万。届时，欧盟也将与美国一样——两名劳动力（年龄15~64岁）要养活一名非劳动力。

日本情况更糟，据日本国势会预测，2005年日本从20~29岁的人口大约1610万人，而到2015年将只有1290万人，10年之间锐减300万以上。到2055年，15~64岁的劳动力人口将从8442万人减少到4595万人，减少比率为46%。结果，与目前3.3个劳动力负担一位老人的情况相比，50年之后日本就只能是1.3个劳动力负担一位老人。如果再加上儿童的抚养，最后的实际情况将是社会抚养比将为0.7∶1～0.8∶1，甚至更低。这无疑将是个翻天覆地的变化。

这也就意味着，我们目前所积欠下来的这笔巨额债务将无法偿付，因为没人生产，又何来财富呢？未来不是比我们现在更好，而是更糟。

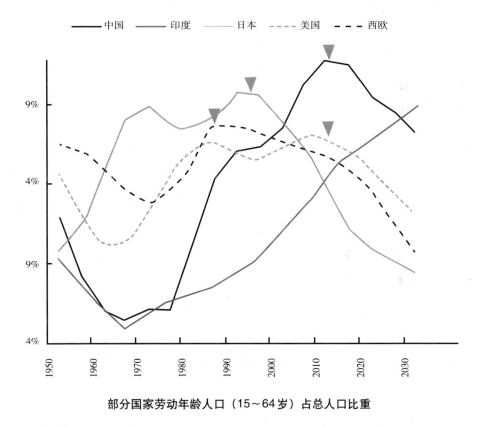

部分国家劳动年龄人口（15～64岁）占总人口比重

资料来源：联合国

财政大雪崩

人口老龄化将使世界各国，特别是那些已经步入老龄社会的国家，公共社会保障体系承受巨大的压力。欧盟经济政策委员会预测，如果各成员国不采取相应的行动，那么，到2050年左右，大多数成员国的公共支出占GDP的比重将增加3到7个百分点。而这些新增的支出，将主要用于养老金、卫生保健和长期照顾服务等方面。该委员会更进一步表示，老龄化对大多数国家预算的影响将于2020—2030年间达到高峰。

在日本，医疗保险的资金主要来自投保企业和个人缴纳的医疗保险及国家财政补贴。但是，政府管理的健康保险已经连续多年赤字。

相对于欧洲和日本，美国的老龄化问题相对要轻些，但亦不容乐观。皮尤研究中心调查显示，随着"婴儿潮"一代的逐渐老去，在未来19年里，美国每天都有约1万人迈入65岁。而根据美国的有关法案，在美国，凡年满65岁的国民都可享受联邦政府的医疗保健计划（Medicare）福利。皮尤研究中心的分析认为，在2030年前，随着最后一名"婴儿潮"出生者踏入65岁，与之相应的65岁以上老人占总人口比也将从目前的13%增加至18%。也就是说，享受该项医疗保健计划的人数将从目前的4600万，上升到20年后的8000万。

在2011年之前，美国的老龄化问题事实上还算不严重，社会总抚养比（非劳动力人口与总劳动人口的比例）仍然很低。但纵使如此，美国已为其福利支出而头痛不已，那么随着"婴儿潮"一代渐渐老去，美国在福利支出上将承受更大的压力！美国的医保开支将由现在每年的5000亿美元，上升到2030年的9290亿美元；其占GDP的百分比，也将由2010年的3.6%，上升到2030年的6.4%。医保计划在未来75年的负债额将高达38万亿美元。

对此，美国政府会计总署前总审计长大卫·沃克（David Walker）得出的一个结论是："婴儿潮"的退休无疑将在美国掀起一场"开支海啸"。亚特兰大联储行长丹尼斯·洛克哈特（Dennis Lockhart）也表示前景非常悲观，"短期内美国财政赤字仍能控制，但人口老龄化意味着这个问题难以避免"。他认为美国应享权益相关的债务从2012年开始将面临"雪崩"的风险，因为婴儿潮一代纷纷退休，届时需要大量社会保障和医疗保障支持。

美国财政部稍微乐观一些，但他们也认为，到本世纪末，美国在社保资金方面的支出，缺口仍然高达惊人的20万亿美元。但美国著名投资通讯刊物《每日清算》（*The Daily Reckoning*）的主编兼发行人安迪森·维金（Addison Wiggin）显然并不这样认为，他认为如把未来的现金流折现考虑进来，真实债务的估值应该是官方公布数字的7倍。

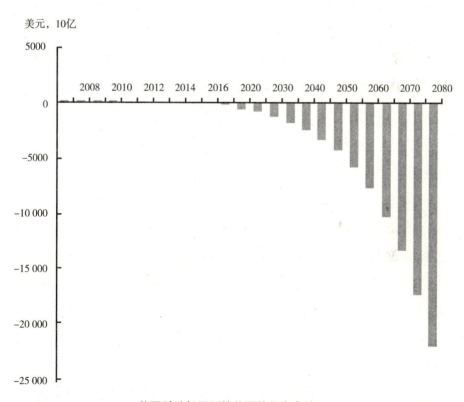

美国财政部预测的美国社保资金缺口

数据来源：美国财政部

为了便于讨论，我们姑且认为美国财政部的这一数据是客观严谨的。但问题是，未来的支出并不仅仅局限于包括医疗支出和养老金等在内的宽口径的福利支出。如果再加上其他方面的支出，实际情况比这要糟糕得多。

美国彼得森国际经济研究所（PIIE）的高级研究员威廉姆·克莱因（William R. Cline）研究发现，如果不采取相应的措施来增加其财政收入，那么美国的经常账户赤字占GDP的比例，将于2030年达到15%这一高度。同时，美国的净债务也将达到50万亿美元，其占GDP的比例也将攀升到140%。威廉姆·克莱因的同事弗雷德·伯格斯坦（Fred Bersten）则进一步指出，如果美国继续让中国等国家来购买这些债务，那么美国每年将给这些国家输出数万亿美元，来支付其外债的利息。

而且在美国，并不仅仅只是中央（或者联邦）政府在积欠大量的债务，地方政府也在积欠，下面这则新闻就是最好的证明：

美国州政府债务总额突破4万亿美元

美国非营利组织State Budget Solutions周一发布的分析报告显示，美国所有州政府的债务总额可能达到4.2万亿美元。根据该组织测算，加州负债最多，总负债金额超过6120亿美元。

除了政府之外，企业、个人、非营利性组织都在积欠债务。据美国政府一项研究的初步结果显示，美国学生贷款债务总量已经触及创纪录的1万亿美元，美国消费者金融保护局（Consumer Financial Protection Bureau）的学生贷款监察专员罗希特·乔普拉（Rohit Chopra）称，美国学生贷款债务总量很可能已触及这一历史新高，这一数字超出了美国的信用卡债务总量。

锐联资产管理公司（Research Associates, LLC.）创始人罗布·阿诺特（Rob Arnott）研究认为，包括政府、社保、企业、非营利组织在内的各种组织及个人，所积欠下来的债务总和，往往是该国GDP的8倍。以2011年美国GDP总量为15.14万亿美元计，根据阿诺特的模型来计算，单美国一国其当前的全社会债务总额就已经高达120万亿美元了。

未来这个数据又会进一步膨胀到何种程度呢？如果美国的现行制度和产业结构没有得到根本改变，财政赤字继续不加抑制地增长，那么，美国未来的债务将会变得非常危险。

值得注意的是，美国并不是唯一面临这些问题的国家。彼得森国际经济研究所2011年9月出具的研究报告指出，发达经济体的公共债务水平已经达到了第二次世界大战结束以来的最高水平。

无论是在老龄化问题还是在福利支出上，美国都比欧洲和日本的负担要轻得多。美国尚且如此，那么，欧洲和日本的情况就可以想见了。

养老金、卫生保健和长期照顾服务支出的快速增加，不但极大地增加了劳动人口的经济负担，相应地还会导致对教育支出、失业福利乃至科学技术投入的"挤占"，而这无疑又将对经济的发展产生制约作用。

欧盟委员会曾测算出，老龄化可能导致欧洲的经济增长从现在的2%～2.25%下降到2040年的1.25%。欧盟理事会预计，人口老龄化将带来公共财政压力、私人储蓄行为的"生命周期"效应、公共储蓄恶化、劳动供给减少、资本积累不足以及全要素生产率降低等多种问题，使欧洲人均国内生产总值年均下降0.4个百分点。这也就决定了，以时间换繁荣、以经济增长来降低债务比重的可操作性越来越小。这样的债务水平只能导致世界经济增长整体放缓、失业率高企、银行出现挤兑。

当然也需要予以特别指出的是，就短期而言，欧债危机与美债危机还是有着根本区别的。欧债危机的最大问题在于其货币政策的不灵活性，而美国在这里显然要灵活得多，两轮的量化宽松就是最好的证明。

也正是因此，我们认为美国在短期内不会像欧元区那样爆发财政危机和利息大幅上涨的风险。

还能有什么办法

当一国债务非常高时，最为"体面"的还债方式就是通过多次的基本预算盈余（即盈余额高于当期利息费用）来实现。但事实却是，靠这种办法要想完全清偿债务，是非常困难的。至少，历史上这类案例虽有，但非常罕见，最为经典的是开国之初的美国。当时的美国因为两场独立战争[1]积欠了大量的债务，自1815年停战后，美国就一直积极地还债，直到1834年，联邦债务才完全偿清。

虽然这种办法在一般情况下难以将债务完全清偿，但美国和英国的历史经验告诉我们，它能有效地将债务的整体水平降低。譬如：1822—1914年近100年的时间里，英国凭借这一基本预算盈余法，硬是将其债务名义上降低了25%。美国同样也用这套办法，分别于1871—1893年、1920—1930年、1947—1953年将其债务水平压低。

如果财政赤字情况不是很糟，预算长期在平衡线附近徘徊，那么这种操作思路不失为一个好办法。但问题是，从目前的情况来看，不要说预算盈余了，单预算的平衡就非常之难了。在西方发达国家，除瑞典、芬兰、丹麦等国外，其他国家的财政赤字与GDP的比均超过3%这一公认警戒线。其中，爱尔兰最离谱，一度高达惊人的32%。

可见以这种方法来去债，有点不现实。那么为应对债务局面，各国政府会怎么办？

---

[1] 除1775—1783年美国的反英独立战争（American War of Independence）外，美国与英国于1812—1815年再度爆发战争，这次战争有人称之为第二次独立战争。

第一方案——变卖资产

据欧洲央行的数据显示，欧元区成员国2012年需偿还的公共债务总额达1.5万亿欧元。这笔债务说大其实也不算太大，经济繁荣期，市场完全可以应对。但在当前缺乏市场信任的情况下，这笔款项无疑将成为一个莫大的问题。

受债务危机拖累，英国、希腊和西班牙等10多个国家，于2011年底不得不忍痛甩卖各种压箱底的家产，有些甚至是传了几百年的"祖产"，以期尽量筹措资金，填补债务窟窿，渡过危机。这些待售的资产不仅包括伦敦特拉法加广场旁的海军拱门[1]、法国的古堡、西班牙的地铁、爱尔兰的养马场、意大利的海岛、希腊的机场，以及各国的国营能源公司、航空或地铁服务，甚至还包括航空母舰、战斗机等军备装置。

但欧洲国家所发起的资产"大拍卖"并不能帮它们筹措到很多钱。第二次世界大战后受凯恩斯主义的影响，欧美国家也掀起一股空前的国有化高潮，西欧国家纷纷收购私有企业，使之"国有化"，但西方国家政府所持有的国有资产所占比例仍然很小。而且，到20世纪70年代末，长期受滞涨的困扰，人们对凯恩斯主义的质疑越来越强烈，新自由主义及其私有化的建议逐渐被人们和政客接受，私有化的浪潮在西方再次兴起。西方政府所持有的资产本来就少，又经过几十年的私有化，政府真正能够控制的资产就更少了。

糟糕的是，各国的债务到期时间相近，这也就决定了欧洲国家推出资产变卖的时间也大体一致。按照市场法则，市场上某一种商品的数量暴增，其结果只能是价格下降。比如希腊，吆喝了半年，拍卖了几个月，最后所得却只是1.8亿欧元而已，这点钱是计划额500亿欧元的0.36%。这点钱对希腊的债务而言，简直是杯水车薪！

---

[1] 海军拱门曾为英国皇家海军的办公大楼，而英国正是凭借强大的海上军事力量，奠定了其日不落的地位，故在英国该拱门一直以来都被视为其强大权力的象征。

针对中国的地方债务危机，财经评论员叶檀女士给出的建议是：出售资产是最好选择。这一办法在中国或许是有效的，但搬到欧美国家效果就要大打折扣了。显然解决欧美债务危机，出售资产不是最好选择。

第二方案——增税

在第一方案失效后，接着人们大概都会想到增税。2006年2月，时任美国总审计长的沃克就认识到增税的重要性。他说："如果不能大规模地削减开支，就增加税收或两者同时进行。"

与沃克持有相同观点的还包括国际货币基金组织。2010年7月14日，国际货币基金组织在对日本经济的年度评估报告中指出：严重的经济衰退和庞大的财政刺激措施，已经让日本的公共债务占GDP的比，由2007年的188%攀升到2009年的218%。如果日本还不采取相应的调整措施，那么，其公共债务占GDP的比将在2030年达到250%。为此，日本需要在未来10年的时间里，做出约占GDP10%的调整。这种调整可以通过多途径来实现，但增加消费税将是最为重要和有效的手段。

在这份报告中，国际货币基金组织这样写道："尽管可望因财政刺激方案期限届满和周期性因素而获得部分调整，但由于进一步削减支出的空间有限，其余的调整就得有赖增加消费税等额外的收入措施。"国际货币基金组织建议日本在未来数年将消费税从5%逐渐提高到15%。这一措施能够为日本的财政调整计划提供大约一半的资金，带来相当于GDP 4%~5%的政府收入，从而在未来数年间拉低公共债务占GDP的比。他们甚至认为，以经合组织的标准来看，15%的税率不算高。

以增税的方法来应对公共债务危机仿佛是国际货币基金组织的一记法宝，它不仅这样建议日本，还这样建议美国。在同一年针对美国的该类报告里，国际货币基金组织对美国财政政策作出了委婉的批评，该组织在摘要的部分说："委员们对美国政府稳定财政的承诺表示欢迎，但认为需要采取比当前预算力度更大的调整才能让债务与GDP的比率企稳。"对于美国债务危机的严重性，该报告在《2010年7月特定问题论述》的"第6部分"中这样表述："按照一定的贴现率，与今日联邦财政政策相关的财政缺口相当巨大。"所谓财政缺口，指的是未来所有年度中计划支出（包括国债利息支出）与预期财政收入差额的当前价值。报告认为要想填补这一财政缺口，需要经年累月的财政调整，每年的调整幅度应该相当于美国GDP的14%。

14%是个什么概念呢？目前美国的联邦收入占GDP的比重为14.9%。按照国际货币基金组织的计算模型，要想填补美国的这一庞大的财政缺口，在财政收入方面，需要将美国的个人所得税率、企业所得税率、联邦税率以及《联邦保险贡献法案》项下的税率立即翻倍，并且长期保持。只有这样才能使得美国实现真正意义上的财政盈余而非赤字，也只有这样才能实现国际货币基金组织"每年的调整幅度应该相当于美国GDP的14%"的目标。因此，国际货币基金组织报告实际是说，美国目前和未来数年必须实现巨额的财政盈余，才能为维系现有体系的支出买单。

国际货币基金组织的这一建议还是很有市场的，日本的野田佳彦首相表示，他将竭尽全力推动在内阁会议通过的提高消费税率相关法案，在通常国会[1]上获得通过。而在美国，克鲁格曼则是一直鼓吹增税，以增税来支持现行的社会福利制度。在《纽约时报》的专栏上，他固执地认为，能够实现预算平衡的唯一办法就是大幅提高税收。他建议，废除布什的减税项目，对高收入人群和中产阶级家庭提高税收，同时继续提高"社会保障"。他把这种提高税收以维系当前福利制度的办法称为"人民预算案"。波士顿大学经济学教授劳伦斯·克特里考夫（Laurence Kotlikoff）认为任何国家都可能破产，美国也不例外。外国的投资只不

---

[1] 也叫常会（じょうかい），是国会的一种会期。根据日本国宪法第52条，规定每年召开一次，又据日本国会法第2条规定，召开日期通常在1月中旬。

过在延缓其破产到来的时间而已,除非美国国内进行一场深刻的改革,也只有这样才能够真正保障破产不会在这个国家发生。要避免破产的厄运,必须从三个途径着手,首先就是提高销售税,在此基础上建立个人化社会保障体系及一个涵盖广泛的医保体系。

那么,未来的征税空间到底又有多大呢?据经合组织的数据显示,西方发达国家的宏观税负[1]已经很高了。在该数值上,西方发达国家的平均水平为30%。如下图所示,希腊、日本、爱尔兰和美国低于这一平

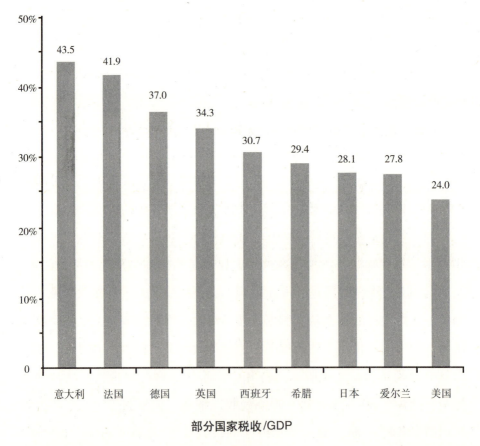

部分国家税收/GDP

数据来源:经合组织

---

[1] 宏观税负是指一个国家的税负总水平,通常以一定时期(一般为一年)的税收总量占国民生产总值(GNP)或国内生产总值(GDP)或国民收入(NI)的比例来表示。

均水平，分别为29.4%、28.1%、27.8%；美国最低，为24%，但仍然高出发展中国家（16%～20%）；最高的为法国和意大利，分别为41.9%和43.5%，远超30%的平均值；而西班牙、英国、德国则处于30%～40%之间，分别为30.7%、34.3%、37%。

另一组数据来自国际货币基金组织，该组织所发布的《政府财政统计年鉴（2009）》，包含了47个国家和地区2008年相对齐全的数据资料，其中包括法国、德国、希腊、爱尔兰、意大利、葡萄牙、西班牙、冰岛、以色列、英国、美国等在内的23个发达经济体，按税收收入计算的宏观税负水平平均为27.7%，最高为47.1%，最低为14.6%；按包含税收和政府非税收入等在内计算的宏观税负，发达国家平均为43.3%（其中，社会保险缴款占10.4%），最高为58.7%，最低为21.7%。

需要注意的是，税率高并不代表税收多。"拉弗曲线（Laffer Curve）"表明，税收并不是随着税率的增高在增高，当税率高过一定点后，税收的总额不仅不会增加，反而会随着税率的增高下降。因为决定税收的因

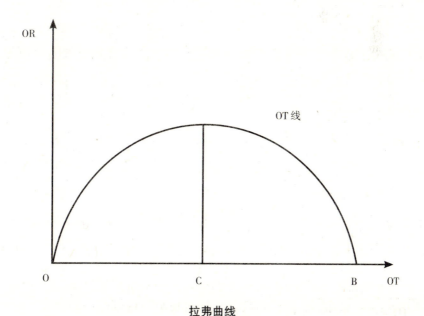

拉弗曲线

素，不仅有税率的高低，还有课税的基础，即经济主体收入的大小。与拉弗同时代、同为供给学派经济学代表人物、华尔街日报的时任副主编裘德·万尼斯基（Jude Wanniski）对此作出了扼要解释："当税率为100%时，货币经济（与主要是为了逃税而存在的物物交换不同）中的全部生产都停止了，如果人们的所有劳动成果都被政府征收，他们就不愿意在货币经济中工作。生产中断，没有什么可供征收100%税额，政府的收益就等于零[1]。"

因此，在当前比较高位的税负环境下继续加税，且是以当前税负基础为标准的翻番式加征，不仅会遭遇本国企业与民众的强烈抵触，也会促使本国产业资本进一步向新兴经济体迁移，导致税基进一步萎缩，失业率进一步提高。

况且，加税并不讨好选民。在日本，增税一向被政客们视为"鬼门"。日本中央和地方的长期债务余额相当于国内生产总值的两倍多，是发达国家中最高的。如果继续维持这种状况，必将失去财政上的灵活性，甚至有可能像希腊那样陷入财政破产。为消除国际社会对日本国家财政状况的担忧，2011年11月，新上台的野田佳彦在法国戛纳举行的二十国集团峰会上作出了郑重的"国际承诺"——"要保持经济的健康发展，必须要有健全的财政。（我国政府）将在2011年度内提出法案，力争将消费税率提高至10%。"

但这一政策显然不讨好。日本政府2012年3月30日召开内阁会议，通过了在2014年4月将消费税提高至8%、2015年10月提高至10%的分阶段消费税增税相关法案，并提交给国会。野田内阁近乎强迫性地通过消费税增税相关法案并提交国会，虽然信守了其在国际上的庄严承诺，但要在国会上获得通过怕没那么容易。野田佳彦"一意孤行"的做法已

---

[1] 龙绍碧.寻求最佳税率的"拉弗曲线"[N].学习时报，2004.06.15.

经使其执政基础开始松动，国民新党代表龟井静香向首相宣布退出执政联盟，野田所在的民主党前代表小泽一郎指责野田"强硬作风超过了我本人"。更让野田难以招架的是，7月11日，49名此前已脱离民主党的参众两院议员宣布重组名为"国民生活第一党"的新政党，这也就宣告民主党因增税问题而彻底分裂。

同样，在美国、德国等其他国又何尝不是如此？

第三方案——削减福利

社会老龄化日趋严重，社会保障费用每年以数万亿计的速度快速增长。在增税无望也不现实的情况下，不削减福利支出，财政重建只能纸上谈兵，主权债务危机、国家破产难以避免。但这事实上也是一道"鬼门"。

德国凭什么能于世界经济危机中一枝独秀呢？这首先得感谢卓越的政治家施罗德（Schroede）。面对当时经济增长乏力、失业率居高不下和社会福利开支节节攀升的局面，时任总理的施罗德于2003年3月提出了一项旨在改革福利体系和就业政策的一揽子改革方案，这就是著名的"2010年议程（Agenda 2010）"。该议程制定了未来若干年德国经济、社会改革与发展的规划和相关政策措施，其核心在于，大幅度削减德国的社会福利，以此为政府的公共债务减负，刺激德国经济。这场在德国乃至整个欧洲都可称为最深刻的福利体制改革，却因为触及许多人的利益，而遭到了民众的强烈抵制。

民众反对的焦点是"哈茨Ⅳ（Hartz Ⅳ）"。2003年，以哈茨担纲的劳资专门委员会提交了一系列的方案。这套旨在改革高福利制度的哈茨方案，共分四个部分，而这之中争议最大的，就是重点对失业保险和社会救济进行改革的"哈茨Ⅳ法案"。

2004年8月，德国联邦议会通过了该部分的内容。这项改革触动了普通民众的切身利益，引起了许多德国人的不满。人们为什么会对这一方案如此抵触呢？原因在于改革之前的福利真是太优越了。

改革之前，德国一个四口之家，哪怕父母都失业了，仍可过得非常体面。对这样的家庭而言，失业救济和社会救济再加上另一项福利——儿童补助，让他们每月可以得到近2000欧元的收入。在收入上，他们与工作的人并没有太大差别。在计划经济时期，中国和苏联还只是"干好干坏一个样"，而在德国等福利国家，简直就是"干与不干一个样"。人性都是惰怠的，既然"干与不干一个样"，那么为什么要工作呢？这种体制让人们重新就业的紧迫感降低。

"哈茨Ⅳ法案"就是基于破除这种体制漏洞而设计的，其核心思想有两大部分，即"促进"和"要求"。在方案中，"促进"指的是政府有责任和义务为失业者提供更快、更好的就业指导。而"要求"则是针对失业者，尤其是那些长期失业者。为了打破"干与不干一个样"的制度缺陷，哈茨将原来的失业救济和社会救济合并为"失业金Ⅱ"（Arbeitslosengeld Ⅱ），且"失业金Ⅱ"的水平远低于之前的失业救济。同时规定，失业者必须接受职业中介机构所提供的任何工作，即使这份工作的工资要低于当地平均水平。如果不积极寻找工作，国家甚至可以取消其失业救济。制定"哈茨Ⅳ"方案的目的就是让人们尽快重新就业。

这是一项力度非常大的改革。中央编译局的张文红研究员认为，哈茨所提交的这项改革方案，就其涉及的民众数量以及触及福利制度的深度而言，堪称联邦德国历史上规模最大的一次社会行为。但正是因此，人们对该项方案恨之入骨。根据哈茨的方案，至少27%的失业者将不能再享受失业救济，而接近一半以上的失业者获得的政府补助将大幅减少。这对普通群众而言，无疑直接关系到其家庭和个人的生活质量。整体社会经济不景气，尤其在德国东部等经济贫困的地区，短时间重新就业可能性很小，削减失业金之后，很多民众直接就被逼到了个人存亡的死角。在他们看来,"哈茨Ⅳ"简直就是"艰难"与"贫困"的判词。

这一法案刚被提交国会,就如一石惊起了德国社会的千层浪,那些享受惯了失业福利待遇的民众纷纷走上街头。其中,反应最为强烈的是德国东部地区。2004年8月2日,在德国东部地区,反对该项改革的人们为他们的示威游行打出了"星期一示威游行[1]"的革命"旗帜"。

面临如此大的社会压力,施罗德仍矢志不移坚决改革。在施罗德看来,德国的高福利社会经济模式早已进入了死胡同,如果再不改革,德国的未来堪忧。

从历史上看,第二次世界大战后,德国通过福利实现收入的再分配,在促进经济高速增长的同时,保持了社会公平,维护了社会的稳定。这种"从摇篮到坟墓"的社会福利制度,让每个德国人都能享受全方位的国家照顾。但慷慨的福利制度需要雄厚财政实力的配合,长期高负荷的福利体系已经让政府财政不堪重负,德国福利开支已占到GDP的33%,并在养老、医疗等关键领域不断出现资金缺口。为了维系福利制度,政府不得不举债度日。资金过度向福利方面倾斜,在一定程度上也对其他方面的支出形成了明显的"挤出效应",严重影响社会经济,政府手里有效调节和刺激经济发展的资金越来越少,就此,德国陷入一种恶性循环中,这个昔日的欧洲经济强人一度沦为"欧洲病人"。

基于这样的背景和认识,施罗德下定决心要大刀阔斧进行改革,哈茨的改革方案也就应运而生。施罗德认为,这场改革不只是一个立法性的程序,而将成为活生生的社会现实,每个人都必须对此负责。由于施罗德义无反顾的魄力和胆识,再多的抗议也没能阻挡"哈茨Ⅳ"方案的

---

[1] 1989年10月9日星期一下午5点,圣尼古拉教堂内涌进大批民众,参与富勒牧师主持的"和平祷告"。祷告结束后,每人手持象征和平的烛火鱼贯走出,来比锡的市民也自动自发加入,走上街头的老百姓高达7万人,军警未发一枪。示威虽然最后以和平收场,但导致了民主德国40年的统一社会统治的结束。

通过。2005年1月1日，联邦政府正式开始实施在德国极具争议的"哈茨Ⅳ"改革。

这项改革方案，在当时被认为是对社会弱势群体过于强硬、无情。但2008年世界金融危机爆发时，德国却受益于这项改革，蜕变为欧洲的拯救者，并以此笑傲于世界之林。今天会有多少德国人自觉地回首，回望当年的情景，并感念施罗德当时的远见卓识呢？但真正意义上的政治家施罗德却为此付出了巨大的代价——执政的德国社会民主党（Sozialdemo kratische Partei Deutschlands，SPD）在2004年议会选举中，得票率仅为21.5%，遭遇了第二次世界大战以来最惨重的失败。

反倒是，那些为了选票，满口承诺、一心迎合的政客们，却被选举上台：选民要求获得福利，那些觊觎权力的政客们彼此间相互比价，许诺自己能够给予选民更多福利。于是，在贪婪和自私的怂恿下，选民用选票将出价更多的政党选上了台。这些政党为谋求连任会不计长远后果将许诺付诸实施，而在野党为了上台，在新一轮大选之时，必然会开出比执政党更具有诱惑力的福利条件，如此一来，政党间便进入了疯狂比价的状态[1]。

这种体制上的缺失在欧美国家形成了这样一种悖论：政客们比谁都清楚，福利制度的改革已经迫在眉睫了，他们知道改革的必要性和重要性，但他们仍明知故犯，一味地投机于选民，因为民众的选票能做到"谁改革，谁下台"。这也就是为什么在福利改革方面，安格拉·默克尔（Angela Merkel）与施罗德相比几乎没有任何实质性的进展，但却赢得2009年大选。这种可怕的悖论，令一直被视为施罗德衣钵继承人的社会民主党候选人弗兰克-瓦尔特·施泰因迈尔（Frank-Walter Steinmeier），在当年的竞选备战中，对"哈茨Ⅳ"方案噤若寒蝉、只字不提。

---

[1] 韩和元.通胀的真相[M].科学出版社，2012.

这种悖论不仅在德国发生，同样也在其他的欧美国家发生过、发生着，和即将发生[1]。

第四方案——赖账

回顾人类金融史就能发现，有关主权国家的违约古已有之。在古代乃至现代的早期，入不敷出时，统治者们的习惯做法就是违约。最早的主权违约事件是发生在公元前4世纪的提洛同盟（Delian League）[2]。当时希腊的13个城邦中，有10个城邦不能按期偿还提洛金库的借款。而现代意义上的国际主权债务违约，则发生于13世纪末。英国向当时世界金融中心弗洛伦萨的银行家们借了一大笔款项，用于对法作战的军费。但爱德华三世在军事失利后，选择了对贷款违约。英国国王的这一行径让那些银行家们吃尽了苦头，当时较大的两家银行巴尔迪银行和佩鲁奇银行为此先后倒闭，在连锁效应下，弗洛伦萨的整个银行业遭受重创。

不知道是不是受此影响，总之，此后拖欠债务的行为开始在各大国中被频繁使用，并且这种行径近乎被制度化。一旦出现主权债务危机，各国的统治者就采用延期还款、重新安排债务或强制性债务转化，甚至

---

[1] 自希腊债务危机爆发以来，希腊政府在两年时间里推出至少7轮紧缩措施，但这一政策却在国内遭到强大阻力，支持率迅速下跌。为此，强调紧缩的乔治·帕潘德里欧总理不得不于2011年11月辞职。在罗马尼亚，因为国民连续几周抗议总理埃米尔·博克的严厉紧缩政策，博克被迫于2012年2月6日辞去总理职务。2012年4月，因荷兰联合执政的自由与民族党与极右派领导人吉尔特·怀尔德斯未能就削减财政赤字谈判达成一致，荷兰首相马克·吕特向女王递交辞呈。就在我着手写这一章节的时候，在法国总统大选中，以紧缩为纲的尼古拉斯·萨科齐败选。而他的对手，社会党的弗朗索瓦·奥朗德则凭借"增长契约"，为企业发展提供足够信贷支持、"支持能源、航空、汽车工业"等承诺而当选。

[2] 希波战争期间的公元前478年，以雅典为首的一些希腊城邦结成的军事同盟。因盟址及金库曾设在提洛岛，故称"提洛同盟"，也称"第一次雅典海上同盟"。同盟初期的宗旨是以集体力量解放遭受波斯奴役的希腊城邦和防御波斯再次入侵。最初入盟的主要是小亚细亚和爱琴海诸岛的希腊城邦，后来增至约200个。入盟各邦可以保持原有的政体，同盟事务由在提洛岛召开的同盟会议决定，按入盟城邦实力大小各出一定数量的舰船、兵员和盟捐。

拒不偿还的应对策略，而不是让政府破产。

债务拖欠，具体又可细分为以下三种：一是暂时性停止支付债款；二是"改革"，美国1933年废除黄金条款，以法币取代金币，以及中国在1921年和1939年实行"国内公债整理计划"都属于此列；三是彻底拒绝偿付，这大概是解决过量债务最简单的方法了。彻底拒绝偿付的最新例子是2008年金融危机以来的北欧小国冰岛。面对巨额债务，冰岛议会做出"必须还钱"的决议。按照流程，交给总统执行，但总统不同意还账。根据冰岛宪法规定，总统不同意的事情，最后需要交给全体冰岛人民投票决定，就是"全民公决"。于是，世界最热闹、最离奇的一幕出现了，公决的结果是：60%的冰岛人选择了"钱，不还了"。而这并非本世纪最早的主权赖账风暴，最早的主权赖账事件发生于2001年。2001年11月，阿根廷政府宣布无力偿还外债，决定实施债务重组，违约债务高达950亿美元，阿根廷由此也成为有史以来最大的倒账国。

对于当前闹腾得最凶悍的希腊债务危机，美国的经济学家、有"末日博士"之称的努里埃尔·鲁比尼（Nouriel Roubini）给希腊的建议便是效仿阿根廷，也就是全面赖账不还。鲁比尼认为，希腊没有能力通过结构性改革提高生产率以降低劳动力成本。因此，希腊只有重新使用本国货币并大幅贬值，才可以避免更大的损失。而事实上，希腊有着比阿根廷更为丰富的赖账经验，自1822年独立以来，希腊处于违约或重组的年份比例就高达50.6%。也就是说，希腊于近两百年的自主史中，有一半以上的时间处于违约状态中。

赖账的另一种方式是债务转换，所谓的债务转换就是将某种债券转换成另一种债务成本更低的债券。这种方式与债务拖欠中的第二种情况——"改革"在形式上有点近似，但性质却明显不同。债务拖欠中的"改革"，往往是主权债务人单方面的事情，它最大的特点是不透明，这就给债权人带来了很大的不可预知性。而债务转换则相对要透明得多，它会将相关的条款和内容向债权人通报。更重要的是，这种互换必须是基于债权人同意的，至少是形式上同意。最近债务转换的典型就是于2012年3月进行的希腊债券互换计划了。希腊债务互换的敲定，也令其成为历史上规模最大的主权债务重组[1]。

对债务国而言，短期内赖账是一个不错的方案，毕竟它可以少还甚至不还。以希腊的这次债务置换为例，在本次私人部门的债务互换中，名义上私人部门将放弃53.5%的面值，但是由于置换后的债券利率更低，到期时间更长，事实上他们放弃的还有部分未来的利息收入。而根据估算，私人部门实际放弃了74%的债券票面价值。

但这也隐含着巨大的风险。如果这种赖账法经常化，情况尤为严重。历史上，西班牙就为它的习惯性赖账付出了沉重的代价。1557—1696年间，西班牙通过延期还款、重新安排债务或强制性债务转换等方式成功拖欠了部分乃至全部债务，但它的这一行径让其债权人高度警惕。1627年之后，金融家们对西班牙的短期国债尤为慎重，因为这些银行家已经从西班牙政府的习惯性行径中预见到，下一次的债务危机只会有一个结果，那就是他们手中的短期国债只会再次成为低收益的永久性国债。也正是基于这种慎重，西班牙的短期国债从1625年顶峰的1240万达克特[2]跌至1654年几乎不到100万达克特。这说明西班牙的信誉已经破产，

---

[1] 英国在这方面也是有着丰富的经验的。1672年，"快活王"查理二世先是暂停了部分债务的偿付，后又将其转换成永久年金债券。此后，英国分别于1707—1708年、1716—1717年、1727年、1749—1750年、1756年、1822年、1824年、1830年、1834年以及1840年，再次玩弄这套把戏，并都取得了成功。而其最大的一次债务转换，当属1932年的那次。英国将其尚未付清的第一次世界大战的债务利率从原来的5%下调到3.5%，此举为它节约了近21亿英镑的债务支出，这一数额相当于英国当时半年的国家财政收入。

[2] 达克特金币（DUCAT）是第一次世界大战的以前的欧洲贸易专用货币，主要为贸易所使用。该金币最早是由威尼斯铸造，代号为DVX。随着金币本位制被金块本位制和金兑汇本位制所取代，达克特金币在第一次世界大战的前后逐渐退出历史舞台，该货币在欧洲多国均有铸造。每一达克特相当于纯度为98.6%的金3.4909克，或0.1107盎司。

它再也找不到肯借钱给它的人了。除非能给出比其他国家要高得多的利息，否则，一般人都不敢再冒险将钱借给西班牙了。

古代尚且如此，资本流动越来越全球化的今日自然更甚，一个被抛弃的国家在金融和经济上必然会遭到重创。鲁比尼建议希腊效仿阿根廷，但阿根廷赖账不还的结果是，它为此经历了"失去的十年"（the lost decade）。信用的缺失，使债权人对这些国家的债券再也没有投资购买的兴趣了。

对于希腊此次的债务置换，我们可以这样预判，希腊国债市场的参与度必然会越来越低。更重要的是，有了希腊减记债券的这一糟糕先例，其他一些欧洲重债国今后的借贷成本可能会大幅飙升，因为市场担心它们也会像希腊那样，不断地要求援助，甚至像希腊那样要求债务重组，强迫债权人接受债券减记的损失。

这样一来，这些国家就将面临真正的考验，其国债市场的参与度必然会越来越低。对于债务依赖型国家而言，借不到钱就如同汽车加不到油一样糟糕。这样必然影响到经济的长期增长，特别是像希腊这样的欧元区国家。对美国、日本、英国等国而言，它们还可动用手中的货币手段，别人不买我的债券，大不了自己动手多印些钞票来购买这些债务。而这一办法在欧元区国家显然行不通，它们缺的正是这种货币政策的独立性。

也正是基于此，我认为欧元必然会崩溃，关于这点可参见我的另一本书——《全球大趋势2：被债务挟持的世界经济》。当然现在谈它走到了尽头还为时过早，为应对当前的债务危机，为去债，欧洲正通过印钞的方式来应对。所以，我们甚至可以预期欧元还会走好一段时期，因为"信用扩张确实能导致一时的繁荣"，但最终的命运却不容乐观。我们认为欧元一定会完，原因在于不同政体怎会有长时间的相同的利益呢？随着信用扩张的负面效应全面到来，信用扩张不再，也就意味着泡沫破灭。

为维持欧洲的高福利制度和社会的稳定，各国政府就要像2009年那样不得不接手大量的错误投资，不得不支付更多失业救助金，这样一来更大的救助成本将就此产生，更大的债务也将出现，各国的矛盾将会恶化。这时，欧元要想存续，唯一的办法就是统一财政。说易行难，德国、法国等国愿意将自己的财政权让渡出来吗？这种可能性不是没有，只是从概率上来说，很低很低，这种可能性低到肯定超不过10%。

欧元最可能出现的局面是逐步瓦解，而不是突然崩溃。最初，像希腊这样的高债国承受不住债务压力，半被逼半自愿地退出欧元区[1]。在恢复自身货币主权之后，可大幅度压低本币汇率刺激出口，进而大幅度提升经济增速并相应地增加税收。这就是通胀的好处，但其好处不止这一点点。

第五方案——信用扩张

在增税无望、福利又不能削减的情况下，各国政府最有效的办法就是增加货币的供应量。事实上，世界上的每个政府，特别是西方国家，都可以做到，并且也都这样做了。

他们首先所做的第一件事情是，让政府的一个部——财政部向另一个部——中央银行出售公债。而中央银行要么用新印刷出来的钞票来支付公债，要么在自己的账簿上为它的兄弟部门——财政部记入一笔存款，以此支付公债。仅需如此操作，财政部就可以动用这笔资金，去偿付各种各样的账款了。

---

[1] 包括希腊在内的"欧猪五国"和欧盟都不希望退出。很简单，对"欧猪五国"而言，一旦他们退出就意味着融不到资，就要挨苦日子，这是他们不愿的。更重要的是，一旦退出，今后的办法就得自己想，留在欧元区则可一方有难、八方支援。而对欧盟而言，希腊退出意味着其货币权独立，它可自主地开动印钞机。货币和财政刺激的把戏都能够起到一时效果，那么希腊的经济问题暂时会得到解决，在这一刺激下，意大利、西班牙都可能选择退出，那欧元不就名存实亡了？欧盟的统一大计不就付之东流了？

政府所得的收益不仅局限于此。除获得这笔直接的款项外，它所能够获得的收益还包括隐蔽的通胀税。这是一个极端隐蔽的税种，首先，它无须在议会上进行所谓的投票表决；其次，在征收过程中，普通群众根本无法察觉。以欧美国家为例，所得税是高度累进的，信用扩张可使财政收入的增加速度超过物价。在19世纪80年代之前，美国的通胀率为10%，国民的收入增长率也是10%，联邦政府却可以就此取得15%的财政收入。这种情况在中国也发生了，这也就是为什么在我们的GDP每年增幅9%左右，在我们的收入增长更低的前提下，我们的财政收入却以每年25%的速度在递增。

信用扩张还能给政府带来另一笔收入。假定美国政府以4.75%的债息发行公债，向某位投资者借了20 000美元，这个政府很守信，20年后连本带息进行偿还。按照4.75%的债息，这位投资者的本息所得为46 904美元。但需要注意的是，20年后，政府偿还的钱所能购买的东西，与当初投资者借出的钱所能购买的东西会一样吗？

信用扩张还能够给政府带来一个好处——隐蔽地赖账。前国际货币基金组织首席经济学家肯尼斯·罗格夫（Kenneth Rogoff）的研究结论是，如果美国目前的通胀率达到6%，则政府债务在GDP中的比例仅用4年时间就能下降20%之多。由此可见，这种赖账的办法多么隐蔽。

罗格夫教授的研究表明，国债期限越长，投资者所持国债比重越高，债务国越可能以通胀的方式来降低债务率。[1]这种赖账的行为不仅仅只发生在一国国内，在国际上表现得更为直接。

政府虽超发大量的货币，制造了通胀，收了人们大量的税，但它的收益远不止于此，它同时还收获了民心。对那些失业者而言，凭空变出东西就能为他们提供工作。而那些有关吃、穿、住、行方面的商人们，

---

[1] 未来美国债务处理：增税、缩支还是通货膨胀？[N]. 21世纪经济报道，2011.08.09.

似乎也因此获得了大量的订单。纳税人讨厌被政府直接征税，但却并不讨厌政府扩大支出，对他们而言，这至少表明额外支出降低，他们可以用那笔钱获得更多的商品或服务，如果足够多，他们还可以去投资。而对那些无能的企业家而言，政府将信用扩张、扩张再扩张一些，他们就可以借到更多的廉价资金，维系他们的错误投资，以此来暂时掩盖他们可笑的蠢行。对那些无心工作的人而言，又意味着他们会得到更多更长久的救助，这样他们就可以继续懒散地过无须工作的自由日子了。

纵观历史，大多数国家都是利用这种措施来应对严重的财政危局的。货币和金融资产持有人以通胀的方法来赖账，并非20世纪首创。这亦是自古有之，经典案例就是，1716—1720年法国为应对太阳王的债务危机，而采用的约翰·劳式的应对。当然，用通胀的方式进行赖账自20世纪以来得到了最为广泛和彻底的应用，这也是事实。

走在因循守旧的老路上

当前的经济走势是如此的糟糕，以至于欧洲央行执委兼首席经济学家彼得·普雷特（Peter Praet）说："这样一来，下调利率，就有依据了。"

欧洲央行（European Central Bank，ECB）2012年7月5日宣布，将再融资利率下调25个基点。虽然这是欧洲央行2012年的首次降息。但此次降息后，欧洲央行的再融资利率已低至历史低点——0.75%，也就是回归到2008年雷曼兄弟申请破产时的水平。为提振银行间市场，欧洲央行同时还将隔夜存贷款利率下调了25个基点，使存款利率和边际贷款利率分别降至0和1.50%。

英国央行2012年7月5日虽然宣布维持基准利率0.5%的水平不变，但其同月18日公布的该月货币政策会议纪要显示，该行货币政策委员会（MPC）9位委员以7比2的投票结果，通过扩大量化宽松政策规模的决议，全票通过维持基准利率于0.5%不变的决议。从这点可见，未来该行在货币政策上将倾向于进一步宽松，甚至可能采取降息措施。

在美国，就业市场复苏再度陷入停滞，美联储高层有些坐不住了。2012年7月23日，拥有本年度货币政策投票权的旧金山联邦储备银行主席约翰·威廉姆斯（John Williams），在接受英国《金融时报》采访时公开表示，除非采取"进一步行动"，否则今后18个月美国就业市场复苏将缺乏进展。威廉姆斯此前已多次呼吁美联储采取进一步措施刺激经济。他暗示，如果美联储发起新一轮量化宽松，购买更多住房抵押贷款支持证券（Mortgage-Backed Security，MBS）而非美国国债，将对金融状况产生更强有力的影响。

……

"从当前世界各国对经济危机的应对之策来看，世界经济似乎在复苏。但这种复苏就如同2001年美国网络新经济终结之后，世界经济只是通过流动性驱动的繁荣一样，是并不触及经济结构调整和社会创新的复苏。学界和各国政府对这次危机已达成共识，但我们仅仅只是找到问题的根源，却没有从根本上正视这个问题。事实上，我们当前的复苏并没有减轻这种业已存在并且曾经严重危害到我们经济的失衡，而只是在原有模式上因循守旧。[1]"这一观点其实同样适用于今时今日。

因循守旧、走在老路上的不仅只是货币政策，财政政策亦是如此。

2011年9月8日，奥巴马在国会联席会议前提出了总额为4470亿美元的促进就业计划。他建议投入1050亿美元用于公共基础设施建设，以促进就业；为约600万可能失去失业保险的人提供500亿美元的失业津贴；投入1750亿美元，为工人继续降低工资税，为工商界制定新的工

---

[1] 韩和元.走在因循守旧的老路上的世界经济[R].2009.10.
http://www.chinavalue.net/Finance/Blog/2009-10-19/220403.aspx

资税减税方案（到2012年，工人工资所得税税率从4.2%降到3.1%，工商界工资所得税税率从6.2%降到3.1%。鼓励工商界发展，如其增加雇用人员，将得到额外的工资税免税期）；投入350亿美元，防止教师、警察与消防员等紧急情况人员失业，这将遏制地方政府解雇雇员导致失业率持续上升的趋势；投入500亿美元，用于使高速公路、铁路与机场现代化，此举将让数十万建筑工人重新回到工作岗位。

当你看到这个方案时，是否有种似曾相识的感觉呢？2009年2月17日，刚刚上台不久的奥巴马签署了一份总额为7870亿美元的经济刺激计划，这份长达1073页的经济刺激方案建议其中的2860亿美元，约等于总额的三分之一，用于减税，以提高公众消费能力，增加就业岗位。当时他们预计，在此后的两年时间里，将有95%的美国家庭从中享受税收减免。此外，投入比较多的领域还包括，1200亿美元用于基础建设和科研投资，包括改善公交系统、兴建高速公路铁路等；1059亿美元投资教育，包括修建学校；437亿美元用于公共卫生。

但从种种迹象来看，无论是欧洲、美国，甚或中国，这一切仅仅只是一揽子刺激计划的开始。然而，这种路径依赖式的应对真的有效吗？无数次的经济波动已经证实了米塞斯的观点：财政和货币把戏只能收到表面的一时之效。从长远看，它肯定会让国家陷入更深重的灾难。

亨利·戴维·梭罗（Henry David Thoreau）曾尖锐地指出，政治圈子里的人一直都不能面对事实。在处理问题时，他们只采用折衷的办法，无限期地拖延解决问题，然而同时债务已悄然积累。

第4章
咎在认识

我们当前所经历的这场危机，从表征来看像是一场马克思式危机，但从实质而言，它是一场典型的熊彼特式危机。危机的根源在于创新的停滞，而创新停滞的必然结果是产能过剩，进而导致利润率的长期下降并难以恢复。

认识不同，对策不同

华佗是东汉末年著名的医学家，他医术高明，诊断准确，在我国医学史上享有很高的地位。有一次，郡守府中小吏倪寻和李延一起到华佗那里求治。这二人都头痛身热，看起来像患同样的病。分别给二人诊了脉后，华佗却说："倪寻应该把病泻下来，而李延则应当通过发汗来驱病。"两人对这截然不同的疗法惊诧不已，问："我们两人的症状相同，病情一样，为什么吃的药却不一样呢？"华佗笑道："你俩相同的只是病症的表象，倪寻的病是由内部伤食引起的，而李延却是由于外感风寒着了凉。两人病因不同，我当然得对症下药，给你们下的药也就自然不同了。"最后的结果自然是皆大欢喜，服过药后，两人的病就一起好了。

但华佗的这种方法，现在仿佛越来越不为人待见了。在《资产负债表的衰退》（*Balance Sheet Recession: Japan's struggle with uncharted economics and its global implications*）一书的开篇，辜朝明（Richard Koo）这样写道："在学术界，克鲁格曼认为通货紧缩才是日本经济困境的最重要原因，他甚至认为追究日本陷入通货紧缩的原因已无关紧要了。这种不纠缠于问题的根源，而直接实施疗法的方式得到了伯南克的赞同。"就现下而言，流行于像伯南克这样的、世界上最重要的财经官员间的治理理念居然是：探寻病因已无关紧要，直接实施疗法就好。

他们不纠缠于问题的根源，直接施以疗法；而我"顽固"地抱着华佗式的认识，认为下药的前提必须得对症，如果病因都没找到，那么，开药就只能是凭着感觉而来的糊涂方子。在经济问题上亦是如此，这也是我习惯追根究底的原因，对经济危机发生机理的认识不同，那么对未来的预见就会有差异，应对的方法必然会截然不同。

本章的目的不是单纯地列举已经发生的事件，而是对已发生事件进行分析。我们必须要认识到，原本简单的事件在错误的应对中，会被折腾得复杂、云深雾罩，令人理不清头绪。这就如同《笑傲江湖》中令狐冲的病一样，最初本不过是点小伤，就那点伤而言，无须医生施以汤药，只需老老实实、安安静静地修养几天就能好。然而，这点小伤经各路人马好心的施救后，反而变得棘手，最后还搭上了平一指的性命[1]。

令狐冲之病所昭示给我们的是：如果不能正确地认识事物背后的真相，那我们就不可能得到正确的应对策略，只会令问题更趋严重。那么，我们今天所经历的种种，用反推法可知，咎在认识。

---

[1] 金庸武侠小说《笑傲江湖》中的人物。居住于开封府，人称"杀人名医"，即认为生老病死自有老天的道理，所以"医一人，杀一人；杀一人，医一人"。最后由于无法医治令狐冲的怪症，口吐鲜血，死于五霸冈上。

目前，在认识上的谬误主要表现在两方面：一方面是以普林斯顿大学教授保罗·克鲁格曼和野村证券首席经济学家辜朝明为代表的财政刺激派；另一方面则是以美联储前任主席艾伦·格林斯潘和现任主席本·伯南克为代表的货币刺激派。

克鲁格曼与辜朝明的谬误

几年如一日的克鲁格曼

在学术界，克鲁格曼是以正统凯恩斯主义的捍卫者而闻名的。所谓正统的凯恩斯主义，其核心的理念就是推崇以赤字预算为主要形式的财政刺激。凯恩斯认为，随着经济步入衰退，私人投资将会缩减，这时政府应承担起责任，填补因私人投资减少所形成的缺口。克鲁格曼一直秉承、贯彻这种观点，甚至是更进一步。

在2008年12月1日为《纽约时报》撰写的专栏《美国财政赤字与未来》中，他从经济理论和历史经验两个角度说明，财政扩张政策不但是目前解救美国经济所必需的，同时也有利于美国的长期繁荣。他写道："在目前情况下，根本没有短期和长期之间的权衡；大幅扩张财政支出同样有利于长期的经济繁荣。"

3年后的2011年12月30日，克鲁格曼在其专栏文章中再次指出，在经济增长缺乏足够动能的背景下，如果进一步缩减政府开支，将会使经济增长动能进一步下降，应当等到经济更强劲的复苏之后再实施紧缩的财政政策。克鲁格曼认为经济再次恶化，根源就在于过早地采取了反凯恩斯政策。他以此来证明凯恩斯主义的正确性，他说："发达国家不应放弃财政刺激政策。"

到2012年5月30日，克鲁格曼又发出英国政府应该降低其财政削减的呼声。他认为英国政府应提升财政支出以扭转不断扩大的经济下行趋势。这位2008年的诺贝尔经济学奖得主表示:"担忧债务和赤字无可厚非,但就目前的情况而言,还有更重要的事情值得关注。"

财政刺激阻止了经济末日到来吗

辜朝明与克鲁格曼持相同观点。在谈到债务和财政赤字问题时,他曾这样表述:"日本当前虽然存在着规模庞大的国债,但是如果政府不以此去刺激经济,那么日本的国民生产总值就会跌至高峰时的一半或1/3。"他认为正是日本政府从一开始就决定实行财政刺激政策,并将这一政策延续多年,才得以成功地阻止了日本经济末日的到来。

在分析日本失落的20年时,这位首席经济学家认为,经济泡沫破灭之后,日本国内生产总值之所以没有减少,主要得益于两大要素:

第一大要素是庞大的个人储蓄。在经济泡沫破灭之后,员工成了企业债务偿还和结构调整过程中的受害者。在现实世界中,企业员工在奖金和红利减少甚至完全取消的情况下,需要支付的住房贷款和教育费用却丝毫没有减少,于是很多人不得不开始动用以前的储蓄来弥补亏空。这种压力对于个人来说是沉重的,但是从宏观经济学的角度来看,却使滞留于银行系统内部的资金减少,起到了支撑经济的作用。

第二大要素则是财政刺激,这是辜朝明先生认为最为重要的部分。在《资产负债表的衰退》一书里,他特别强调"最为重要的进展出现于政府部分"。在辜朝明看来,财政刺激就是指政府发行公债并扩大支出。"由政府出面借出并花掉个人存在银行里被闲置的存款,能够确保每一笔1000日元收入最终都能转化成1000日元(900日元+100日元)的支出,通过实施财政刺激政策,使经济形势迅速稳定下来。"

在第一个失落的10年里,日本六大城市商业不动产价格暴跌87%,这导致1500万亿日元的国民财富灰飞烟灭,没有哪一家企业可以在一两年内修复遭受重创的资产负债表。辜朝明认为:"对于一个正常的企业,这样的过程至少需要5年的时间。而那些不幸在泡沫高峰期购买了不动产的企业,则可能需要长达20年的时间。"在资产负债表修复期间,企业只要有现金收入,就会用来偿还债务,而且只要这个过程不结束,它们就始终不会从个人储蓄部分借贷。这样一来,政府不得不年复一年地利用财政刺激来抑制通货紧缩缺口(Deflationary Gap)的出现。

也正是因为如此,辜朝明认为:"正是政府增加了财政支出,才成功地阻止了国民生活水准的快速下降。事实上,在损失了1500万亿日元国民财富和相当于国内生产总值20%的企业需求的情况下,日本的国内生产总值仍能维持在泡沫经济时期的最高点以上,这不得不说是一个奇迹,而使这个奇迹成为现实的,正是日本政府的财政支出。"

恶化的债务还能维持多久

除了货币把戏之外,财政的把戏也只能收到表面的一时之效。财政把戏与货币把戏一样,从长远看,肯定会让国家陷入更深重的灾难。

从宏观而言,正是这年复一年的财政刺激,使得日本的财政赤字和债务情况一日糟糕过一日。自1991年经济泡沫破灭以来,日本债务占GDP的比一直在恶化。该数值从经济泡沫破灭之前的50%,攀升至目前的200%以上,超出位于第二位的希腊60个点,为发达经济体中最高;另一项数据——政府净债务余额占GDP之比也同样让人惊悚,据国际货币基金组织所公布的数据显示,日本的该数值是128%,超出第二位的意大利近30个点,亦为发达经济体中最高;唯一稍微好些的只有财政赤字规模占GDP的比重这一项,但仍然高达8.14%,远超过发达国家所公认的3%这个警戒标准。综合上述三项指标,日本在发达国家中,其债务风险系数一直属于最高国家之列,以至于国际货币基金组织几次三番地将其与希腊、意大利、葡萄牙等"欧猪国家"相提并论。

辜朝明无视债务和赤字而一味赞扬政府财政刺激的论调，与克鲁格曼对"比债务和赤字更重要的事情"的关注是何其一致。可见，事实上辜朝明与克鲁格曼一样，认为追究日本陷入今天困局的原因已经无关紧要——无可否认，他发现了"资产负债表衰退"这一关键问题，他也几乎就要跨过问题之门了。但可惜的是，就在这时他停住了脚步——他没有回答如下问题：日本的经济问题固然是由资产负债表的恶化所引发，但资产负债表又是因何恶化的呢？对于这个根源性问题他显然不准备回答，他转而投向了克鲁格曼和伯南克式的应对策略——不纠缠于问题的根源，而直接实施疗法。

为了防止经济大萧条的出现，辜朝明力主实施积极的财政政策，并以此来推动经济的运行，哪怕债务状况恶化也在所不惜，因为"还有更重要的事情值得关注"。

这种不缠于病因，直接施以疗法的方式，我是持批判态度的。其实，辜朝明自己亦认为，资产价格泡沫是必然要崩溃的，只有支持这一观点，他的资产负债表衰退的结论才可以成立。既然资产价格泡沫必然破灭，那么债务泡沫又何尝不可能破灭呢？！权威研究表明，债务总额占GDP的50%左右是相对合理水平。当一国债务总额占GDP的比例超过90%，该国经济增长将陷于迟滞；如果债务占GDP超过100%的话，存量债务的利息支出负担将使未来削减财政赤字十分困难。

关于财政刺激的应对问题，早稻田大学（Waseda University）研究生、院财经研究所的野口悠纪雄教授，比辜朝明先生更务实和冷静。他认为："20世纪90年代日本的经验并不值得炫耀。[1]"从日本愈发恶劣的债务状况而言，野口君的这一观点有其道理。

---

[1] [日]野口悠纪雄.日本的反省——依赖美国的罪与罚[M].东方出版社，2009.

我们再从微观上来予以探讨。如果把一年一度的上市公司年报发布比作电影颁奖礼，那么2011年的"金酸莓奖（Golden Raspberry Awards）[1]"当之无愧的得主应是这三个倒霉蛋——松下、索尼、夏普。这三家日本最大的消费电子巨头的亏损总额累计达1.6万亿日元。

2012年3月，松下发布了2011年的年度财报，以7720亿日元一举创下了继1918年成立以来的最严重亏损纪录，而且这已经是它连续亏损的第5年了。"难弟"索尼亏损比松下少近40亿美元。根据索尼5月10日公布的财报数字显示，2011财政年度，该公司净亏损4566.6亿日元，也创下了该公司的历史纪录。同样，这也是它连续亏损的第4个年头。亏损排在第三位的是夏普，根据2012年4月27日夏普的官方消息，夏普2011财年销售收入305亿美元，同比下降了18.7%；净利润亏损为46.6亿美元，同样刷新了公司最大亏损纪录。

但10年前的日本企业可不是这样的。在日本失落的头10年里，虽然资产负债表恶化严重，但当时的日本仍然是全球最大的贸易顺差国。这说明当时日本产品在海外还有广阔的市场，企业仍然在不断地创造利润。为修复严重恶化的资产负债表，企业拿到利润后立刻去还债。到2003年，日本的净债务偿还额已经上升到每年30万亿日元以上的空前规模。

那么，为什么日本企业于近年来出现了集体沦陷的现象呢？我认为两大原因值得我们注意：

首先，就微观层面而言，这些企业为了努力偿还债务，尽快修复糟糕的资产负债表，它们不得不控制成本。如此一来，就自然对其经营行为中的科研、市场，甚至是质量投入，都形成了严重的挤出效应，长期来看无疑会对日本企业的竞争力造成巨大的伤害。

---

[1] 金酸莓奖是模仿奥斯卡金像奖的颁奖典礼，每年都抢先在奥斯卡颁奖之前揭晓，借以向备受传媒批评的劣片致敬。现时金酸莓奖已经举行过30届。

其次，就宏观层面而言，积极的财政刺激及货币政策造成了严重的恶果。20世纪90年代，世界经济结构发生巨大变化，包括中国在内的新兴国家加快了工业化步伐，以低廉的劳动力成本进行工业制成品的生产，使得工业制成品的价格下降。

由于资源的匮乏，日本是一个原材料进口国，其赖以发展的模式就是：大量的进口原材料，加工为工业制品，然后再予以出口。在世界经济结构大调整中，日本的产业结构并没有发生太大的变化。在过去日本是出口远大于进口的，但到20世纪90年代末，这种情况开始逐渐变化，进口和出口开始持平。

也就是说，日本并没有充分享受到世界经济结构大调整所带来的好处。相反，却由于与新兴工业国竞争而招致国内产业的疲软。为什么会出现这种情况呢？原因就在于积极的财政刺激政策支撑了日本原有的产业模式，使其丧失以创造性破坏为主要形式的产业优化和调整。在这样的政策环境下，产业结构不仅没能升级，反倒被固化了。产业结构还是那套老模式，但原来使之成功的要素，如廉价的土地和劳动力，却发生了相对改变。随着中国等新兴国家的加入，上游的资源价格大幅上涨，出口的工业制成品价格却持续下降。这时，日本再与包括中国在内的新兴工业国竞争，其竞争力就可以想见了。

日本企业的集体沦陷再次证明了米塞斯谏言的真理性。希望克鲁格曼和辜朝明先生能认真地读一下这句话："货币和财政的把戏只能收到表面的一时之效，从长远看它肯定会让国家陷入更深重的灾难。"

政府的债务状况年复一年恶化下去，它又能维持多久呢？这的确值得我们去认真思考。

格林斯潘和伯南克的"资产价格凯恩斯主义"

格林斯潘和伯南克的异同

前文中我们已就财政刺激问题进行了相应的探讨,那么在本节来对货币刺激予以探讨也就是顺理成章的事情了。而伯南克正是当下货币政策的掌权者,所以了解伯南克的观点,无疑将有助于我们理解当下经济政策的指导思想。

对于近年来的经济困局,伯南克以20世纪30年代的大萧条为例予以说明。他认为,所谓的传统理念就是坚持"危机对于消除金融系统在繁荣时期积聚的泡沫是必需的",在伯南克看来正是出于这种认识,当时的央行才未采取举措去阻止银行倒闭,由此导致金融系统瘫痪。他认为,正是因为他和他的团队吸取了上述教训,才制定出如此到位的应对之策,才令"全球经济躲过了一次与大萧条相当,甚至更严重的巨大灾难"。

而这又何尝不是格林斯潘的理由呢?1987年10月19日,也就是格林斯潘出任美联储主席后的第69天,也是他宣布加息后的第45天,道琼斯30种工业股票价格指数急跌508点。这相当于道琼斯指数中的股票市值一天损失22.6%,幅度几乎是众人皆知的1929年股市崩盘时单日下跌幅度的两倍。格林斯潘在危机中展示了自己的"魄力",当天股市收盘后,美联储大量买入国库券,巨额现金直接流入卖出国库券的银行家手中,风声鹤唳的金融系统被注入了大量流动性。第二天股市开盘之前,格林斯潘发表了简短的声明:"美联储会始终坚守它作为中央银行所应负的使命,随时准备为经济和金融系统提供流动性。"[1]

1994年5月,在向参议院银行委员会所做的发言中,格林斯潘对美联储自1989年以来的行为做了如下解释:

---

[1] [美]威廉·弗莱肯施泰恩,弗雷德里克.格林斯潘的泡沫——美国经济灾难的真相[M].中国人民大学出版社,2008.

由于觉察到债务递增带来资金压力所引发的后果，我们从1989年春季开始对货币市场放松管制。家庭和企业不愿再借贷和消费，贷款人也不再愿意授信，这就是我们所说的信用紧缩现象。为了尽全力克服上述金融压力，我们在1992年整个夏天逐步调低了短期贷款利率，直到1993年末，我们都将该利率维持在少有的低水平。[1]

细读上面两次发言，我们可听出其言外之意就是其应对政策如此到位，以至于令当时的经济躲过了一次巨大的灾难。

这就是伯南克和格林斯潘，如果非要找出他们之间的差异，我想这种差异亦不过是前者更有学者的憨直，而后者更具政客的狡猾，如此而已。

被忽视的资产负债表衰退

从这两位美联储主席的发言中可以看出，在他们看来，衰退是由于资金供应方受到冲击，使得企业融资发生困难而导致的。其深层根源是，货币需求旺盛但供给却不足，进而影响到有着旺盛的货币需求的实体经济，经济由此而恶化。

货币刺激派之所以会得出这样的结论，其根源在于错误的假定，他们固执地认为，所有的企业，在任何时候都是以利润最大化为目标的。只有在企业无法募集到所需资金的时候，经济才会发生衰退。货币刺激派将问题归咎于资金供给方，也就是包括银行等金融机构在内的放贷方。基于此，他们坚定地认为在应付经济波动时，货币政策要比财政政策更为有效。

但辜朝明指出，很少有企业会在面临严重的资产负债表问题时，还

---

[1] [澳]彼得·哈契.泡沫先生——艾伦·格林斯潘与消失的七万亿美元[M].东北财经大学出版社，2008.

将目标设定为企业利润的最大化。早在1933年，欧文·费雪对当时的金融危机进行分析时，就明确指出：当高度负债的个人和商业机构陷入金融困境时，他们通常不是进一步扩大投资，而是选择卖掉资产用来偿还债务。辜朝明认为，经济危机时，任何一个负责的、诚信的、理性的企业，都会将企业的运营目标从原来的利润最大化转向负债最小化，以保障自己不会因资产负债表的进一步恶化而破产倒闭。

也正是因为如此，辜朝明认为这时经济之所以疲软，其根本责任不在货币的供应方——中央银行，而是货币的需求方——个人、家庭和商业机构（当然也包括那些以赢利为目的的商业银行）。他认为经济衰退是因为资本或资产市场泡沫破裂后，市场价格的崩跌造成泡沫时期过度扩张或过度杠杆的企业资产大幅缩水，导致资产负债表失衡、资不抵债，因此个人、家庭和商业机构虽能正常运作，但已是陷入技术性破产的边缘。此时，这些单位的目标改变了经济学的假设，从原来的"利润最大化"转变为当前的"负债最小化"，即使利率再怎么低，这些单位不仅会选择停止借贷，还将拿出能够利用的现金流优先偿债，以修补难看的资产负债表，并期望尽早走出技术性破产的阴霾。基于对未来不确定性的担忧，有时甚至于偿还完债务后，还将继续拥有现金而不愿意去借贷和投资，这就导致了经济衰退的延长。同时也将导致整体经济出现个体理性而集体非理性的合成谬误，在这个时候货币政策是失效的。

辜朝明的观点显然是受到英国经济学家拉尔夫·乔治·霍特里（Ralph George Hawtrey）的信用僵局论的启发。英国财政部财政调查局局长出身的霍特里认为，到这时降低利率已经不能刺激任何借贷活动。他在其1913年出版的《商业的盛衰》一书里，引用了英格兰的一句俚语"你可以把马拉到水边，但你却不能让马喝水"来形容这种状态。

从真实到非真实经济周期

在这本书里,霍特里还进一步指出,常见的经济周期有两种不同的演变方式:

一种是外部冲击。在这一点上,他显然是继承了约翰·斯图亚特·穆勒的外部冲击或偶然事件说。唯一不同的是,在小穆勒的模型中,外部冲击催生经济繁荣,而霍特里的观察视角则恰好相反。他认为经济的衰退,往往是因为某些外部因素所推动,进而造成一连串涟漪式的反应,其影响会从一个行业蔓延到另一个行业。但是,在初始的冲击结束之后,这些波动就会减弱,或者有时会消失。对于这种波动,他将其称为"真实的经济周期"。

另一种则是内在的货币不稳定性。霍特里相信货币体系具有内在不稳定性,他将因为货币体系内在不稳定性而导致的波动称为"非真实的经济周期"。

在这方面,辜朝明也做出类似的划分。他认为,经济衰退至少有两种不同的形式,"由于企业资产负债表问题造成的衰退"和"由于经济周期造成的衰退"。他认为当发生前一类衰退时,企业的首要目标往往是负债最小化而不是利润最大化。这个时候,降低利率令信用扩张的办法不能刺激任何借贷活动。因为为数众多的企业都正埋头还债,以修复糟糕的资产负债表。从这点而论,辜朝明的认识无疑是正确的,单这个问题他确实把对了脉,可惜的是他没能进一步去深究资产负债表为什么会恶化这一问题,最后自然开出了一付糟糕的方子。当出现这种状态时,他认为只有政府主导的财政刺激才能改变经济环境。关于这一点,我们在上一小节里已有过讨论。

至于另一种衰退,也就是"由于经济周期造成的衰退",辜朝明认为是适合于格林斯潘和伯南克的理论的。那就是,那些身陷其中的企业,这时候的主要目标还是以利润最大化为主。因此,这个时候货币刺激政策无疑是应对该类衰退的最佳工具。

对于这一观点我也是颇为存疑的。

我很认同克莱门特·朱格拉（Clement Juglar）的说法："没有发生萧条，反倒是说明了某些方面出错了。而萧条的到来，则说明了我们的经济处于正常的运行轨道……"[1]在我看来这就如同春去夏来、冬去春来一样的正常。反而我们不能够想象的是，一个没有昼夜交替，而保持某种单一状态的日子会是什么样的。正如同老子所说的："大曰逝，逝曰远。（泡沫大了就会破灭，破灭了就会越行越远。）"我们也知道，"远则必反（远了又必然会令其归返），周行而不殆（反复运行而不止）"，这就是道，这就是危机本身。

我的理解是，危机之所以会发生，其根本原因在于：这个世界虽然在局部、在相对空间和时间框架内有被认识的可能性，但在全部、在绝对的空间和时间框架里，却又是绝对不可被认识的。也就是说，人类在变化的环境面前认识是有限的，这也就决定了，人与其所生存的环境永远存在着巨大的信息不对称性。但人类显然从情感出发，并不情愿处于这样一个被动的位置，总认为自己能够认识世界甚至于改造世界，自认为变化中的事物总处于自己可控的范围。这样一来，往往就产生了很多不切实际的预期，从而引发危机。但所幸的是在危机中，人们可以渐渐地对这种自认为基于理性、实则非理性的预期行为予以一定程度的修复。整个社会也就从原来的非理性状态，恢复到相对的理性状态。但在这种状态下，在节节成功的鼓励下，人们灵魂深处的自负又被重新唤起，这样一来又为新一轮的危机埋下了伏笔。

在经济领域也是如此，人类本身认识的有限性，决定了市场中的需求方和供给方永远都存在着信息的不对称。也正是这种信息的不对称

---

[1] Clement Juglar .Des crises commerciales et de leur retour périodique en France, en Angleterre et aux Etats-Unis[M].Guillaumin et cie, 1889.

性，最后往往会被演变为啤酒效应[1]，这种效应聚积到一定程度就会失控，而这种失控就是危机。所以说，只要存在交易就存在危机，因为人类理性的有限性，因为事物的发展轨迹决定了这种可能，这种可能就是客观真理，就是自然规律，它是不会随着人类的主观意志而发生转变的。所以，从市场机制本身的作用看，繁荣—萧条的这种波动，是属于正常的经济现象。

在"萧条"时期，经济对在繁荣时期的浪费和错误会作出一种相应的调整，并为之重新确立起能满足消费者要求的有效服务体系。这种调整还包括清算那些错误而浪费的投资。事实上，萧条不是毁灭，它们是由高效率的经济体中的消费者发动的一场恢复性运动，它们终结的只是由繁荣而带来的扭曲。也就是说，萧条反倒是一个经济周期步入良性运行前的"恢复"过程，就如同瑞雪可以带来丰年一样。萧条一旦结束，也就宣告一切重归正常，经济也就恢复了最好的功效。

而这个时候，如果不肯正视衰退，对于自然出现的暂时性破产、清算无法容忍的话，就如我们所见的，繁荣过去，衰退才刚刚开始，他们就会再次开动信贷的水龙头，去拯救那些借款人，那么，新的货币再一次进入商业领域，借款人就可以再次购买那些远离消费品行业的生产要素。如此一来的结果是，持续的银行信贷扩张，再次让那些错误的投资人，逃脱了消费者对他们的惩罚。这也势必会令错误投资带来的浪费越来越多。这也必将导致经济的自我纠错过程——萧条被人为地拉长。

更重要的是，这样一来只会增强人们轻率的、爱冒险的情绪，使得

---

[1] 麻省理工学院的斯特曼教授做了一个著名的实验——啤酒实验。在这个实验中有四组学生分别代表消费者、零售商、经销商、厂家，由此形成一个简单的供应链。实验要求：任何上、下游企业之间不能交换任何商业资讯，只允许下游企业向上游企业传递订单，消费者只能将订单下给零售商。结果表明：由于链中各节点企业之间资讯的不对称以及为了追求自身利益的最大化，造成需求资讯在供应链内部传递时失真了。

人们比其他任何时候，都更多地习惯于去取得信用和使用信用，进而令道德风险更趋恶化。如此一来，只可能在原来的基础上催生出更大的泡沫。

对于经济的衰退而言，综合历史来看，我们更倾向于认为，这个世界初始的衰退，一般都属于"由于经济周期造成的衰退"这种真实的经济波动。然而，很多时候，在一系列错误的认识下，人们会得出一系列错误的结论，进而采取一系列错误的应对之策。结果是，这种真实的、简单的"由于经济周期造成的衰退"，最后往往会演变为一场复杂的、非真实的"由于企业资产负债表问题造成的衰退"。这就如同令狐少侠的伤，本可静养一下，就能自动痊愈，却因为一群"庸医"，最后如不是得到《易筋经》，还不定怎么死呢。

熊彼特式危机

货币政策是原因，还是结果

对此，弗里德里希·冯·哈耶克（Friedrich von Hayek）显然有不同的看法，在其1976年出版的《货币非国家化》一书中，他写道："货币政策更可能是经济衰退的原因，而不是解药。货币当局很容易屈从于廉价发钞的诉求，从而将生产引向错误的方向，这必然产生一些不良后果，而不是有助于经济从某些方向的过度发展中解脱出来。[1]"如果不是断章取义，而是将他的话完整地放在一起，我们更看得出他就这一问题表述得自相矛盾。他说："货币当局很容易屈从于廉价发钞的诉求，从而将生产引向错误的方向，这必然产生一些不良后果，而不是有助于经济

---

[1] [英]弗里德里希·冯·哈耶克.货币的非国家化[M].新星出版社,2007.

从某些方向的过度发展中解脱出来。"

在这里，我们不免要问，货币当局为什么会屈从呢？只有一种可能，那就是经济显然出了问题。如果经济没有出现波动，人们怎么可能会发出印刷廉价钞票的诉求，而货币当局又怎么可能会就此屈从？这就如，一个既没有头疼也没有脑热的壮小伙，会无缘无故地向医生提出打针吃药的诉求？这在逻辑上显然是说不过去的。很可能的情况是，这名壮小伙感觉到了不舒服，譬如头疼或者脑热。遗憾的是，他并不知道，他所生的是一种自限性疾病[1]。认识的不足让他一旦头疼脑热，就向医生发出吃药打针的诉求。

从这点可见，事实跟哈耶克所论述的恰好相反。那就是，货币政策不是经济衰退的原因，而是结果。当然，或许更严谨的表述应该是，对于初始的"由于经济周期造成的衰退"而言，在错误的认识下，货币政策的确只是结果而不是原因。但在其后，由"由于经济周期造成的衰退"向"由于企业资产负债表问题造成的衰退"演变时，这时的货币政策就由当初的结果转化为原因了。

那么，导致这次大危机的真实原因是什么呢？

生产过剩——布伦纳如是说

我们知道经济的可持续稳定，需要一个坚定的锚，这个锚就是生产，其他的如福利、分配、消费，都应与之相匹配，不然就会出现问题。从这点来看，生产率的下降，才是问题的关键。

关于生产率的下降这一点，我们可在著名的马克思主义经济学家、美国加州大学洛杉矶分校的罗伯特·布伦纳（Robert Brenner）那里得到印证。在2009年，他与韩国庆尚国立大学晋州分校的经济学教授、马

---

[1] 自限性疾病，就是疾病发展到一定程度后能自动停止，并逐渐恢复痊愈，并不需特殊治疗，靠自身免疫就可痊愈的疾病。

克思主义经济学家丁圣镇的对话中，对近期的经济危机给出的解释是："导致眼下危机的根源在于发达经济体经济活力的下降。"

他所给出的数据是：从1980年到2000年，在这20年间，劳动生产率(GDP/每小时)虽然以年均1.4%的速度增加(1999—2000年达到了1.5%)。但这个速度差不多只是1948年到1969年这一时期生产率平均增速2.65%的一半，也只是从1890年到1980年差不多90多年间2.3%的劳动生产率增长速度的60%左右[1]。

他的另一个重要的观察指标是，利润率深层地、持续地下滑。在他的《全球生产能力过剩与1973年以来的美国经济史》一文中，他给出如下数据：2001年制造业部门的利润率下降了21.3%，比它在1997年利润率达到顶峰时的水平下降了1/3还要多。耶鲁大学的罗伯特·希勒教授所掌握到的数据亦显示，1994—1999年，在以股票为代表的资产价格迅猛上涨的同时，美国企业的利润增长却不到60%。

那么，发达经济体的经济活力为什么会持续地下降呢？我想，根本原因就在于创新的停滞。

创新的停滞才是关键

正如熊彼特所指出的，所谓的创新就是"生产要素的重新组合"，就是把一种从来没有的关于生产要素和生产条件的"新组合"引入生产体系中去。而引入这种"新组合"的目的就是获得潜在的利润，即最大限度地获取超额利润。正是创新的停滞，导致了布伦纳所指的劳动生产率，特别是企业利润率的持续下滑。

现在的问题是，创新为什么会停滞呢？熊彼特曾有过非常精彩的论述，早在1942年，在《资本主义、社会主义与民主》(*Capitalism,*

---

[1] 罗伯特·布伦纳.生产能力过剩才是世界金融危机的根本原因[J].国外理论动态,2009 (05).

Socialism and Democracy）一书里，就资本主义的未来，他发现了这样一个潜在的问题：由于资本主义在收入增长方面如此成功，它能够支撑大量的中产阶级知识分子。而这些拥有大量闲暇时间的知识分子，很热衷于批判资本主义体系，并竭力推行包括福利制度等在内的，旨在于增强政府官僚在经济中的作用的措施。这些措施无疑将会减弱创新的动力。

也正是因此，从某种意义上讲，我们当前所经历的这场危机，从表征来看像是一场马克思式的危机，但从实质而言，它就是一场典型的熊彼特式危机——这既是一场熊彼特所指称的创新停滞的危机，更是一场他所指称的资本主义的危机——包括福利制度在内的干预措施减少了创新的动力，进而使得创新陷入停滞。乔治·吉尔德（George Gilder）就曾明确地指出，创新和研究的减少，必然会引起生产率的下降[1]，如此一来的必然结果是劳动生产率和企业利润率的长期下降并难以恢复。

这就解释了我们今天正身处其中的这个经济周期，为什么经济增长极度缓慢。

这时，我们就可以回到哈耶克的论述那里去了：为克服创新停滞导致的劳动生产率的下降，和因此而造成的利润率的长期下降并难以恢复的局面，各国的货币当局，尤其是那些将民粹误当民主的国家如美国的货币当局，就很容易屈从于廉价发钞的诉求。他们试图通过在私人方面鼓励提高借贷的方式来解决需求不足的问题。为了再次扩大经济，美国货币当局最终采用了日本在20世纪80年代后期率先倡导的方法，那就是通过维持超低利率的政策，实施信用扩张的办法，以此来鼓励国民对金融资产的投资。

---

[1] [美]乔治·吉尔德.财富与贫困[M].上海译文出版社，1985.

随着资产价格飙升，泡沫形成后，信用会更进一步急剧扩张。由于企业和居民户在纸面上体现出了巨大的财富增长，因而他们具有了更多的信用。他们也因此可进行着大规模的借款，大肆增加自己的投资与消费。这样一来，无可厚非的是，它们的确带动了经济的发展。这种应对，布伦纳称之为"资产价格凯恩斯主义"。因为，我们知道，凯恩斯主义的一个核心就是赤字，以赤字政策来恢复经济的运行。这种凯恩斯主义的意义在于，让私人的财政赤字代替了原来的公共财政赤字。

也正是因此，在过去20多年中，我们亲历了世界经济那种异乎寻常的景象——资产泡沫的无限膨胀，这种膨胀超过了荷兰郁金香泡沫、法国密西西比泡沫和英国南海泡沫的投机狂热。更为要紧的是，这一切又是在国家政策制定者、监管者的精心维护和使其合理化的情况下实现的。于是，20世纪80年代，日本出现了历史性的资产价格泡沫；20世纪90年代，美国亦产生了历史性的股票市场泡沫，和随之而来的房地产及信用市场的泡沫，以及由此而衍生出的巨大债务泡沫。

然而，危机爆发以来的这些年，世界各国的领导人非但不承认自己犯了错，反倒是一句"百年不遇的金融危机[1]"，就将所有的责任推卸得一干二净。这些人非但没有因此而被问责，反倒是一场场的自我表彰：伯南克于2010年4月8日在第43届亚历山大·汉密尔顿年度晚宴（Alexander Hamilton dinner）的演讲中表示，监管机构吸取了1929年股市危机的教训，因此，虽然此次金融危机带来的打击非常严重，但全球经济躲过了另一次与大萧条（Great Depression）相当，甚至更严重的巨大灾难。这位掌权者的言外之意就是，他们做得非常到位！当然，他们把责任推卸得也非常到位！

"一个无人负责的体制，所有的一切都是上帝的错"，这就是当前的

---

[1] 雷曼兄弟提交破产申请后，美联储前主席格林斯潘于2008年9月14日表示，美国正陷于"百年一遇"的金融危机中。

特色，所以不要奢望领导人能重作思考。自2007年次贷危机爆发以来，他们在错误的政策和思维上加倍押注，显然他们决心要将经济和社会推落悬崖。也正是因此，人们很难相信，还有办法可以改变这一方向。

在这样的环境中，想让人们不感到绝望还真难。

第5章
下一轮危机——债务泡沫大崩溃

　　表象绝不代表事实。靠积极的财政政策和宽松的货币政策刺激出来的假性繁荣,最大的危害就在于,它很容易让人们产生幻觉,令人们特别是那些当权者为之自满和麻木,以为这种应对是有效的,从而加剧本已恶化了的结构性问题,为另一场严重得多的灾难埋下伏笔。

克鲁格曼的预言

　　克鲁格曼曾精准地预测到了美国将与日本同病相怜,虽然他本意并不是这样认为的,在当时他根本不相信美国的房地产会存在泡沫,不但如此,他还嫌货币之水放得不够、嫌格林斯潘婆婆妈妈。现在,他的另一预言也即将得到印证,并将再次被人们以"精准"来予以评价,那就是:(欧美)持续了几年的恐惧,不会像日本那样,一直延续10到20年[1]。

　　理由是什么呢?就是克鲁格曼10年前给出的,以支持其说明美国不会重蹈日本经济停滞的那张清单。让我们重温一下这张清单:

---

[1] 克鲁格曼文章的原话是:20世纪90年代后半期美国股市的泡沫和80年代后半期日本的泡沫一样巨大。我们持续了2年的恐惧,会像日本那样,一直延续5年或是10年吗?关于这点,可参见他的《克鲁格曼的预言》一书。

1. 美联储有足够的空间来降低利率,这足以应付任何不测。

2. 美国长期预算头寸依旧富裕,即使降息不足以解决问题,还有足够的空间可以通过财政刺激来应付这种不太可能发生的情况,即长达10年的经济停滞。

3. 美国有优秀的公司管理机制,不必担心对企业部门丧失信心的亚洲模式问题。

4. 美国也许存在股市泡沫,但没有房地产泡沫。

一切都已时运变迁,这些曾经的有利条件,在短短10年间,让小布什、奥巴马、格林斯潘和伯南克们挥霍殆尽。

首先,会坐直升机撒钱的伯南克为应对次贷危机,自2007年9月开始大手笔降息,企图以此来刺激消费,避免经济触底。

美联储降息过程

2007年9月18日,将联邦基金利率下调50个基点至4.75%;

2007年10月31日,将联邦基金利率下调25个基点至4.50%;

2007年12月12日,将联邦基金利率下调25个基点至4.25%;

2008年1月22日,将联邦基金利率下调75个基点至3.50%;

2008年1月31日,将联邦基金利率下调50个基点至3.00%;

2008年3月19日,将联邦基金利率下调75个基点至2.25%;

2008年5月1日,将联邦基金利率下调25个基点至2.0%;

2008年10月8日,将联邦基金利率下调50个基点至1.50%;

2008年10月30日,将联邦基金利率下调50个基点至1.00%;

2008年12月16日,将联邦基金利率下调75个基点至0.25%。

但即使如此，美国经济还是不可避免地陷入了崩溃的边缘。如上表所见，到了2008年12月16日，美联储终于将利息降到了地板上，0～0.25%的利息降无可降。这也就意味着，伯南克已将这一常规货币工具用到了弹尽粮绝的地步了。"美联储有足够的空间来降低利率"，这一条件已不复存在了。

我们再来看看克鲁格曼的第二个有利条件。

关于财政刺激，我们已经在上一章里进行了讨论。辜朝明就一直认为，日本政府长期的财政赤字使日本经济不至于沦落为大萧条。但日本政府所付出的代价是国家负债总额的持续攀升，到2011财年，日本的广义国家负债[1]总额达到近1000万亿日元，债务总水平占到当年国内生产总值的227.5%。

不管是哪种债务，只要债务余额过高，债权人就会对相应债务人的偿债能力产生怀疑；只要产生怀疑，就有爆发危机的可能。关于这一点，日本著名经济学家、加州大学圣迭戈分校国际关系和亚太研究学院教授星岳雄（Takeo Hoshi）与东京大学教授伊藤隆敏（Takatoshi Ito）有着比辜朝明更为清醒的认识。这两位经济学家撰文指出，日本政府债券（JGB）规模从长远来看明显无以为继。虽然目前JGB价格蕴含的预期是10年内不至于崩盘，但该预期可能会受到诸多因素影响而转向，譬如政治事件、税改方案被否决、油价暴涨，甚至受其他国家债务牵连。日本政府债券中95%是由本国机构和个人持有，一旦债务泡沫崩盘，日本金融机构比如银行和保险公司的倒闭将首当其冲。

对此有同样认识的还有日本现任首相野田佳彦。2012年6月30日野田佳彦曾警告称，日本面临着与肆虐欧洲的债务危机相同的经济威胁。他认为，日本这个世界第三大经济体的未来，将取决于其是否能够解决

---

[1] 这里的广义债务指的是，在国债这一狭义的债务基础上再加上地方债务的总和。

债务问题。他说:"日本现在正处于边缘地带,要么成为世界各国克服债务危机的榜样,要么成为毫无活力的老龄化国家。"

那么,美国呢?如果奥巴马和他的财政部长盖特纳能有野田佳彦的清醒,他们大概就不会像克鲁格曼那样随口"打哇哇"[1]了。虽然美国100.4%的联邦公共债务总额占比,较日本的要低,但其情况的恶化程度却比日本是有过之而无不及。2007年美国公共债务为10.8万亿美元,是GDP的64.4%;目前美国公共债务已经超过15.23万亿美元,是GDP的100.4%。短短5年时间,债务额增长了近4.5万亿,这不可谓不惊人了。而2000年美国公共债务总额才不过6.9万亿美元。

正如辜朝明所指出的,日本之所以"赖"以不发生大萧条的根本原因是持续的财政刺激。那么,在未来,美国如果不想有经济大萧条的局面出现,它就不得不像日本那样,必须持续地、经常地实施财政刺激政策。

另外,即便美国经济恢复正常增长,其公共债务状况亦不容乐观。这点可参见我的《全球大趋势2:被债务挟持的世界经济》一书,该书集中探讨了这一问题。当然,在本书的第三章我们谈到,在现行的福利制度下,伴随着婴儿潮一代的老去,美国政府在社保、医护等项目上的财政缺口将会急剧扩大。如果美国不对现行的制度做出重大改变,那么,我们可以预期的是,美国政府根本无法把公共债务对GDP之比稳定在一个可以接受的水平上。相反,在未来的数十年中,美国公共债务对GDP之比将会持续攀升。换句话说,美国的公共财政是不可持续的。

此外,被人们所忽视的是,包括居民部门、企业部门和政府部门在内的美国总债务问题。2011年4月,由国际货币基金组织发布的《全球

---

[1] 我的家乡湖南怀化常说的一句俗语,在斥责说话不负责任、信口胡言时,怀化人会说"又在那里随口打哇哇了"。据说,湖北武汉人亦有相似的表达。

金融稳定报告》显示，以2010年美国GDP数额为基准估算的结果为：美国国债数额是其100%，居民债务为91%，非金融企业债务为76%，金融机构债务为97%。

美国的一个民间机构专门开设了一个叫"美国债务钟"（http://www.usdebtclock.org）的网站。进入这个网站的首页，映入眼帘的是满满一个屏幕的数字框，除了列举美国国债、美国各州债务和各级地方政府债务、美国个人债务等数据之外，这些数字框还列举美国的各项资产。网站声称数据来源美国官方。该网站的有关数据显示，在2008年雷曼兄弟倒闭之前，美国总债务对GDP之比已经超过350%，其中私人债务对GDP之比在80%左右。随着金融危机的全面爆发，这一数据也进一步恶化。在该网站最中间显要位置，列出了美国社会面临的总债务。在我写作这一节时，该网站的该项数据为56.949万亿美元。相比之下，日本在这方面的表现比美国要强得多。在日本，尽管公共部门和企业大量负债，但居民部门却是常年收入大于支出。

综上所述，我们对美国政府还有多少空间可以通过财政刺激，来应付长达10年、20年的经济停滞，深表担忧。

除此两点之外，克鲁格曼所提的第四点"美国没有房地产泡沫"已无须我们论证了，因为历史已经给出了最好的答案。现在唯一可让我们为之期待的，就只剩下第三条"美国有优秀的公司管理机制"。如果这种治理模式能够再次促成创新革命的发生，仅凭这一点就可以令美国乃至全世界走出萧条。但正如我们在前面所论述的，这种预期不容乐观，目前美国政府的应对是一种典型的日本式应对，这种应对的危害就在于固化原有的产业模式。

同样的情况也发生在欧洲。基于克鲁格曼所做的上述预测，我们可以判断，欧美国家在这场资产负债表衰退危机中，要想像日本那样通过持续的、经常性的财政刺激，"赖"上10年甚至20年，怕是"殊为不易"了。

只要是泡沫就必然要崩溃。2000年的经济危机是互联网引发股市泡沫破灭的结果；2008年的经济危机则是由房地产泡沫的破灭所引起的。那么，又将是什么来造就下一轮的经济危机呢？现下正快速累积的主权债务泡沫，将是一颗巨大的定时炸弹，这一炸弹的引爆意味着下一轮经济危机的全面爆发。

致命的循环

被政治操控的经济

至于未来的整体趋势，我仍维持我在《全球大趋势2：被债务挟持的世界经济》所做的基本判断，那就是：目前是一个由谬误占统治地位的时代的最后疯狂时期。在该时期内，世界各国政客的民粹行径也将达到顶点。为了掌权，政客们迎合选民的手段将趋于极致。在该时期内，社会和经济结构的问题不但不会被他们予以正视和调整，反倒会被予以强化——政府不仅不会告诉人们真相，反而为了博取选票，再次开动印钞机，为日益恶化的债务支付账单。

为什么会得出这样一种判断呢？原因就在于经济周期与政策的稳定和经济政策的行为紧密相关。事实上，在20世纪50年代，就有经济学者发现，在一些公共支出和价格的变化中，政治因素往往起到主要的作用。譬如，在奥地利，公共汽车票价在选举前比选举后调整得更为频繁；在美国，社会保险金总是趋向于恰好在竞选前，而不是竞选后给付。

学者们认为，之所以会出现这种情况，是因为这些公共支出很容易被选民观察到且最为他们所关注。这表明，政客们想通过选择特定政策工具操纵经济以赢得选举，如此一来就引起了经济的周期性波动。

耶鲁大学史特林经济学教授威廉·诺德豪斯（William Nordhaus）认

为，在西方选举制度背景下，执政者在大选年会经常运用扩张性货币政策来扩大自身党派的政治经济利益，创造短暂的经济繁荣，提升胜选的概率。威廉称这种因政治因素而产生的经济波动称为"政治景气循环(The Political Business Cycle)"。

然而，上述论述在米哈尔·卡莱斯基（Michal Kalecki）看来显然有些肤浅。这位有着犹太血统的波兰经济学家结合马克思主义经济学观，提出了另一种极有影响的观点。他认为，工人总是倾向于实现充分就业的，而事实上政府通过增加公共支出也完全有能力促进实现充分就业，但要长期维持充分就业显然就没那么容易了，因为商人们不喜欢充分就业。失业的威胁消除之后，工人的自信心将提高，其力量随之壮大，他们在劳动力市场的议价力也将增强。因此，商人往往倾向于反对实现充分就业，一旦出现充分就业，他们会竭力劝说政府放弃维持充分就业的努力。政府在劳资博弈中的摇摆，决定了如下情况的出现：在经济衰退和失业时，政府会为赢得选票而刺激就业，从而使经济扩张以致繁荣。此后，经济过热，出现通货膨胀、罢工、生产率下降，这时商人和资本家的反对加强。迫于压力，政府放弃充分就业的政策，使经济进入失业和衰退。于是，工人怨声载道。接着，为了赢得民心，政府再次刺激就业，引发新一轮周期性波动。

关于此点，事实上我在前文有所论述，即讨论货币当局为什么会屈从，当时我的回答是，显然经济出了问题。那么，当局屈从于这种诉求的直接动因是什么？其实，直接动因也非常简单，那就是由经济周期造成的衰退导致失业率上升，政客们为了获取选票上台掌权，采用积极的财政政策和宽松的货币政策对经济施以干预。这种干预的结果就是卡莱茨基所指称的随着选举政治而波动的经济现象的出现。对于这种现象，卡莱斯基将其称为"经济的政治性周期"。卡莱斯基认为政治性周期的产生有三个基本条件：

1. 凯恩斯国民收入决定理论为政策制定者提供了刺激经济的工具。
2. 选民喜欢高经济增长、低失业以及低通货膨胀的时期。
3. 政治家喜欢连选连任。

无法自拔的循环圈

不幸的是，现在世界多国完全具备上述的三个条件。这就意味着全球都陷于这样的循环中不能自拔：

首先是创新停滞，其直接结果是社会生产增长乏力。包括社会福利支出和行政支出、军费支出在内的社会支出大于社会产出，由此而形成产出缺口。这一缺口导致了初始的主权债务问题。政府在种种谬误的指导下，以印刷钞票制造通货膨胀的方式，来予以应对。

中央银行人为压低利率，进而造成信贷的扩张。它往往误导投资者和消费者，使他们热衷于投资和消费很多在正常情况下根本不可能赢利和消费的项目。这自然能够造成一时的表面繁荣。在这样的景气时期，企业的现金流增加并超过偿还债务所需，因此产生投机的陶醉感，这无疑会强化企业家的冒险精神。泡沫亦就此逐步形成，泡沫一旦形成后，信用便急剧扩张。患有这种传染疾病的人不仅比平时更自由地使用信用，而且他们实际上也具有更多的信用。这时，由于心理预期驱动出现了投机热情，正是这种热情将资产价格拉上天，使得每个人都能得到廉价的信用，他们似乎都赚得了巨大的收益。也由于当时流行的一种轻率的爱冒险的情绪，人们愿意比其他时候更多地提供和取得信用，甚至向没有资格取得信用的人提供信用。[1]

政府之所以采用这种通胀式的应对，其目的就是让包括家庭和企业在内的私人部门的信用借此扩大，让私人部门的财政赤字代替政府的公

---

[1] [英]约翰·斯图亚特·穆勒.政治经济学原理[M].华夏出版社,2009.

共财政赤字。这种人为压低利率的应对，其结果只能是，制造出大量错误投资的伪繁荣。

随着时间流逝，整个社会的时间偏好也开始改变。这时不管政府是否愿意加息，也不管政府有没有加息，事实上的纯利率都遵循着自然规律而上升（当然，当政府采取逆周期的货币操作即大肆扩张信用时，会导致这一进程放缓）。那些依靠低资金成本维系的错误投资和高杠杆化的运作，将无可避免地难以为继，继而便是衰退来袭，私人部门的资产负债表急剧恶化。而政府基于维持社会和经济稳定的诉求，为了防止过度"去杠杆化"，又不得不救助那些错误投资。

随着互联网泡沫的破灭，世界各国政府特别是美国政府，在2001年的应对，就为这一政府行为做了最好的诠释。

为应对互联网泡沫的破灭，美国政府在原来的福利支出上又增多一笔对错误投资的救助成本。也就是政府为了防止经济进一步下滑，而将原本属于私人部门的债务主动地接下来。这种承接一旦成为负担，自然会对生产力形成巨大的负面影响——救助资金有着明显的急切性，而常规福利支出又带有明显的刚性，这无疑对直接影响生产力提高的人力资本和科技投入形成挤出效应。这种挤出效应进一步制约生产力的提高，一方面是产出进一步减少，另一方面则是更大债务的形成。面对这种形势，政府不得不进一步释放流动性。

但问题在于，此错误激励只会制造更大的泡沫。自2001年起，在美联储连续多达11次的降息刺激下，美国的房地产泡沫急剧膨胀。随着时间偏好改变，纯利率上升，这些错误的投资都将难以为继，继之而来的只能是更大的衰退。

那么，以后呢？政府一定会再次基于维持经济稳定的诉求，对那些错误的投资予以再救助。我们已经走在了因循守旧的老路上，这远不是政府救助计划的结束，而仅仅是开始。当这本书摆到书店的货架上时，全球更多的救助计划怕是早已公布并已实施。

如此,在原来的"福利支出+对错误投资的救助成本"之上只会再添一笔庞大的救助成本,债务泡沫也只会因此而越滚越大。为去债和维持经济增长,政府不得不再次释放流动性,受此错误激励,只会制造出比先时更大的泡沫。时间偏好改变,纯利率上升,错误投资难以为继,继而便是更大的衰退。政府不得不对那些错误投资再救助,债务泡沫将继续扩大……

债务崩溃的导火索——欧元的崩溃

整个经济进入恶性循环中,但这种循环并不是无休无止的。不管是哪种债务,只要债务余额过高,债权人对相应债务人的偿债能力产生怀疑,就有爆发危机的可能。那么具体什么时候爆发呢?最有可能的时点是全球政治的下一个大选年,而全面引爆这场债务泡沫令世界经济陷入大衰退的导火索,则是欧元这一货币同盟的解体。

欧洲的债务与美国的债务在形成机制上有很大的不同,美国的债务固然有社会福利支出增长的因素存在,但战争和世界警察的维持成本亦是很大因素。欧洲则不同,欧洲的债务更多地源自于其庞大的社会福利支出。欧洲长期以"生活方式上的超级大国"自居,法国前总统萨科齐和德国总理默克尔近年亦多次提到"提供保障的欧洲",即欧盟以保障欧洲的独特生活方式为任务。但保障这种独特生活方式的代价是昂贵的,这就是近年来一再刺激着欧洲经济神经的债务危机。

欧盟公共社会开支由1980年占GDP的16%升至2005年的21%(美国只是15.9%),法国的公共开支占GDP的比更达31%,为欧洲之冠,其中政府退休金超过44%。法国目前的退休年龄是60岁,退休金优厚

（公务员可获最后半年薪金的75%作退休金）。有数据显示，欧盟一半的财政支出用于社会福利。

高福利制度让财政支出流动性减弱、劳动力成本增加。同时，作为欧洲一体化重要成果的货币一体化，也给欧洲福利国家的传统模式带来了巨大的冲击。

欧元区经济体有其特殊性，这种特殊性表现在它们有着统一的货币政策，但却缺乏统一的财政政策。事实上自1999年欧元启动，并于2002年完全取代欧元区各成员国的主权货币后，各成员国就失去了其独立的货币发行权和控制权，但财政政策仍然属于各成员国政府的职权范畴。由于货币政策由欧洲中央银行统一制定，一旦各成员国发生内外经济冲击，成员国能够运用的宏观经济调控工具就只有财政政策了。

然而，欧洲货币联盟将遵守趋同标准作为各国加入欧元区的必要条件，这对成员国的公共财政产生了紧缩性的效应，各成员国不得不为达标而压缩财政赤字。如此一来，各国对财政纪律的承诺导致了如下两个矛盾：

首先，各成员国失去货币主权后，财政政策便成了促进本国经济增长的唯一的宏观调控工具。但是，为遵守趋同标准，各成员国又受到财政约束，使得各国财政政策可操作的空间大大缩小，难以独立履行促进经济增长的功能。

其次，欧元区国家均为高福利国家，高额的社会福利开支使各国的财政预算经常存在超支的倾向。特别是当经济增长出现衰退的时期，高失业率带来的失业保障金支付总额的上升，会进一步加重当局的财政负担。如果严格履行欧盟所制定的财政规则，必然会带来削减福利开支的压力。在当前民粹政治格局下，从根本上改革福利制度几乎是不可能实现的目标。如此一来，其财政平衡的目标自然也不可能实现。

也正是因此，欧盟虽然订立了《马斯特里赫特条约》，以此来作为成员国的财政规则。同时也订立了《稳定与增长公约》，试图以此来加强对成员国财政状况的监督和对违反财政纪律的成员国进行制裁,但是由于上述原因,这两个条约自订立之日起,事实上就如同虚设。按照条约,欧元区各国政府的财政赤字不得超过当年GDP的3%、公共债务不得超过GDP的60%。一国财政赤字若连续3年超过该国GDP的3%,该国将被处以最高相当于其GDP的0.5%的罚款。且各国也承诺将于2004年达成财政平衡目标。

但事实却是,欧元区各成员国,在财政事实上从来就没有严格地遵守过欧元区的财政纪律。以欧元区第二大经济体法国为例,2003年其公共财政赤字占国内生产总值的4.1%[1],超出欧盟《稳定与增长公约》规定的3%达1个多百分点。而第一大国德国亦是如此:2003年德国的公共财政赤字占其当年国内生产总值的比例为3.9%,连续突破欧盟《稳定与增长公约》规定的3%的上限。

美国的一些学者,如哈佛大学肯尼迪学院资本积累和增长讲席教授杰弗里·弗兰克尔(Jeffrey Frankel)、美国加州大学伯克利分校经济学教授巴利·艾钦格林(Barry Eichengreen)、美国麻省理工学院经济学与国际管理学福特教授鲁迪格·多恩布什(Rudiger Dornbusch)长期以来一直认为:如果欧洲继续维持现行的社会福利制度,那么欧元区这一货币联盟必将失败。

欧元的失败,主要原因在于区域货币一体化与欧洲的高福利制度本身是不具有相容性的。统一货币的运行所造成的财政紧缩问题,对成员国的经济增长和福利制度造成压力。反之,一旦过于顾及经济增长和福利制度,财政政策必然要求宽松,这无疑对货币的统一又构成了莫大的压力。

另一个重要原因则在于强大的欧元与美国的利益不相容。在背负巨

---

[1] 法国2003年财政赤字占国内生产总值4%[N].厦门地方税务局官网,2004-03-04. http://www.xm-l-tax.gov.cn/content/8631.shtml

额债务的大前提下，美国要想维持国家的正常运转，就必须拥有相应的债务资源。对美国而言，它需要的就是巩固目前所拥有的货币优势。但随着欧元的诞生，美国的国际货币地位越来越受到挑战。在短短几年里，欧元就迅速地成长为仅次于美元的第二大国际货币。

欧元的存在削弱了美元在国际贸易中的结算货币地位。对新兴市场国家来说，欧元提供了一种能够替代美元的结算货币选择。由于欧元区主要出口商品品种与美国具有竞争性，欧元结算量的上升也就意味着美元结算量的下降。结算量就是定价权，美元结算量的比重下降导致美国在国际市场上的定价权日益流失。

欧元的出现更是冲击了美元的储备货币地位。自欧元诞生后，其所占全球总外汇储备量的比重就不断上升，与之对应的则是美元的持续下降。根据国际货币基金组织的官方外汇储备构成数据统计，从1996年到2009年，美元在国际储备中的地位经历了一个倒"U"型走势。在欧元正式成立之前和成立初期，美元在国际储备中的地位不断上升，其占国际储备的比重从1995年的59%上升到了2001年底71.5%。可从2001年以后，美元的比重就开始不断下降，截至2010年已经滑落到62.1%。

这一点在格林斯潘的一篇讲话里也得到了印证。2006年12月11日，格林斯潘在以色列特拉维夫一个商业会议上发表讲话称，美元可能继续走低，除非美国经常项目出现赤字的状况发生改变。令其得出这一结论的是："目前已有证据显示，欧佩克成员正开始将其外汇储备由美元转换为欧元和日元等货币。[1]"无论是国际贸易结算货币，还是国际储备货币，其根本还在于债务资源。在目前的这种借款"依赖型"体制下，美国要想维持当前的长期国际贸易逆差和经常账户逆差，就需要以美元不间断地循环周转为保证；而要保证美元不间断地循环周转，就必然要

---

[1] [美]彼得·D.希夫，约翰·唐斯.美元大崩溃[M].中信出版社，2008.

依赖其他国家以商品出口换取美元,再用换取的美元购买美国债券投资于美国。问题就在于此,依赖于这种模式的不仅只是美国一国,欧元区的大多数国家也有赖于此。

这也就是说,欧元的存在和发展,将不可避免地削弱美元在国际货币体系中的霸权地位,使国际货币体系呈现两强格局。这种局面显然不是美国所愿意见到的。货币的主导权,往往直接决定着债务资源。如果容忍欧元做大,对美国而言,购买其债券的会越来越少。在有选择的基础上,买家在债券买卖上的议价能力也将越来越强大,其债务的成本无形中被拉高,这与美国的利益是绝对冲突的。

为了保障债务资源,美国必须延续其金融货币霸权所赋予的"结构性权力",继续把持国际货币体系的主导权。在这样的语境下,作为最有力的潜在竞争对手,可全面挑战美元霸权体系的欧元命运是显而易见的了。

美国对其采取的手段是,定期或不定期地利用欧元区国家的债务危机,轮番对欧债制造动荡,以此来打击欧元,借此制造一个比美国国债还烂的债券。只有这样才可让金融市场在坏与更坏的烂苹果之间选择一个相对较好的,使资本大量回流美国本土。

长此以往,其必然的结果是,美国通过不断的借新债还旧债来避免其出现偿付危机。而欧洲,由于债务资源被美国抢走,在债务到期日又无法筹借到对应的新债时,随时都可能出现偿付危机。更重要的是,一旦这种债务依赖型经济模式走到了尽头,包括中国在内的国家和投资者再也不肯购买它们的债券时,如尼尔·弗格森所说的,"美国还控制着美元,它可以大量发行美元来减少其债务,但处在欧元区的希腊和其他国家却无法效仿"。这种不相容性,再次决定了欧元必然崩溃。

假性繁荣的危害

当然,欧元于近期内崩溃的可能性不大。

首先,基于欧元对欧洲一体化的极端重要性,欧元区不可能不全力救助。

其次,美国虽然存心打压欧元,但欧洲对美国经济而言,又不可或缺、极端重要。截至2010年底,美国对外直接投资总存量5.27万亿美元中,2/3投向发达国家,其中最主要的市场就是欧盟。这也就决定了,他们二者间也必然被迫合作。

其三,由于欧盟对世界经济和货币体系具有极端重要性,国际货币基金组织也不得不竭尽全力对其进行救助。

其四,包括中国在内的新兴经济体为避免美元一家独大,从制衡美国的角度出发,也必然会出手相援。

更重要的是,到目前为止,欧盟本身还有办法解决,那就是学习美联储的榜样,让欧洲央行像美联储那样开动印钞机。事实上,欧洲央行也的确是这么干的。虽然欧洲央行不是美联储,在一个有着17个独立财政部的货币体系下,欧洲央行释放流动性的局限性远比美联储这样的单一国家要巨大得多。

无论是米塞斯于20世纪20年代,还是弗里德曼于20世纪60年代,或是20世纪90年代至今的各国实践都证实,货币与财政刺激的初始阶段无不是积极的。虽然这种烂招被重复地使用而出现了明显的效用递减的现象,但不可否认的是,它多多少少还是会发生一些作用。这就如日本,得"益"于货币及财政刺激,它"赖"活了20年,并且在这20年里,因为刺激政策还出现如下图所示的1995—1997年及2002—2004年的两拨小繁荣。

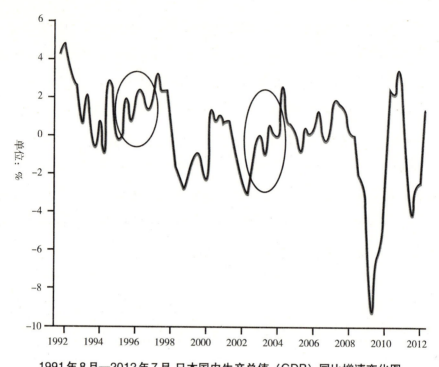

1991年8月—2012年7月 日本国内生产总值（GDP）同比增速变化图

数据来源：日本内阁府

在美国，随着政府的救助，家庭和企业"去杠杆化"的进程放缓。2009年以后，美国金融和居民部门的债务水平已经大幅降低，这预示着私人部门将开始有更多的意愿借贷，经济也将得到一定程度的恢复。我们甚至认为，在未来的一段时间里，美国的经济还会有点小舒服，像日本所经历的小繁荣一样。

而自金融危机以来，欧元区除了政府部门外，其他各经济部门的资产负债表情况变化不大，这表明欧元区还没有经历严肃的"去杠杆化"过程，这也预示着欧元区未来或将经历一轮大规模的去杠杆化的过程，并像美国和日本一样，在政府积极的财政政策和宽松的货币政策双重刺激下，伴随着金融和居民部门的债务水平下降，其经济也会出现一定程度的恢复。

但表象绝不代表事实。这种假性繁荣的最大危害就在于，很容易让人们产生幻觉，而令人们特别是那些当权者自满和麻木，以为这种应对是有效的，从而加剧了本已恶化了的结构性问题，为另一场严重得多的灾难埋下了伏笔。

1992年，弗里德曼在其发表的一篇论文里，提出从货币供给扩张到它对通胀产生最大影响的时滞公式。他认为货币刺激的初始效应是正面的（提高Q），也就是经济从复苏到繁荣。只有到了后期，过量刺激才显现出负面效应（提高P），也就是通货膨胀显露出来。他给出的时长间隔为：M1，平均为20个月；而M2，则平均为23个月，具体演化公式如下：

$$MV \to Q \to P$$

在该公式中，M代表货币流量，V代表货币流速，Q代表商品数量，P代表商品价格。一旦通货膨胀全面到来，也就意味着，我们离新一轮的经济危机不远了。

现在的问题是，为什么人为刺激虽然能够产生繁荣，但最后的结果必然是衰退和萧条？

政府对市场进行货币干预，将直接导致银行对商业信贷的扩张。当中央银行印制新的货币从而提高了货币的发行量——现在通过降息与下调准备金率都可以实现——并把它投向商业领域，这会发生什么情况呢？正如密西西比泡沫的总导演约翰·劳所供认的——扩大货币供给量首先能够降低利率。

商人被银行的信用扩张所误导，他们错以为银行体系的储蓄资金要高于它实际的数量，所以他们开始大量借入这些便宜的资金。但人们对未来经济形势发展的不确定强化了他们的储蓄诉求，同时货币传导也存在着明显的时滞影响，因而货币供给的增长很难在短时间内传递到总需求，特别是日常的消费需求上来。这就决定了，人们出于应付日常的商品交易，而需要持有的交易动机的货币需求很难在短时间内上升[1]。

在这样的环境下，商人不得不拿着他们新得来的便宜的资金，从日常的消费品行业，转移到那些远离消费者的，像股票、房地产这样的资本商品行业。

但这些货币带有某种黏性，新的货币必然会由商业贷款人手中，渗透到生产的各环节中。商人们将大量便宜的资金投向房地产业和股票市场，以股票、房地产为代表的风险资产的价格开始上升。那些在资本市场募集到了资金的企业，也将扩大它的产能，譬如，房地产开发商将为满足投资者的需求，而建更多的房子，这又必然会带动它的上下游相应产业。如此一来，在该领域资产价格上涨的直接带动下，经济增长开始加速。这也就是弗里德曼所指称的货币刺激的初始效应——正面的（提高Q）。

但也正是这种黏性，新的货币将从风险资产价格的上涨中渗透到生产生活的各环节。募集到资金的企业扩大产能，就会形成用工、用地的需求。这种需求会以工资、房租的形式，传导到人们的生产生活中来。随着经济从复苏步入繁荣，就业形势好转，工资开始增长，人们的日常消费需求得到恢复，食物价格和出行成本也开始慢慢上涨。这时，弗里德曼所指称的刺激的负面效应（提高P），即通货膨胀，也就显露出来了。

为了应对物价的上涨，人们不得不减少投资支出，增加消费支出，也就是人们需要持有更多的具有交易动机的货币，这也就导致了交易功能的货币需求上升。人们对原有的均衡状态重新确定。这时，为了让货

---

[1] 张斌. 宏观经济进入新的三部曲[R].中国社科院职务报告.2009.08.

币市场恢复均衡，就需要风险资产价格下降，以此来减少其对货币的需求，进而满足实体经济中对交易性货币需求的增加。

但可惜的是，这个时点上的商人们，受信用扩张的误导，将太多的钱放在股票、房地产等高级的资本商品里面，而这类商品的生产要得以顺利维持，就必须伴随着较低的时间偏好，或者是大量的储蓄。以"投资/消费"比值为尺度的时间偏好已经上涨[1]，人们需要更多的钱去应付日益高涨的通货膨胀，利率也开始上涨。这样一来，那些高级生产领域的商业投资，因为缺乏新资金的加入和资金成本的上涨而难以为继。

如此一来，"繁荣"也就会随之停止，"危机"不期而至。如果想避免经济危机，只有一个办法，那就是不断地增加货币供应量，依靠加速度的通货膨胀、持续地扩大银行信用来提供资本，增加投资，维持"强迫性节约"状况下的经济均衡。但正如哈耶克所指出的，这个办法在理论上可行，在现实世界却是行不通的。2006年时，我就强调过，信贷不可能永远无限制地扩张下去，一旦信贷收缩，那些本来不应该投资、消费的项目就会无以为继，结果就是衰退，就是失业，就是经济的全面危机。

支撑这一判断的还有卡莱茨基的经济政治模型，事实上他的这套理论也得到了历史上历次经济波动的验证，特别是最近20年来的美国。克林顿在老布什任期末的经济衰退中以"笨蛋，经济问题才是关键！(It's the economy, stupid！)"而上台，在其任期内是长达六七年的互联网繁荣，但当他的第二任任期即将结束时，美国因互联网繁荣而催生出的股市泡沫也随之破灭。在这样的背景下，小布什上台，凭借在其任

---

[1] 投资与消费的比值，是最能够反映出时间偏好的。人们投资/消费的值很高，说明人们的时间偏好较低。这时，生产结构以及资本结构被扩大了。当投资/消费的值变低，说明时间偏好变高高，这也就决定了纯利率也会随之上升。市场中最后的利率，是由纯利率加上或者减去企业风险和购买力成分而得出的。

内出现的长达5年的房地产繁荣，替其父报了一箭之仇。但也正如大家所见，在其即将结束任期时，贝尔斯登和雷曼兄弟等金融机构却因次贷泡沫而倒闭，并引发了2008年的金融危机。

通过分析大量的经济学经验，我们可以发现，主权债务稳定性的临界点为债务/GDP的值为60%。当一国债务负担率超过90%的时候，经济的长期增长率将会因此而下降1%以上。那么当前世界经济处于何种境地呢？且让我们回顾一下，2006年，全球国家债务总量仅为7万亿美元，其中绝大部分为日本债务。根据国际货币基金组织现有数据和未来发展所做的数量模型可以得出，到2016年，债务总量会达到28万亿美元！这意味着发达国家将要在未来的四年削减近28万亿的债务，这可能吗？当然不可能。

基于上述理论模型，我们更倾向于认为，在下一个大选年的2016年，下一轮危机将因欧元解体而全面爆发。

那么，我们该如何来避免这种情况的出现，有什么工具和办法足以帮助我们克服未来的麻烦呢？

第6章
复苏之路——创造性破坏

创新，不仅带来新的产品与服务，开创新的市场，产生新的价值，同时也在取代旧有的产品与服务，占领旧有市场，毁灭掉旧有的价值。这种优胜劣汰、新陈代谢式的替代，使市场经济始终处于动态过程，令市场充满了创造力，并刺激收入迅速增长。在熊彼特看来，创新是市场经济社会发展的根本动力，而创造性破坏则是创新的内涵和结果。

辜朝明的馊主意

对于当前这种产能严重过剩、资产负债表严重衰退的困局，我们该如何应对呢？我想，辜朝明给出的解决方案一定是积极的财政刺激政策。

辜朝明认为，日本之所以会出现经济衰退，其根源就在于"日本的私营企业认为，他们有着'理所当然'的责任去偿还那些积欠的债务"。在他看来，正是私营企业的这一举措，最终导致了严重的合成谬误（Fallacy of Composition），进而令整个日本经济陷入严重的衰退之中。

这里首先要解决的一个问题是，什么叫"合成谬误"。合成谬误是萨缪尔森(Samuelson)最早提出来的。在由他与诺德豪斯共同编著的《经济学》一书里，他是这样写的："某一原因对个体来说是正确的，而据此认为对整体来说也是对的，这就是合成推理的谬误。[1]""合成谬误"这一观点在经济学界流传甚广，人们十分肯定地认为，微观上是对的东西，在宏观上并不总是对的。

也就是说，包括企业在内的私人部门为修复其资产负债表，而做的"去杠杆化"的努力，就其自身这一微观个体而言，其合理性毋庸置疑。但这一无可指责的正当行为，在宏观上却导致了灾难性后果的出现——日本经济全面萎缩，甚至可能像1929年的美国那样，发生严重的大萧条。

"美国大萧条期间，在资产价格暴跌摧毁了与1929年美国全年国民生产总值相当的国民财富之后，美国的国民生产总值下降了46%。而这种情况在日本却并没有出现。"是什么让这种可怕的后果在日本能够得以避免的呢？在辜朝明看来，正是因为日本政府采取了与私营企业完全相反的行动。日本政府通过"理所当然"地实施财政刺激政策，令日本在遭遇经济危机时，成功地阻止了国民生活水准灾难性的下降，并最终阻止了像美国20世纪30年代那样的经济末日的到来。辜朝明对这种政策大加赞美，在其著作中，他饱含深情地写道："日本的财政刺激政策，可以被称为人类历史上最成功的经济政策之一。"

既然在他看来，这一政策是如此成功，那么，他给当前的经济困境开出一个积极的财政刺激的方子，我想一定不会意外。

针对2008年的危机，克鲁格曼曾提出"以财政刺激为主的处理当时的金融风暴"的建议，被张五常教授批评为是"行不通的"。同样，我们亦可说辜朝明的建议就是个"馊主意"。对于政府的收支态度，我赞同张五常教授的观点，不管宏观层面还是微观层面，一个原则是很重要的："花钱要

---

[1] [美]保罗·萨缪尔森,威廉·诺德豪斯.经济学[M].人民邮电出版社，2008.

有所值，不值得花就不要花。多花不值得花的钱，早晚会闯祸。那些对政府究竟可以花多少、把财政赤字推向后代可以推多少的分析，在理论上或许可行，但绝不值得推广。国债这回事，不是推到后代那么简单。[1]"

一次次的财政刺激，一次次地把责任推给后代，其结果必然是债务泡沫加速膨胀。2006年，全球国家债务总量不过7万亿美元，到2016年这一数额将会达到罕见的28万亿美元，甚至更高！当年导致雷曼兄弟破产的债务总额不过700亿美元，如今将世界经济搅得一团糟的希腊债务危机债务总额亦不过接近4000亿美元，它们的债务量相比于28万亿美元的债务总量不过是冰山一角而已。但纵是如此之小的额度，就已令世界经济为之寒风萧萧，那么，28万亿美元的债务会给世界经济带来怎样的震撼和破坏呢？

更为致命的是，世界各国有意无意地践行辜朝明和克鲁格曼的馊主意，导致我们的债务，特别是政府的公共债务加速度地膨胀。我们来看一个数字：在我写作本章的时候，美国的公共债务已经高达到15 944 869 685 932美元，而其突破15万亿美元这一整数关口的时间是2011年11月16日。短短一年的时间，新增债务额就高达1万亿美元。可见，世界债务泡沫正在错误的应对中加速度积累。既然是泡沫，就一定会破灭，对于这种必然，没有侥幸可言。

战争

有人可能会对上述说法提不同意见，因为在辜朝明的著作中，他还提及了资产负债表衰退的另一个案例，那就是美国20世纪30年代的大

---

[1] 张五常.多难登临录：金融危机与中国前景[M].中信出版社，2009.

萧条。在这场危机中，正是时任美国总统的罗斯福采取了积极的财政刺激政策，才将美国从大萧条的深渊里解救出来，从而拯救了整个世界。这一成果无不向人们昭告着，政府采取的财政刺激是有效的。

但是，那是一场莫大的误会，或者说是一场弥天大谎。罗斯福新政将美国经济害得几乎破产，为了应对经济的崩溃，政府大量投资，这又加剧了原本已经恶化的供需结构，使得产能严重过剩。读过与罗斯福相关的传记我们就知道，那场危机最严重的时期是在1937—1938年间。罗斯福总统不得不承认，1938年的美国"消费者购买力薄弱得令美国经济因消费者需求不足陷入困境"！作为重要佐证的是，美国总统前经济顾问理事会主席克里斯蒂娜·罗姆（Christina Romer）的一篇文章中所提到的，1937年至1938年间，第二次严重的经济衰退阻碍了经济的增长，失业率复飙升到19%。下图是罗姆博士给出的1930—1940年间美国的失业率。

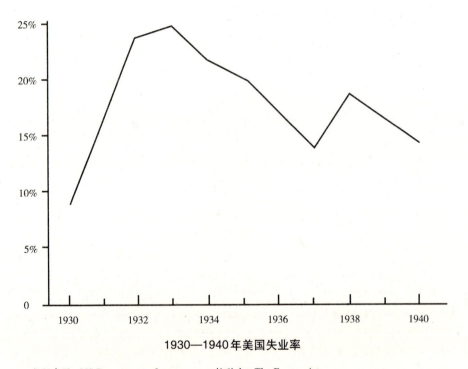

1930—1940年美国失业率

数据来源：US Department of commerce，转引自：The Economist

然而，罗斯福很幸运，财政刺激政策也很幸运。随着战争的扩大，各交战国庞大的近乎可怕的战争物资需求，让美国的那些过剩产能得到了充分利用。深陷战争的英国、法国、中国和日本（日本之所以要与美国交战，原因就在于美国拒绝再为他提供物资，日本认为美国的这一行动伤害到它的利益）等国外市场的购买力，填补了美国国内薄弱的消费力，美国经济因海外消费者需求增强而走出困境！在第二次世界大战正式爆发后的几年里，美国企业为全力应付海外的战争需求，马达24小时连轴转，不但产量为之激增，失业率也从1938年的19%急降至1%强。

很多人被假象所蒙蔽，他们认为经济的繁荣是罗斯福新政的功业、是凯恩斯主义的成功[1]。但殊不知，救了美国经济的，不是罗斯福的新政，不是凯恩斯的干预需求面，不是积极的财政刺激政策和宽松的货币刺激政策，而是破窗理论，是战争。

为什么自罗斯福总统而始的政治人物们会对凯恩斯如此之推崇呢？其实原因很简单，凯恩斯的这一套理论帮那些掌权者们将操控经济的大权，从亚当·斯密所指称的那只"看不见的手"那里夺了回来。对于这样的好事，掌权者岂有不欢迎之理？

但也正如凯恩斯所指出的，经济危机本身并不可怕，它的到来令我们损失的不过只是金钱而已，因它所衍生的社会危机、政治危机、民族和国家间的信任危机以及战争才是最可怕的。然而，具有讽刺意义的是，正如第二次世界大战之于美国的大萧条一样，有时候，战争不失为一个

---

[1] [加]康拉德·布莱克.罗斯福传：坐在轮椅上转动世界的巨人[M].中信出版社，2005.
有人认为罗斯福新政与凯恩斯主义并没有太多内在的联系，因为凯恩斯的《通论》是1936年才出版的，而罗斯福的新政明显早于此。对于这一糊涂观点，《罗斯福传》的作者康拉德·布莱克认为，罗斯福尽管没有读过凯恩斯的原著，但他对某些变化是敏感的；而且随着他同智囊对萧条的探索，他的敏感加强了。凯恩斯通过信件、访问白宫、与总统的智囊团进行学术交流等方式，不时地将自己关于摆脱萧条的研究心得和有效需求理论有效传感给对方，加强了总统做他将要做的事情的意向。

解决经济危机的办法,尽管这种方法很不人道,也不经济。

2010年10月,在华盛顿的一个经济论坛上,在对未来的前景发表观点时,分属于自由派的克鲁格曼和供给学派的马丁·费尔德斯坦(Martin Feldstein)一致认为,能够刺激经济的必要的财政和货币政策已经失去了可能。对于目前如此严峻的经济前景,解决的对策完全缺乏,只有再打一场大规模的战争,否则没有办法让国家走出困境。这两位经济学家过去经常就有关财政和税收政策的政治意见相左,这次意见却难得高度统一。

"战争解决论"的核心是通过战争的手段,实现对现有"过剩产能和债务膨胀"这一格局的破坏,只有将这一死结剪掉,才有可能在此基础上实现增长。正如黑兹利特(Hazlitt)所提到的,顽劣的小孩打破了窗户,必将导致房主去更换玻璃,这样安装玻璃的工人和生产玻璃的工人就可以开工,工厂将形成生产需求,进而带动上游产业的工人开工。这些工人的开工使得他们有机会赚取更多的收入,这样又会扩大他们的消费需求,进而又导致其他产业的开工,由此推动整个社会的就业和经济的发展。

这种解决办法,虽有助于人们打破那种令人窒息的僵局,但其弊端也是显而易见的。它并不能为社会带来真实的财富增长,事实上这种方法往往是创造1%的GDP,却消耗至少2%的存量资产。有一个有关宏观经济学的笑话,是关于如何达成GDP快速增长的。有一个经济学家告诉提问者说,把你家的房子推倒,再重新在原址上建起来,通过这种简单的方式,GDP就能得到快速的提升。而战争正是这种方式的加强版,这一解决之道的确能够实现对现有格局的破坏,但这种破坏是一种纯粹的消耗型的破坏,是只有破坏而绝没有创造的破坏。更重要的是,这种破坏漠视人的生命权。可见,这一解决方案显然不是个好办法。

不能通过战争来解决,那么目前严峻的形势是否就真的如同他们所说的"解决对策完全缺乏"了呢？对此，我倒是远没这么悲观，解决的对策并非完全缺乏。

创造性破坏

在前文，我们已经提到过，我们当前所面临的困境，归根结底是因为创新停滞而导致的生产力的下降。对症方好下药，找到了问题所在，那么解决起来自然也就容易得多。当然，也有把对了脉而开错了方子的，譬如我们的辜朝明先生。那么，我们恰当的应对之策是什么呢？创新的先知熊彼特已帮我们给出了解决方案，那就是创造性破坏。

什么是创造性破坏呢？对此，约瑟夫·斯蒂格利茨（Joseph E. Stiglitz）在其专著《经济学》一书中所做的论述非常有意思："在过去一个世纪改变了世界面貌的所有发明中，也许没有一种发明能像汽车那样产生过如此深远的影响。它改变了人们如何以及在何处工作、生活和娱乐。但是与其他重大的创新一样，它在为某些人带来新机会的同时，却给其他人带来了灾难。一些职业——比如马车生产者——不得不转产（成为汽车车身的生产者）或停业。但是那些从新产业中获得好处的人之所得远远超过受到损害的人之损失。[1]"

通俗来说，一个企业如果坚持生产消费者不感兴趣的东西，比如在一个人人都使用汽车的大时代，却还在拼命扩大产能，坚持生产马车，那么命运是可以想见了——它必然会破产，它所占用的资本和人力资源会被其他更具眼光的企业家所用。就微观个体而言，破产对破产者是悲剧；但从宏观角度来看，对整个社会却是福音，因为破产使得资源流到了善用者

---

[1] [美]约瑟夫·斯蒂格利茨.经济学[M].中国人民大学出版社，2000.

和创造者手中，使有限的资源得到了最优的配置。对这种既创造又毁灭、其创造所产生的社会公共收益远远大于毁灭的损失的现象，如汽车取代马车，熊彼特将其称为"创造性破坏(Creative Destruction)"。

在熊彼特看来，市场经济之所以成功，一个重要的原因就在于这种创造性破坏。而它也正是资本主义的本质事实。这种结构的创造和破坏，主要不是通过价格竞争，而是依靠创新的价值竞争实现的，它不仅带来新的产品与服务，开创新的市场，产生新的价值，同时也在取代旧有的产品与服务，占领旧有市场和毁灭掉旧有的价值。正是这种优胜劣汰、新陈代谢式的替代，使市场经济始终处于动态过程，令市场充满了创造力，并以此刺激收入迅速增长。创新是市场经济社会发展的根本动力，而创造性破坏则是创新的内涵和结果。

创新是指一种新的生产函数，或者说是生产要素的一种"新组合"。生产要素新组合的出现会刺激经济的发展与繁荣。当新组合出现时，老的生产要素组合仍然在市场上存在，新老组合的共存必然给新组合的创新者提供获利条件。也就是说，每一次大规模的创新，都意味着旧的技术和生产体系被淘汰，新的技术与生产体系被建立。

可一旦新组合的技术广泛扩散，并被大多数企业获得，也就是说新组合不再是新组合时，这一创新的最后阶段——停滞阶段也就临近了。在停滞阶段，因为没有新的技术创新，很难刺激出大规模的有效投资——注意，是有效投资，而不是我们当前所做的错误投资，如明知钢铁产能严重过剩，还上马湛江钢铁项目——从而衰退难免，萧条发生，直到旧的结构中，再次革命性地创造出新的结构，实现新的组合。

这种新旧结构的交战，导致了经济的周期性波动。

回顾历史，我们不难发现，历史上的每一次繁荣和萧条，都是以重大的创新和它的停滞为标志的。也正因为如此，我们大抵可以将历史上的繁荣划分为四个长周期：

第一个长周期从18世纪20年代到19世纪40年代，是"产业革命时期"；

第二个长周期从19世纪40年代到19世纪90年代，是"蒸汽和钢铁时期"；

第三个长周期从19世纪90年代到20世纪60年代，是"电气、化学和汽车时期"；

第四个长周期从20世纪60年代到现在，是"计算机及其衍生的互联网时期"。

第一、二波长周期，无疑是打破封建时代固有的小农生产模式、社会分工和规模化生产的结果。它们离我们所处的时代有点远，我们单就第三、四波长周期中的波动即中周期进行分析。

从美国的经济史我们可见到，从1901年开始到今天，美国共经历了4个繁荣波动，这包括：

20世纪初，托拉斯主义兴起。《纽约时报》发表社论称，新经济到来了，这是"利益共同体"的时代，人们希望它能够避免以前在经济萧条时期发生的毁灭性的削价和破坏……相互竞争的铁路正通过合并或租借的形式，实现成本的降低和降价的终止。

这一切发端于越洋无线电传输成功所引发的新科技主义浪潮。1901年，纽约州水牛城举行的泛美博览会将高科技作为了一个重点。人们正在谈论着，火车以每小时150英里的速度飞驰；报纸出版商只需要按下电钮，自动化设备就会完成其余的工作。

20世纪20年代，经济繁荣。1925年，有媒体感叹："现在看不到有什么东西可以阻碍美国享受贸易史上的繁荣。"评估公司穆迪的老板约翰·穆迪（John Moody）在他发表于1928年的文章里写道："我们也许只是刚刚开始发现，自己所处的这个现代化文明正处于自我完善的过程中。"

而对于这轮的繁荣，查尔斯·A.戴斯（Charles Amos Dice）在《股市新高》（New Levels in the Stock Market）一书里，试图这样来解释：

我们现在处于一个新世界，批量生产的技术、大型研究部门、电气时代的开始，南方工业化、大规模生产以及农业的机械化，构成了我们现在的工业的新世界；分期付款的扩展、连锁店的壮大、刺激消费的广告和新的市场研究方法，构成了我们现在分配的新世界。

20世纪五六十年代，新经济时代的感觉又一次弥漫。《美国新闻及世界报导》(*U.S. News and world Report*)在1955年5月的一篇文章中说：人们信心高涨，对未来无忧无虑。而这一波繁荣与电视的普及有莫大渊源。1948年只有3%的家庭拥有电视，1955年达到76%，电视是一种能够激发几乎所有人想象力的生动的技术创新产品，它证明了技术进步的存在不容忽视。而同时高速公路网的建设对美国经济的影响也不容忽视，这项工程由1956年开始建设，大大地改变了美国经济，它使人们开始离开大中心城市，将郊区作为活动的中心。也因为它，企业降低了运输成本，提高了生产率。它的出现使得零售商在地理上扩大了销售覆盖率，也同时加剧了零售商之间的竞争，带动了上游的工业。

20世纪60年代到现在，经历着全球化的发展、高新技术（计算机）产业的繁荣。[1]迈克尔·曼德尔 (Michael Mandel) 在他的《新经济的胜利》一文里，把这种繁荣归因于"全球化的发展、高新技术（计算机）产业的繁荣"。我们可以将这一周期做如下划分：第一中波是以IBM在1961年开始的，耗资达50亿美元的360战略为发端的硬件革命；第二中波是以微软公司在20世纪80年代崛起为发端的计算机大周期的软件革命；第三中波则是由20世纪90年代开始发端的互联网应用革命。

从上面的简述中我们不难发现，经济的每次周期性波动都与创新有莫大关系。这也正是创造性破坏理论的关键所在：创新的停滞意味着可

---

[1] 迈克尔·曼德尔.新经济的胜利[J].商业周刊(中文版)，1997 (05).

预期的萧条。当然，这句话也可以反过来陈述为：每一次的萧条都包含着一次创新的可能。这种可能是建立在对竞争的保护、对"创造性破坏"的保护这一基础之上的。一百多年来，汽车产业一直是美国的支柱产业。在大众的心目中，福特和通用简直就是美国工业化的化身。可如果当初美国致力于保护传统的马车业，今天也不会发展起称霸半个世纪的汽车产业。

以错误认识为根基的必然是错误的应对。就2008年的危机，对于那些弱不禁风、高杠杆投资的企业和房地产投资客而言，最好的办法就是让他们接受一次危机的洗礼，让那些近年来不计后果的投资付出代价。但事实却是，包括美国在内的世界各国政府以防止危机扩大为由，采取了另一条截然不同的路径，即对这些错误的投资予以强力干预和拯救。这一措施，只会让这些企业和投资者成为依赖政府无休止援助的"僵尸"，譬如，美国汽车产业的代表克莱斯勒公司。

美国离不开克莱斯勒公司吗？不，恰恰相反。熊彼特在他的另一本书《经济周期》里曾指出，转变传统生产方式是极度困难的，其中一个重要的原因就在于，那些在生产方式转变中丧失利益的人们会奋力保护自己的文化和地位。正是这些缺乏创新但仍奋力保护自己地位的公司，占用了稀缺的资本和人才，才使得那些本可以发展的企业步履维艰。

那么，美国离得开汽车业吗？对于这个问题，我们无须直接回应，只需反问，当年美国离得开马车业、离得开电气业吗？既然当年离得开马车业、离得开电气业，那为什么今天就离不开汽车业呢？

改变社会结构的经济创新，是一个漫长的、痛苦的"创造性破坏"过程，但我们不能因为这个过程漫长而痛苦，就无限期地维持旧有产品与服务，无限期地维护旧有的市场和旧有的价值。这种做法不仅没有必要，而且是徒劳，就像日本，结果只能是将自己陷入长达20年的困境之中。

扫清制约因素

生产力的下降,才是当前经济问题的首要源头。但我们不能就此而忽视了其他几项影响要素,譬如过度负债消费、过度福利、过度衍生金融等,它们与生产力的发展之间往往互为因果。要想为当前的经济寻找一个根本的解决之道,提高生产力的创造性破坏固然是关键,但为其扫清那些制约其发展的因素,如过度福利、过度负债也是必不可少的。

缩减福利支出

现代福利制度,无论从哪个角度而言,都是社会主义运动的结果。追根溯源,让我们从认识现代福利制度之父霍布森开始。霍布森(John Atkinson Hobson)是英国政治思想家、经济学家,1858年7月6日生于英格兰一个富有家庭,毕业于牛津大学,毕生从事教学和研究工作,积极投身于英国社会改良运动。

对于经济的波动,霍布森认为是需求不足的缘故。他认为,出于对未来不确定的担心,人们总会把收入的一部分储蓄起来,而后才投资到新的产能上去。工薪族的储蓄并不多,但资本家富裕,这自然就会导致投资过量。

基于这种认识,他主张动用国家力量,实施强有力的干预。强化国家作用的目的是为了更多地缓和社会的不平等,更多地提供社会福利。为了实现公共利益,个人应当服从统一体的规划,服从国家对社会生活的干预。社会政治问题的根源在于经济问题。为了消除日趋严重的社会问题,必须进行一系列社会改革,社会福利问题是改革的中心点。国家要发挥积极作用,制定全面的福利政策,兴办多种福利事业,实行失业救济、免费医疗、老年抚恤和业余教育,改变不合理的财富占有和不平等的收入分配。

他在1889年出版的《产业生理学》（The Physiology of Industry）一书中首次解释了"需求不足"这一观点，一直到1910年，他仍然在其他一些著作中对此进行详细说明。他还提出了激进的解决方法：对公司课征重税，或者进行国有化，用这些收益来提高需求。

霍布森主张实行"有限的社会主义"，也就是"自由的社会主义"，这种自由社会主义实际上是自由主义和社会主义趋同的产物，也可以说是二者的中间道路。他的这一思想是今天澳大利亚工党陆克文们所提的"第三条道路"的重要思想来源和理论基础。霍布森的社会改良主张促进了西方"福利国家"政策的制定。

但他在世时是一个"彻底"的失败者。这些"激进"的观点，让他在商业界与学术界背上了接近于马克思主义者这样一个"坏"名声。就在他的书出版后不久，当局就以他有激进革命者倾向解除了他的教职，而坚持亚当·斯密主义的杂志《经济学家》（The Economist）亦把他当成马克思主义者的同路人来看待。这位可怜的先生再也没有获得任何学术性的职位。而同时他又刻意与马克思主义分子保持距离，如此一来，他落得左右不是。

需求不足，政府必须予以干预，这样的理论让霍布森吃尽了苦头，但同样的观点却让瓦蒂尔·卡钦斯和威廉·福斯特这两个美国人，获得了好名声。社会对学术、思想的包容差异，或许正是美国与英国国际地位异位的根本原因所在。

当然，霍布森的失败也可以将其归结为生不逢时，他的学术观点提得太早了。事实上他的需求不足和国家干预，在30年后被凯恩斯全盘接受，并予以系统化。凯恩斯主义得到了学术界和政治界的高度重视，并且成为经济政策的指导思想。

亦无可否认，霍布森的福利主义为欧洲的社会稳定做出了巨大的贡献。但这种稳定也付出了昂贵的代价，那就是高福利支出所带来的庞大的债务。

另外，常常被人们所忽视的是，福利主义对社会和经济还有另一项严重的伤害：

44岁的法国男子提尔里，开一辆黑色阿尔法·罗米欧豪华跑车，住在可以俯瞰网球场的上流社区公寓中。然而令人目瞪口呆的是，提尔里竟是一名"超级懒虫"——在他18岁后的整个26年的成年生活中，只工作了31个月，其余的日子他一直靠政府救济生活！事实上，在法国大约有着2200万人像提尔里一样，无须工作仍可体面生活[1]。

这样的例子不仅在法国存在，在欧洲存在，在整个欧美发达经济体都普遍存在。要想走出当前世界经济的困境，整个世界，特别是欧美有必要重新检视福利主义，我们必须在稳定和可持续发展中找到一个平衡点。否则，为了稳定，牺牲可持续性发展，只会为未来酝酿出更大的不稳定。

从现实的角度看，目前对高福利所能够做的就是，首先要彻底地端掉不生产只享乐的体制病灶，激励工作的积极性，以此来提高社会生产率，促进社会的发展，为未来创造更多的财富。同时，对诸如养老金等项目予以适当压缩，从过度福利重新向基本保障回归，以此来减少债务；迫使人们不对未来做不切合实际的预期，积极储蓄。如此一增一减，或能在未来一段时间将高福利所带来的债务问题成功化解。未来的日子可能比以往要辛苦，但这却是对以前挥霍的补偿。

恢复信用

信用指的就是社会成员之间普遍拥有的信任。信用显然是建立社会秩序的主要工具之一。展示信任中的利益交流，显示自己是可信的，对

---

[1] 袁海.钻法国福利制度漏洞"懒虫"，自传竟成畅销书[N].羊城晚报，2006.10.10.

信任的接受与互换，都在致力于强化和普及社会关系，这种社会关系证明既是机会也是约束（至少在长期的关系中）。因此，社会控制的要素是从信用关系之中建立的。

信用同社会秩序有着极其密切的关系，在社会秩序的建立中扮演重要的角色。当前无论是国内还是国际的秩序，都建立在信用这一基础之上。我之所以敢买你的商品，是基于我对你的信任，而你之所以敢收我交付的货币，则是基于你对这个国家的信任。这种彼此间的信任如果消失，我对你出售商品的质量、数量及价格极端不信任，同时你也对我持有的货币不再信任，那么可以想见，整个商业活动将会受到致命的打击，社会也将无法进行正常的运转。

但不幸的是，世界正迈步在这条肮脏的大道上。

美国市场一直被投资者看作"安全的港湾"，美国经济被称为标准的信用经济，以其透明度和稳定性受到赞誉。但安然、世通、麦道夫等全球一流大公司的财务欺诈丑闻一批接一批地曝光，美国的信用桂冠落地，西方资本主义世界对此大为震惊。

信用危机对经济的打击是严重的。首先，它对人们的心理造成致命的打击。一方面，它摧毁了投资者对政府宏观监控的信念。麦道夫骗的都是世界上顶级的人、顶级的机构，包括汇丰银行、诺贝尔奖获得者、大导演斯皮尔伯格，那么华尔街谁还能相信谁？[1]

另一方面，它也摧毁了股东与经营者之间的信任。公司管理人员利用漏洞，将股东所委托他管理的公司，变成了为其自身牟利的工具，显然这是道德所不能接受的。

其次，信用危机已经成为危及资本主义经济的一颗毒瘤。它严重侵蚀经济肌体，使经济大厦基石动摇。克鲁格曼指出："也许数年之后，

---

[1] 麦道夫骗局曝光：华尔街内还能相信谁？[N].央视国际，2008-12-19.

人们会说是安然公司而不是'9·11'事件成了美国社会的巨大转折点。"

信用危机显然没有因为安然和世通的破产而终结，事实上2008年以来的金融危机和目前仍在不断发酵的欧美债务危机，亦可归结为一系列个人、企业、行业、国家信用危机的集中爆发。

随着金融危机的爆发，大量的个人投资者开始赖账，他们拒绝再为他们所购买的房子负责，这是信用丧失的表现。而麦道夫骗局的暴露，亦是信用危机的显现，是信用泛滥的必然结果。那么是什么促成了信用的泛滥呢？

穆勒认为关键在于泡沫。他在令其名扬于世的经济学著作《政治经济学原理》（*Principles Of Political Economy*）一书中这样写道："当泡沫形成后，信用便急剧扩张。患有这种传染病的人不仅比平时更自由地使用信用，而且他们实际上也具有更多的信用，因为他们似乎在赚得巨大的收益。也由于当时流行的一种轻率的爱冒险的情绪，使人们愿意比其他时候更多地提供和取得信用，甚至向没有资格取得信用的人提供信用。[1]"

从这点可见，信用危机的根源在于信用的泛滥，而信用的泛滥又归根于泡沫经济，泡沫经济的根源呢？无疑还在于我们的货币政策。货币之所以泛滥，其根源又在于我们的福利制度，和战争所制造出来的巨额债务。问题又一次回到了原点。

欧美债务一直陷在借新还旧的窠臼里。以美国为例，其数十年主导世界政治经济，国强民富，国民享受着优越的生活，其债务偿还能力本不成问题，但政客们的民粹主义令各界政府都舍弃了财政解决之道，而依赖于货币政策，也就是通过财政部发债、中央银行印钞、本币贬值、通货膨胀等做法摆脱债务困境。但这一种做法，无疑只会进一步恶化我

---

[1] [英]约翰·斯图亚特·穆勒.政治经济学原理[M].华夏出版社,2009.

们本已非常严重恶化的信用了。如果任由其发展，整个世界经济都将因为信用的丧失而全面崩溃。

回归平衡预算

显然要想世界经济可持续地发展，恢复信用至关重要。如前所论，我们当前问题的关键在于债务，而债务形成的一个重要的技术性原因却在于赤字预算。

政府的财政措施包括支出和收入两个层面，政府支出包括国防、教育文化、公共建设、偿付公债利息等项目，收入方面则主要是来源于各种税收及公营事业盈余缴库两大项。当收支相等时，就是预算平衡。从这里我们可看出，平衡预算就是谨慎理财，就是量入为出。在凯恩斯主义诞生以前，它一直被世界各国视为圭臬。

也正是因此，凯恩斯推销他的赤字预算时，遇到了莫大的阻力，经济学家不接受，政客也不理解。当时，罗斯福开足火力大肆抨击胡佛的财政赤字，并承诺一旦当选，会使预算案归于平衡。1935年，凯恩斯在白宫拜访罗斯福，力促他放弃平衡预算，加强介入经济的力度，实施扩张的财政政策。但罗斯福不为所动，并对其商业部长说凯恩斯是数学家，而非政治经济学家。但最后的情况却是——罗斯福虽然表面不承认凯恩斯的预算方案，但实际上却偷偷地采纳了，其表现就是赤字预算。从此，赤字预算跟随凯恩斯主义站上了历史的舞台。

赤字预算，是指财政年度内财政支出超过财政收入的预算模式。在会计制度上一般习惯于将亏损用红笔记录，故而得此一名。在这一政策制度下，政府在制定国家预算时，会经常有意将当年预算支出安排得大于当年预算收入。至于不足的部分，则主要依靠发行国债、向银行透支，以及通过货币融资等方式来应对。

凯恩斯们认为，财政收支平衡不是国家理财的原则，负债多寡也不是衡量一国财政稳定的尺度。资本主义经济之所以陷入了长期萧条和危机，原因在于有效需求不足。国家为了促进充分就业和消除危机，应该积极进行经济干预，采用扩大国家预算支出的方式，建设公共工程，增加政府投资，增加军事订货，支付出口补贴等。国家在施行这些政策时虽然会出现赤字，但可以刺激社会总需求，增加就业，从而增加国民收入，以此来缓解或消除经济危机。

需要说明的是，在凯恩斯之前，赤字在各国事实上也一直存在。但政府不敢像今天这样大言不惭。在当时，赤字还是有点偷偷摸摸的意思。一出现赤字，政府就像犯了错的孩子，因为在当时看来，这是不善于理财的结果。而凯恩斯的成就是，让赤字和赤字预算正当化。过去偷偷摸摸的，现在却成了堂而皇之的了。

然而出乎他们意料的是，他们的理论所造成的麻烦是如此之大。首先，赤字预算的财政政策虽然能够刺激投资，扩大生产能力，但这一政策是用更多的生产过剩的办法来暂时减轻当前的生产过剩。长期扩张积累的后果，必然会导致更猛烈的经济危机的爆发。

其次，财政赤字必然增加政府债务负担，引发财政危机。政府采取赤字预算的前提是必须有足够多的人肯借钱给它，那么既然是借的钱，偿还是迟早的事情。当债务积累到一定程度，而国家本身的收入有限时，偿付危机就会出现。如果赤字额度不大，仅是财政上的入不敷出，也许政府加点税，就能应付过去；但如果赤字额度巨大，那就只能是严重的财政危机和政府信用危机，就像今天欧美国家所发生的那样，整个国家机器的运转都因此而遭受严重损害。

一旦债务危机到了如此地步，国家不想破产，就只有一条路，那就是让中央银行为自己的债务进行货币融资，也就是美联储的量化宽松。但这样，赤字政策又孕育出了通货膨胀这个怪胎。事实上，我们今天所遇到的种种情况莫不如此：赤字预算→政府无限扩大债务规模，以此迎合选民→大量印刷钞票→通货膨胀，大量错误投资→利率上升，错误投资将被清算，失业率上升→政府为求稳定，承接错误的投资→更大的赤字出现……

我们必须从技术上切断新债务的形成机制，彻底抛弃当前所惯用的，以透支为乐的赤字预算，回归量入为出的平衡预算。我们可清楚地看到，债务与通货膨胀本身存在因果关系，或者说二者间事实上是互为因果的——债务促使通货膨胀发生，而通货膨胀又将进一步恶化债务。也正是因为如此，要想杜绝债务的形成，货币发行的受控也将构成另一个重要的制度保障。

货币体系重归自由银行时代

美联储前主席保罗·沃尔克（Paul Voicker）在1990年的一次演讲中提到，"中央银行被看作和用作政府融资的一种手段"。对于沃尔克的话，我想应该做一些纠正：中央银行不是被看作和用作政府融资的一种手段，而是，事实上它就是！

世界各国政府独占货币的发行权，是实现通货膨胀、惧怕被其他货币驱逐的积极反应。原因很简单，如果一国的货币发行不是独占的、垄断的，那么我们可以做以下推理，假设A发行的货币币值稳定，而其他人发行的币值不稳，那么结果自然是，人们会趋向于接受A发行的货币。长此以往，其他货币将被挤出流通市场。而我们再假定，政府的货币币值是市场流通的货币中最为稳定的。在这样的情况下，政府为了保证其发行的货币不被挤出流通市场，自然不敢随意超发货币实施通货膨胀。

从这点可见，货币的私有化，将是切断通货膨胀的最有利的制度安排。如果政府丧失这个工具，就无法在短时间内，解决资本金匮乏的问题，也无法用它降低或完全消除利率，更无法用它为自己的浪费付账单[1]。

因而，在一个高度私有化的时代，货币被政府牢牢地掌握在手中。但这种制度安排，却让整个世界即将为之破产。庞大的债务促生巨大的通货膨胀，人们不仅要承担沉重的债务，还要忍受通货膨胀的苦难。当人们在灾难中开始自我反思时，一定会发现中央银行和货币独家发行是造成苦难的原因，届时国家对货币的垄断必然将受到挑战。

严重的通货膨胀率将加速政府货币垄断消失的进程，因为人们会无法容忍政府从自己口袋里窃取更多的财富，无法容忍它制造更大的债务负担，无法容忍它使国家和地球破产。也正是因为如此，国家货币的垄断势必会被打破。

事实上，沃尔克的继任者，那个擅长制造通货膨胀的格林斯潘也曾不得不承认："21世纪的货币将会回归私人化。"

当务之急：hold住刺激之手

改变社会结构的经济创新是一个漫长的、痛苦的"创造性破坏"过程，它将带来一系列的副作用，如经济增长率降低，失业率暂时偏高。这些副作用会让人坐立不安，于是会有人要求当局将现行的财政和货币政策予以转向。也就是说，他们再次以诸如就业、经济增长恶化会造成社会不稳定为由，要求放开货币增长率、扩大财政刺激力度来保护原有的产业结构。从创造性破坏的角度而言，这才是最值得我们关注和警惕的一种动向。

创造性破坏的过程，如同蛇蜕皮。蛇全身都包裹着鳞片，但这些鳞片是由皮肤最外层的角质层变成的。这些角质鳞不同于鱼鳞，它不能随着身体的长大而长大。到一定时候，角质鳞就成为蛇成长的束缚，蛇必

---

[1] [美]莫瑞·罗斯巴德.为什么我们的钱变薄了[M].中信出版社，2008.

须将这一身皮蜕掉，以此来适应自己的成长。蜕皮的时候，也是它最脆弱的时候，但它不能因此而拒绝蜕皮成长。

同样，我们也不能因为创造性破坏的过程漫长而痛苦，就拒绝这种破坏。熊彼特曾指出"资本主义成功的本身，就是常常削弱那曾经使它强大起来的结构。"这种结构就如蛇皮。我们必须丢开幻想，因为这个世界上，从来没有无须蜕皮就能更新生命的蛇，也同样不会存在无须经受破坏的痛苦，就能轻松建立起的新生产体系。

在这个时候，政府如果像2008年那样，再次控制不住自己，不是去保护竞争、保护"创造性破坏"，而是基于维稳，大开货币水龙头，疯狂借债，那么最后的结果只能像日本一样，进一步将原有的产业结构予以固化。那么，有助于打破当下这种困局的新市场、新产品、新服务、新价值，将如同一句空话。那么，我们距离2个、3个日本式的10年失落也就不远了。

第7章
中国，独立于全球金融危机之外

真正能够支持中国、可以令中国经济独立于世界金融危机之外的，是中国在政治、经济方面采用的隔离制度所造成的二元结构，以及由此造成的矛盾性和混合性。

我们所赖以栖身的这个世界不是孤立存在的，随着全球一体化的深入，这个世界俨然成为一个联动链条，任何一个环节出现问题，整个链条都将受到影响。我们之所以在前面花费大量篇幅来谈论欧美经济，其目的就是了解世界经济，特别是欧美国家的经济现状和未来走势，以及由此而对中国带来的历史性变动。

在下一个大选年2016年前后，无限膨胀的债务泡沫将在欧元解体后全面崩溃，世界经济也将陷入全面的衰退中。在这样的外部环境下，中国将会发生怎样的变动呢？

中国经济会崩溃吗

至少下面这位专家对于中国的未来很不表乐观，美国著名军事政治专家乔治·弗里德曼博士在2011年接受采访时称,"中国在以出口为主的结构和贫穷的冲突下,未来10年内将陷入'危机'"。他所基于的理由是,"中国是没有内部经济(internal economy)的国家。欧洲和美国不买中国产品,那么它就无法生存",在他看来"中国就像外部世界的人质"。

此外,贫困也是困扰中国经济走势的一个大问题,"6亿家庭日收入不到3美元。4.4亿人口的收入不到6美元。13亿人口中10亿以上过着像非洲一样的贫困生活",他认为中国当前处于的位置,更像大崩溃之前1989年的日本,"日本在耀眼的增长背后,金融系统陷于崩溃[1]"。他的观点显然不是曲高和寡。

2011年12月18日的《纽约时报》,克鲁格曼在其专栏里写道:

近期经济增长依赖于因房价飞涨而大热的基础建设,一系列典型的经济泡沫迹象也一并显现;信贷急速增长却不是基于传统的银行业而更多地由非常规的"影子金融体系",这种金融体系既不在政府的监管之下,也未由政府提供担保。由此引起的泡沫开始破灭,金融经济危机并非危言耸听。我是在描述上世纪80年代末的日本吗?还是说的是2007年的美国?或许吧,但是现在我说的是中国。

在文章中,他指出中国近十年的居民消费水平,虽然有了增长,但远低于国民经济增长的水平。那么,谁为中国过剩的产品和服务买单?国际市场。随着消费份额所占经济比重的持续下降,中国长期以来不得不更多地依靠于贸易顺差维系工业的正常发展。

在消费水平相对放缓的同时,是什么因素在驱动着投资支出呢?在很大程度上,是不断膨胀的房地产泡沫。自2000年以来,房地产投资

---

[1] 美帝国还能持续至少500年以上,中美日韩的未来大前瞻[N],朝鲜日报,2011.06.11. http://cn.chosun.com/site/data/html_dir/2011/06/11/20110611000012.html

所占GDP比重几乎翻番，且剩余的大部分增长也来自于与房地产相关的公司的生产扩张。

相较于这些专家而言，外国媒体更是一片灰心。美国《外交政策》（*Foreign Policy*）杂志最近刊文将企业正在减少贷款、制造业产出停滞不前、利率出人意料地下调、进口停止增长和GDP增长预期被下调称为"中国经济将发生大灾难的五个迹象"。而野村证券则认为：中国至少有三分之一的可能性将经历一场"在2014年底之前开始的经济硬着陆"。

《泰晤士报文学》增刊上提到，中国有大量空置的住房、公寓，以及雄伟的公共建筑和厂房，这种情况不仅在东部沿海城市存在着，就是在偏远的西南内陆地区也有，中原那些肮脏的矿山小镇如此，北疆内蒙古也能看到这幅景象。

财经杂志《巴伦周刊》更是直白地认为"中国高增长神话可能即将破灭"。美国的《华尔街日报》说得委婉一些，但它们认为从中国制造业扩张速度的快速下滑来看，中国的经济前景非但不容乐观，反而更加黯淡。

对中国真正悲观的不在海外，而是在国内。2010年10月22日，香港中文大学的郎咸平教授在沈阳给一些企业管理人员讲课时，针对当前中国内地经济形势做出了详细分析。他举例并用大量经济数据证明，目前中国投资市场冰火两重天，中国经济已经出现制造业危机，经济产能严重过剩，错误的经济政策已经给民族带来灾难。在讲课中，郎咸平多次使用"哭泣吧""一起哭泣吧""我也没办法"等词语来形容经济危机的严重性。

对此，内地作家綦彦臣深表赞同。綦彦臣认为中国经济崩溃无可避免，他说："中国采用的是出口导向型经济，这会导致内需严重不足，加上领导人知识不足，只顾发展所谓GDP，既污染了环境，也导致了产能过剩。实际计算下来，扣除环境成本，中国的GDP并没有增长。"他将这种现象归咎为体制，"前一任拼命花钱，留下烂摊子给下一任，这也是导致地方政府债务危机的原因。"

当然，持有中国经济崩溃论的，在国内远不止于上述两位。那么，中国经济真的会崩溃吗？

凭什么独立于危机之外

有利要素

即使欧元崩溃，进而引发全球性债务泡沫破灭，但中国在很大程度上还是可以幸免于此次全球性的金融危机。那么，中国凭什么可以在债务泡沫破灭后的再一次全球"去杠杆化"过程中，令衰退对其的影响有限呢？

在本书第一章所提到的克鲁格曼在其专栏里所指出的，美国可避免重蹈日本覆辙的四大理由中，客观地说，第三项公司的管理机制显然不能构成我们可以抵御衰退的理由。中国的公司管理机制如果不是太糟的话，至少也不会太优秀。在社会科学界，最先试图描绘华人文化特色的，是费孝通在1948年所提出的"差序格局"。在《乡土中国》中，他提到，西方个人主义社会中的个人，像是一枝枝的木柴，他们的社会组织将他们绑在一起，成为一捆捆的木柴。中国社会的结构好像是一块石头丢在水面上所推出一圈圈的波纹。华人文化的一个重大特色就是，以家族主义的概念来区分人际亲疏。之后的学者在进行相关研究时，基本上延续了费孝通的这一思维框架，如华人学者许烺光（Francis L. K. Hsu）。在许烺光看来，中国信用关系，就是一种透过紧密的以血缘为纽带，以父子轴为形式的亲属关系。这一关系影响其他社会关系的运作与内涵，最终形成支配社会组织、制度及文化倾向的主观意识形态，这自然也包括现代企业制度。

福山在其《信任——社会美德与创造经济繁荣》一书里曾提到，王安公司的失败就是这一信用关系主导的结果。1951年，王安离开哈佛大学，以仅有的600美元，在马萨诸塞州创办了王安实验室。在他的领导下，王安公司在20世纪50年代末成功上市。借着公司成功上市的东风，王安加大研发投入，在其后的20年中，不断有推陈出新之举，事业蒸蒸日上，到1984年公司的营业收入达到22.8亿美元，在美国《财富》杂志（Fortune）500家大企业中名列第146位。但是，这一切却突发逆转。

由于健康原因，王安在1984年开始准备退休，他中意的接班人是他的儿子弗雷德·王。在这一中国式接班人意识下，弗雷德得到了迅速提拔。这种公然的任人唯亲的做法，令那些非华裔的经理们很难接受，很快他们便纷纷离开了公司。伴随着公司人才的流失和弗雷德上台而来的是公司业绩的大滑坡，到1992年时公司不得不选择了破产保护。

虽然只是一个人事决定，但其透射出来的却是社会问题、民族问题。福山在书中提到："王安实验室虽然有着高科技和现代企业的外表，但仍然是建立在家庭关系之上的。"家庭提供了创立新企业的社会资本，但是它又在结构上限制了企业，阻止它向生命力长久的方向发展。王安虽然生活在美国，但从他的行事风格上可以看出，他仍然是个地地道道的中国人。王安不主张开放投资，他也不相信美国的公司制度，他曾多次表示，"我是公司创始人，我对公司拥有完全的控制权，我的子女有机会证明他们管理公司的能力"。也就是说他对于家族之外的人从不信任，也从不准备信任。如果这仅仅只是王安一家的现象也就罢了，但遗憾的是，在中国社会，这是一个普遍存在的现象。中国式的信用成为我们目前所致力于建立的现代企业制度的根本障碍。

至于第四项的房地产泡沫，在谈这个问题之前，我们先了解房地产泡沫对一国经济的危害。

在情境主义者看来，人的行为并不是相互孤立的，而是一起构成了有历史关联的行为簇（cluster）。前行为的经验、教训成为后行为的输入，因此不能够简单地判断某一次行为的成败。换句话说：行为的经验为人生积累了独特的、专门的关于行为的知识。一旦获得了经验，人就应该能够避免同样的问题再次出现。

但现实中,以前的经验并不能保证社会因此具有预见问题的能力,特别是有些经验由于时间的流逝而被遗忘。在远古时代或其他文明发展迟缓的民族,没有文字能把那些经验记录下来,当某个经验丰富的智者因为疾病或者其他原因突然死亡,那么这些经验就会永远失传。

在现代社会中,被记录在案的事件不仅局限于政治家的丰功伟绩和天文历法,但这并不意味着我们会因此吸取以前的教训。人类固有的健忘和回避心理,往往让我们漠视问题的存在。1981年经济危机后,香港人对楼市的投机行为持有警惕之心,对过度的乐观避之不及。但1990年后,香港地产复苏并进一步上涨,经济的繁荣让人们将那段痛苦的投机经历置于脑后,更大一轮的泡沫在人们的这种健忘和回避中悄然形成。

日本的房地产泡沫破灭20多年了,就连美国的房地产泡沫也破灭了一个选举周期,基于上述的这种回避和健忘的心理,人们对它们已经没有太多印象了。那么,今天仍然挣扎于因房地产泡沫破灭而深陷债务泥沼中的西班牙,大概还是可以给予我们一点警示的。

2012年5月9日,西班牙政府宣布对该国第三大银行银基亚进行国有化。但面临着相同困境的西班牙银行,不只是银基亚一家而已,事实上整个西班牙的银行都面临着倒闭的困境。在过去十年间,西班牙的地价上涨了5倍,仅2007年就有大约80万套新房子竣工。当年与建筑相关的产业生产总值,占西班牙GDP的12%,是英国和法国的两倍。可是,美国房地产泡沫破灭,一夜之间西班牙的房屋市场也突然消失了。移民回到了自己的国家,去度假的北欧人也停止了买房。西班牙的失业率也随之一下子跳高至20%。

大大小小的房地产开发商都是依赖于银行贷款这一间接融资渠道,这种方式与他们的中国同行一样,房地产泡沫的破灭,让这些贷款也变成了不良债务,破灭进而传导到银行业,引发了银行业的全面危机。

据欧洲央行的数据，2011年第三季度西班牙私人债务数额相当于该国GDP的200%，净外债（包括公共与私人债务）数额相当于GDP的100%。快速增长的债务使得西班牙银行的资产负债规模在12年间增长了近3倍[1]。为了克服银行业的危机而实施的国有化政策，使银行的债务转为政府的公共债务，政府的资产负债表更趋恶化，并由此引发了市场对其主权债务问题的担忧。

美国、日本甚至西班牙的经验无不表明，单房地产泡沫这一点就足以令任何一个国家的经济陷入深渊，中国自然也不例外。

那么，中国的房地产业有没有泡沫呢？且让我们来看一组数据：2009年9月，《中国证券报》报道显示：中国国内住房总价值已超90万亿元。而到2011年，时任国泰君安首席经济学家的李迅雷，在《21世纪经济报》上发表题为《通胀让穷人受伤富人恐惧》的文章。文章指出，中国的住宅类房产总市值约为100万亿元[2]。而与之对应的是，国家统计局发布的统计数据显示，2011年中国经济增速（GDP）比上年增长9.2%，全年国内生产总值471 564亿元。根据野口悠纪雄教授的"泡沫，就是资产价格中与实体经济无关的部分[3]"这一观点，我们且来做个小学生的算术题：中国住宅类房产总市值100万亿元－全年国内生产总值47.2万亿元＝中国房地产泡沫52.8万亿。这也正是汲取了美国、西班牙等国的一些教训后，克鲁格曼所判断中国经济必然会崩溃的一大依据。

但可喜的是，克鲁格曼所给出的第一和第二项理由，虽然不足以完全将后两项的负面效应对冲掉，但至少可以将其负面效应部分抵消。从

---

[1] 西班牙债务问题浮出水面，房地产泡沫贻害无穷[J].半月谈，2012（09）.

[2] 在此之外，著名财经评论员牛刀则认为这个数据严重低估，他认为单北京一城的房地产总值就高达180万亿元。牛刀有着财经评论员们一贯的作风，那就是危言耸听，喜欢夸大其词，故个人认为他的数据不足采信。关于牛刀的180万亿元论，可参见牛刀：北京房地产值180万亿元，可买下一个美国.具体参见：http://finance.eastmoney.com/news/1370,20120629213476341.html

[3] 王国培.中国：下一个日本？[M].浙江人民出版社,2012.

目前来看，中国人民银行的确还有相当宽裕的操作空间，譬如降低利率和存款准备金率。即使降息不足以解决问题，我们的长期预算头寸虽然并不富裕，但也还有一定的空间，我们完全可以通过财政刺激来应对哪怕长达4~6年的欧美经济的停滞。

除此之外，有利的因素还包括摩根士丹利大中华区前首席经济学家王庆曾于2008年所提及的如下几点：

第一，中国已成为储蓄的净输出国，这从最近几年稳定的、数量可观的经常账户顺差就可见一斑。因此，作为一个经济整体，其杠杆化效应大大低于世界其他地方，这反映在极低的外债水平上。

第二，持续性经常账户顺差所造成的外汇储备的快速增长使得国内银行系统的流动性仍然泛滥。

第三，归功于对资本账户的控制，中国和世界其他国家之间跨境资本流动的主要形式是中国中央银行对外进行高质量和高流动性的证券投资，这些证券非常适合官方外汇储备以及境内外资的直接投资。

第四，各经济部门（如家庭、企业和政府）之间的金融联系主要是以传统的商业银行为媒介，因此非常简单和清晰，特别是与美国高度证券化的金融市场相比时。

第五，家庭和政府的资产负债状况很健康。家庭和政府的债务水平低到分别只占到国内生产总值的13%和33%。此外，银行资本充足，流动性泛滥，贷存款比率只有65%，是除日本之外的亚洲地区最低的国家之一。[1]

上述情况，虽然受2008年4万亿刺激政策和全球经济恶化的双重影响，质量有所下降，但仍在可控区间。譬如，经常账户顺差方面，2012

---

[1] 王庆.中国:躲得过金融危机,免不了经济下滑[J].领导文萃，2009（02）.

年4月17日,国际货币基金组织发布《世界经济展望》,报告虽然大幅下调对中国短期与中期内经常账户顺差占GDP比例的预期,但仍认为在中期内(2017年)仍可上升到4%~4.5%。经常账户,也就是经常项目,是与资本、金融账户相对应的一个概念。国际收支中的经常账户是指贸易收支的总和(商品和服务的出口减去进口),减去生产要素收入(例如利息和股息),然后再减去转移支付(例如外国援助)。经常项目顺差(盈余)增加了一个国家相应金额的外国资本净额。因此,这一部分被人们看成是合理的资金流动。造成经常账户顺差占GDP的比值下降的原因,有受国外金融危机影响出口形势不好,但作为基数(分母)的GDP不断变大亦不容我们忽视。

再来看一下家庭资产负债。由清华大学、花旗银行联合发布的《2011中国消费金融调研报告》显示,购房仍是家庭借款的主要目的。此次调研采集了全国24个城市约5800个家庭的样本数据,在所有受访者中有18%的家庭使用了银行购房贷款,15.4%的家庭采用向亲友借款购房。受访家庭2010年的年均税后收入为8.9万元,平均资产总额71.6万元,而平均负债仅为4.6万元,资产负债率为6.39%。相比之下,同期的美国家庭平均资产负债率在20%左右[1]。

在政府债务方面,根据《中国国家资产负债表的估算》,2010年国债余额为6.75万亿元,包括华融、东方、长城、信达在内的四大资产管理公司债务为1.3万亿元,两项加总所得的政府狭义债务为8.05万亿元。2010年政府狭义负债率为20.1%,但这并不是历史的高点。政府狭义负债率的高点出现于2003年,该年该数值达到28.2%。2008年以来,该比值稳定地保持在21%左右,并且在2010年出现了些许下降,甚至可以说创下近年来的历史新低。所以,若只考虑国债与四大资产管理公司

---

[1] 调研报告显示中国家庭主要负债是房贷[N].新快报,2011.12.15.

（AMC）债务，政府债务在近几年非但没有恶化，反倒表现得极为稳定。

在此基础上，加入地方政府债务的10.7万亿元与铁道部债务的1.9万亿元，2010年政府广义债务为20.65万亿元。为应对金融危机，大搞"铁公鸡"，政府债务负担急剧上升，广义负债率从2008年的41.6%跳高至2010年的51.5%，上升幅度高达10个百分点。但国际公认的安全线是债务占GDP为60%，51.5%与60%相比，相差虽不大，但至少还是有一点点空间的。

上述的种种，并不足以帮助我们克服危机、战胜衰退，它的意义仅在于为我们克服危机争取宝贵的时间。也就是说，我们尚能以有限的空间去换时间。但不容忽视的是，克鲁格曼所列举的4大有利要素，美国政府仅用七八年的时间就彻底耗光。而我们的广义负债率也仅仅只用两年的时间就跳高了近10个百分点。如果不能认识到这一点，那么，我们将无可避免地重蹈克鲁格曼和美国人自负的覆辙，而错失宝贵的时间。

中国：矛盾的混合体

真正能够支撑中国、令中国经济独立于世界金融危机之外的，是中国在政治、经济方面采用的二元结构，以及由此造成的矛盾性和混合性。

而这点往往被忽视，导致人们做出错误的判断。克鲁格曼单从"价格飞涨，房地产投机热风行"这一现象，贸然得出"与我们几年前的经历如此相似"的结论。如果只关注中国城市或者只关注中国东部地区，克鲁格曼的这一结论尚可让人接受。只是乔治·弗里德曼得出此结论的论据，不免让人匪夷所思。他认为中国必然会像1989年的日本那样崩溃，是因为13亿人口中10亿以上过着像非洲一样的贫困生活。非洲式的贫苦能导致1989年日本的崩溃，这种逻辑的确让人叹为观止。

香港大学的许成钢教授指出，历史数据的对比表明，把日本的20世纪80年代末以来的问题与今天中国的问题相提并论，纯属无稽之谈。1989年时，日本的名义人均GDP超过了美国，而中国今天的人均GDP

还只是美国的1/11。也就是说,1989年的日本所面临的问题,是世界上最富有的经济体面对的问题。而今天的中国,诚如乔治·弗里德曼所说的,13亿人口中尚有多达10亿以上的人,还在过着像非洲人一样的贫困生活。对于这样的国家,我们不能根据房地产泡沫这一侧面,就简单地定位为1989年的日本或2006年的美国。

但是,许教授根据世界各国的历史数据,将中国拉回到1913年的做法,我认为也是颇值得商榷的。许成钢根据100年来世界各国GDP总值的变化情况,发现"在GDP总值的国际历史排行中,中国在2010年实际上只是恢复了她在1913年的国际地位。"他的重要依据是,中国于2010年GDP是世界第二,这一总量大体上只是美国的五分之二。而早"在1913年,美国的GDP是全世界第一,中国是第二",更重要的是,"在当时,中国的GDP总值大体上也是美国的五分之二"[1]。

许教授的这种类比将"第二"和"五分之二"做了静态化处理,他不是将这组数值放到动态的、鲜活的情境中去。今天的中国与当日的中国具有可比性吗?当时的中国是一个典型的农业主导的社会,而美国则是一个工业主导的国家。百年沧桑,今日的美国依旧是以工业为主导,但中国却一只脚迈入了工业时代,时过境迁。对近代世界史有所了解的人一定知道,早在19世纪末,美国的经济总量就已超过英国而高居世界第一,但当时世界的领导者并不是美国而是英国。当时的美国在国际舞台上所扮演的角度,不过是一个在经济上崛起但在政治上尚无话语权的新兴国家,这种角色更类似于上世纪七八十年代的日本[2]。一百年过去了,美国还是第一,但在这一百年里,无论是形式还是质量,美国都发生了很大变化,中国更是如此。

那么,中国的恰当位置在哪呢?它既不是1913年的中国,也不是

---

[1] 地方竞争的困境[J]. 中国改革 2011(09).

[2] Paul Kennedy.The Rise and Fall of the Great Powers[M], Vintage, 1989.

1989年的日本或2006年的美国。准确地说，中国是一个典型的"过与不及"的国家，"过"与"不及"同时存在，并且都很极致。落后的非洲在中国，富裕的日本甚至美国也在中国，中国就是这样一个二元的矛盾的混合体。中国既面临着世界上最富有的经济体所面对的问题，也亟待解决世界上最不富有的经济体所面对的尚待开发的问题。如果认识不到这一点，而只是根据某个侧面，就将现在的中国同上世纪初叶的中国，或是20世纪80年代末的日本相提并论，那么，诚如许成刚教授所说的，"要么是无知，要么就是误导"。

这种矛盾性、二元性、极端性反倒决定了，中国在应对危机时，手中可动用的牌远比当年的日本和今日的美国要多。

以日本为例。其社会保障体系早已在20世纪60年代的国民收入倍增计划中逐步建立健全。伴随着国民收入倍增计划的实施，原来困扰着日本经济发展和社会稳定的诸多问题，如城市与乡村、地区之间的二元差异逐步缩小，包括投资和消费在内的国内市场逐渐饱和。这就决定了日本对国际市场的依赖严重，经济发展的外部性较脆弱。而反观中国，我们不仅有着近14亿人口的市场，重要的是今天中国的人均GDP还只是美国的1/11；我们还存在大量的改革空间，城乡的差异巨大、东西部发展极端失衡、国有民营的二元结构亦趋恶化。在中国广阔的中西部地区、农村地区，目前存在的问题不是开发过度，恰恰相反，而是严重不足。同样，对国企之外的私营企业而言，发展受到严重阻碍，审批过度、监管过度、寻租遍地；金融机构向私营企业开放不足，中小金融机构严重不足，服务则更是严重滞后。

两国国情的这一根本差异（虽然这种国情也是由政府强化的），决定了彼此面对的问题的性质大为不同。对此，我们首先需要辩证地认识到，这些固然是问题，但同时也是机遇。

就经济的增长，广州大学教授陈潭博士最近将其细化和扩展为这样一个模型：

$$G = I[MPT]$$

在该模型中，G为经济增长，I代表制度，M为市场，P为人口，T为技术。陈教授认为，发育完善的市场要素是经济增长的核心，人口要素是重点，技术要素是关键。而稳定和良好的制度结构则是经济增长的基础。正如该模型和我们在前面所讨论的，可以提升中国经济增长的有利要素有很多，譬如通过政治经济体制改革，以此来提升I；通过技术和管理创新，以此来提高T；通过提高居民的可支配收入刺激消费，以此促进国内市场M……任何一件处理得好，都可以让我们的经济再次出现质的飞跃。"塞翁失马，焉知非福"，也将在现实中找到最新、最好的诠释。

然而，如果应对失当（无须改变，只需继续延续既定的政策就可实现），中国的问题将比今日欧美的麻烦要大出不知多少倍，整个国家将沿着目前的这条二元结构的裂痕而撕裂，从而彻底地陷入混乱之中。届时的中国，其关键词将不再是崛起，而是崩溃。

不能幸免于全球经济的衰退

尚有很多有利条件，足以支撑中国独立于即将到来的下一轮经济危机之外。但我们必须予以指出的是，即使如此，我们还是不能幸免于全球经济的衰退。"与其他一些新兴市场经济体一样，全球金融危机的影响和中国经济衰退将主要通过贸易而不是金融资本流动和信贷周期的渠道来传递。[1]"中国出口对于工业化国家需求疲软非常敏感，而美国和欧盟占据中国总出口的40%，而未来危机的风暴眼恰好就是这两个地区。黯淡的出口前景将导致企业盈利下滑和信心降低，从而引发更大的麻烦。

---

[1] 王庆.中国:躲得过金融危机,免不了经济下滑[J].领导文萃，2009（02）.

真正意义上的下一轮风暴还没有到来，甚至可以说，现在还仅仅只是酝酿期，但我们已经感受到了它巨大的影响力。近年中国对外出口已经下滑，甚至出现了负增长，数据显示，2011年出口对中国经济增长的贡献率为-5.8%。受此影响，我国经济正呈现逐月下滑的迹象。

继CPI于2012年6月份创下29个月新低，中国人民银行两次减息之后，中国的GDP季度数据终于于7月13日出台。数据显示2012年4月至6月，国内生产总值同比增长7.6%。虽然较之一年前9.5%的增长率大幅下降，"但在世界范围来讲也是一个很不错的速度"。的确，7.6%的增长率足以羡煞欧美各发达经济体。

需要注意到的是，这却是自2009年初以来的最低点。中国经济增长率于2009年初，一度跌至6.6%。随后在中央政府高达4万亿人民币的大规模财政刺激措施的推动下，中国经济不仅实现了企稳还实现了双位数的超常增长。而这次的7.6%，是三年来首度低于8%这一数值。更重要的是，它也低于2012年第一季度的8.1%。上述数据所反映的是，在过去的两个季度，中国经济放缓迹象非常明显。

这些数据已经够糟糕，但中国经济增长的放缓程度似乎超过了官方统计数据所显示的水平。事实上，在政府的这些统计数据之外的其他一些经济指标无不显示，中国经济的下滑程度远比这严重得多。

首先是我们的股市。危机以来，中国、美国和欧洲股市分别损失了65%、8%、34%。作为危机发源地的美国，股市损失不足一成，倒是最先宣称从危机中复苏的中国，股市却被拦腰斩断。美国股市自2009年年初见底以来是天天向上，而反观中国的股市则可谓天天向下，一直在往下跑，且是跌跌不休。

中国是一个火电大国，其发电量占到国内发电总量的80%，发电原料主要为煤炭。然而目前的情况却是，堆积如山的煤炭令储煤场及其所在城市的领导忧心不已。对于他们而言，眼下最紧迫的工作居然是如何防止这些堆积的煤炭因为堆存时间过长而冒烟、自燃,进而酿成严重的安全事故。

据《21世纪经济报道》报道:自2012年5月初,秦皇岛港口煤炭库存直线上涨。由5月初的560万吨,上涨到6月19日的946万吨。相比之下,2011年同期港口库存稳定在600万吨左右。在秦皇岛之外,国投曹妃甸、黄骅港均出现大量煤炭积压的情况,有些港口甚至已经没有了接卸能力。煤炭堆积,根本原因在于需求不足,这也透射出发电量增速在明显放缓。

事实上,近年来中国发电量增速一直处于下滑的状态。2010年2月至5月,其年增率高达20%,接下来却是一路下探,到2012年5月时该数值已经滑落到了4.7%。与此相呼应的另一数据是中国的铁路货运量,该数据在2011年全年基本维持在7%~8%,但进入2012年该数值亦拦腰斩半,下滑到3%~4%。

来自实体经济层面的信息似乎更加惊心动魄。巴克莱资本首席经济学家黄益平所掌握的数据显示,包括钢产量和企业利润在内的一系列经济数据在进入2012年后就明显变糟。中国的柴油需求量已连续半年以上不曾有过增长,那些过往忙碌不停的挖掘机和其他重型装备则被闲置或被贱卖。

这种情况的出现,那些挖掘机或重型装备的生产商无疑是最大的受害者,三一集团就是其中之一。在4万亿刺激下,在各种大型工程"大干快上"的大潮中,这家身居中国内地省份的民营企业迅速崛起,其创始人梁稳根更是一度问鼎"中国首富"。

然而,当时间的钟摆指向2012年时,这家企并没有如预期的那样"飞龙在天",反倒是形势急转直下。2012年5月,整个行业出现产品销量大幅下滑的情况,其中压路机、装载机、推土机和挖掘机同比分别下滑29.7%、25.77%、29.9%和23.92%。据2012年一季度财报显示,三一重工在净利润方面虽实现28亿元,但其应收账款却是其净利润的7倍多,达201.23亿元。大量拖欠的账款使其资金压力增大,三一重工不得不大幅裁员。

2012年，4月30日，沪深上市公司一季报披露收官。Wind资讯统计显示，沪深两市已经公布一季报的2394家公司中，共取得净利润4942.35亿元，增速同比下滑约0.27%，而去年同期增长了27.76%。很多企业高管透露，他们所在的企业，无论是利润还是订单都出现了明显的下降。

可资佐证的还有成交惨淡的广交会。为期近一个月的第111届广交会于2012年的5月5日在广州正式落幕。正如交易会期间广州的天气，素有中国外贸"晴雨表"之称的广交会亦是阴云笼罩。整个交易会到会采购商人数虽然多达210 831人，比第110届同期增长了0.179%，创下了又一个历史新高，但在出口成交方面，出现的情况却是"看得多、问得多、下单少"，成交量明显下降。该届广交会累计出口成交360.3亿美元，环比和同比分别下降了4.8%和2.3%。

当然，外贸订单的减少，并不意味着中国经济的减速。就像2009年，在出口数据是负数的情况下，中国经济仍然获得高速增长，因为庞大的投资支出和国内消费完全可将这种负面影响予以冲销。但令人遗憾的是，这些数据同样不容乐观。在固定资产投资方面，2012年上半年不含农户的固定资产投资为150 710亿元，同比名义增长20.4%，增速比一季度回落0.5个百分点，比照2011年同期回落5.2个百分点。消费方面，2012年上半年社会消费品零售总额为98 222亿元，同比名义增长14.4%，但增速却比一季度回落0.4个百分点，比照2011年同期回落了2.4个百分点。

在这里需要予以特别说明的是，在货币及财政的刺激下，等这本书到读者手中的时候，经济也许又处于假性繁荣中了。但这种单纯依靠流动性来驱动的繁荣是脆弱的，是迟早会归于破灭的。真正的风暴尚未来袭，我们受到的影响就如此之剧烈。那么，当真正的风暴来袭的时候，我们又会受到多大的影响，我们又该如何去面对呢？这些都需要我们反思和探索。还好，我们还有点思考的时间。

第8章
出口导向型战略的崩溃

从中国现在所发生的一切来看,问题的实质显然不是"外部环境",而是中国经济的本质问题。所谓的本质问题,就是我们的产业结构发生了问题。那些中国经济问题"受欧美经济影响"的说法,不过是在转嫁责任。

为什么我们的经济会如此被动

达尔文说

为什么我们的经济会如此被动呢?几乎所有的矛头都指向了出口,其中最有市场的是"外部环境"论。这种观点认为,欧美经济存在很严重的问题,而中国的经济相对而言却是健康的。中国经济之所以会出现增速下滑,其根本原因在于欧美失火殃及了中国这尾池鱼而已。财政部副部长朱光耀在接受中央电视台的采访时就明确表示,中国经济下滑的重要原因在于外部环境的恶化。

这种观点有其道理。外部条件对事物的发展有着莫大的影响。一粒种子要想发芽成长,需要适合其发展的条件外因,譬如适度的温度、湿度、土壤。干旱、高温等恶劣的条件无助于种子的生根发芽。在经济上,又何尝不是如此呢？

这一观点无疑正确，但却不充分。达尔文在《物种起源》一书里阐明，变异必须在生物的本性也就是内因，和生活条件即外因共同的作用下才能进行，且缺一不可。生物本身的内因，往往比外因更为重要，它直接决定着生物变异的方向和性质。这也解释了，在相同的条件外因下，为什么有的类人猿进化成了可以直立行走、独立思考、有思想、会劳动的人类，而有的却仍然只是半直立行走及臂行的大猩猩。这一现象不仅发生于生物界，在现实的经济范畴里亦是如此。

《广场协议》为何只拖垮了日本

对于日本的衰退，日本国内主流的看法认为《广场协议》（*Plaza Accord*）是美国冲着日本而来的，是美国胁迫着日元升值，美国想通过牺牲日本来解决自身的双赤问题。《广场协议》之后，日元大幅升值，这令日本在此后近20年，经济一蹶不振。其实这种观点在中国亦大有市场，2010年9月27日《中国证券报》的一篇题为《〈广场协议〉埋祸根，日本深陷"失去的十年"》的新闻综述就很具有代表性。报道援引复旦大学冯昭奎教授的话说："尽管日本政府阻止美元过度贬值也是为了使已有的对美投资不贬值，然而这种措施的结果是继续推动对美投资并容忍美元资产进一步贬值，这意味着日本已经陷入一种极为被动的、受制于美元的圈套。"而身居日本的中国籍作家俞天任，则更是直白地认为，日本的大泡沫和以后的大灾难，是从《广场协议》开始的[1]。

然而被人们刻意忽视的是，《广场协议》升值的"黑名单"上，除了日元外，德国马克、法国法郎、英国英镑也赫然在列。在这四国中，德国和日本最具有可比性，因为两国都是第二次世界大战的战败国，

---

[1] 俞天任.大泡沫：一切从广场协议开始[M].语文出版社，2012.

制造业都对两国经济做出了巨大贡献,两国的经济增长都很快,并在《广场协议》签订之前相继成为世界第二大和第三大经济体。《广场协议》明确规定,不仅日元,德国马克也应大幅升值,事实也是如此。我们回顾一下历史,看看《广场协议》前后日元和德国马克对美元的汇率变化。

日元兑美元到1987年底时已接近升值100%,但是并非仅有日元升值,德国马克也升值了,且比日元升值得还更多,达到101.27%。到1988年,德国马克的升值率相比较于日元升值幅度有所收窄,但与《广场协议》签订时的1985年相比,其升值幅度仍然达到70.5%[1]。

德国马克、日元兑美元走势图(1985.01.31~1991.10.31)

资料来源:国泰君安策略部

---

[1] 与此对应的是:日元86.1%。

美元的贬值，并不只针对日元，还有联邦德国，其贬值幅度也非常相近。为何德国在之后的20年，不仅没有出现像日本那样长期的经济倒退，反而在2008年以来的欧债危机中，成长为欧元乃至欧盟的拯救者？而真正"失落"的唯有日本一国呢？

一个重要的原因是，在1985—1990年这一时期，日本的货币政策出了极大的失误。对此，时任日本政府官员的大野健一、黑田东彦在事后回忆时，都为当时的错误选择而痛苦万分。

《广岛协议》后，为了摆脱日元升值造成的经济困境，补贴因为日元升值而受到打击的出口产业，以此来刺激经济的持续发展，日本政府采取了积极的财政政策和宽松的货币政策。

1987年5月，日本政府决定减税1万亿日元，同时追加5万亿日元的公共事业投资；同年7月又补增2万亿日元财政开支。与此同时，从1986年1月起，日本银行连续5次降低利率，将中央银行贴现率从5%降到1987年的2.5%，不仅为日本历史之最低，也为当时世界主要国家之最低。过度扩张的货币政策，造成了大量过剩资金。

与此同时，欧美发达国家经济却步入了高涨阶段，资本市场已经出现了明显的投机行为。日本政府在这时点上采取的政策，无异于火上浇油，一方面是出现大量的剩余资金，一方面日元升值萧条，实体经济不景气，投资需求下降，市场缺乏有利投资机会。这些资金找不到合适的投资项目，一股脑地流向了以房地产和股票为代表的资本市场。

1987年秋，世界经济出现了明显的繁荣景象，为了对付可能出现的通货膨胀问题，美、英、法、联邦德国等主要经济体都相继提高了利率，在这样的背景下，日本银行也预备加息。可恰在此时——1987年10月19日，美国发生了被称为"黑色星期一"的大股灾。虽然在政府降息等手段的干预下，市场重新恢复了上涨，但美国政府却认为日本在这个时点上不应加息。欧美政府担心，市场还很脆弱，如果日本在这个时点上加息，必然会导致那些套息资金，不仅不会流回欧美，反倒会再次从欧美流入日本，从而再次引起国际资本市场的波动。

而与此同时，日本政府也不愿意加息。他们所担心的是，一旦加息，可能使更多的国际资本流入日本，进而推高日元，减少其商品的出口，再次因日元升值而引发1986年式的经济衰退。并且，当时日本正在进行经济结构的调整，想将经济体由出口导向型逐步转变为内需型。而在当时日本财经官员甚至学界看来，要想扩大内需，其关键就在于以低利率刺激国内投资和消费。

基于以上两种原因，日本银行决定继续实行扩张性的货币政策，维持贴现率在2.5%的超低水平上不变。而正是这种极度扩张的货币政策，导致了日本到处充斥着廉价的资金，长期的超低利率又将这些资金推入股票市场和房地产市场。以日经指数衡量的股价，从1986年1月的约13 000日元上涨到1989年末的约39 000日元，上涨了大约3倍；同期的地价也上涨了约3倍[1]。

而反观德国，在货币升值以后，它的关注不是像日本那样朝外，而是向内。中央银行秉承了德国政治家、经济学家、"社会市场经济之父"路德维希·艾哈德（Ludwig Wilhelm Erhard）的思想，坚持以稳定物价为己任，没有实行超低利率和超量货币发行的政策。它排除欧洲和美国的要求，坚持采取紧缩的货币政策，使得资金没有大量进入股市和不动产。1985年德国存款利率为4.44%，1987年下降为3.20%，同期，贷款利率从9.53%下降到8.33%，下降幅度远低于日本。更重要的是，随后于1988年和1989年，德国将存款利率分别上调至3.29%和5.50%，贷款利率更是提高至9.94%。

诸如此类的反比，我们还可以找到很多例证。对通货膨胀，那些企

---

[1] [日]野口悠纪雄.泡沫经济学[M].生活.读书.新知三联书店，2005.

图推卸责任的政府官员们经常给予的解释是，通货膨胀是由国外输入的。但正如米尔顿·弗里德曼所曾批评的：

> 如果世界货币体系尚处于金本位时代，那么因为各国货币都是通过金本位制联系在一起的，这个时候某一国货币量的增长的确会造成其他国家的波动。历史上的西班牙和葡萄牙人从美洲大量掠夺黄金而造成整个欧洲的价格上涨就是最好的证明。[1]

但随着金本位的破产，这一解释也就站不住脚了。在阴谋论者或故意推卸责任者来看，20世纪70年代早期的通货膨胀是符合他们的逻辑的。因为自美国取代英国之后，它就彻底变成了"邪恶帝国"——当时反资本主义的社会主义阵营是如此看，一些自认为弱小的国家事实上也是这样看的。随着日本陷入失落，这一观点在日本更是大有市场。

但这是事实吗？当时，日本和英国的通货膨胀率每年都高达30%以上，而美国的通货膨胀却只在10%左右。当时的货币体系一直是由美国主导，《布雷顿森林协议》是美国主导建立的，而它的废除也是美国主导的，这高涨的通货膨胀与美国有必然关系。可问题在于，虽然当时英国和日本的通货膨胀率高达30%，而同时期的联邦德国通货膨胀率还不到5%。难道，美国想利用手中的货币政策对付英国和日本，就没想过也用同样的办法来对付当时的联邦德国？

在1975年石油危机后的五年时间里，日本的通货膨胀率大幅下降，该数值从20世纪70年代早期的每年30%以上下降到不到5%，而联邦德国则一直维持在5%左右。倒是美国，其通货膨胀率在石油危机之后的一年里达到了顶峰，约为12%，到1976年降低到5%，但好景不长，随

---

[1] [美]米尔顿·弗里德曼.货币的祸害[M].商务印书馆，2006.

着第二轮石油危机和伊朗事件的爆发，其通货膨胀率再次上扬，到1979年上升到13%以上。从这点来看，阴谋论显然是站不住脚的。同样，一味地将责任推给外部环境的论调也是站不住脚的。

对决定事物发展的因素，达尔文最后的结论是："外因条件与生物本身内因相比，仅居次要地位。"由此，我们可见，一国的经济问题，固然有外部因素的影响，但何尝不是自己内部的问题呢？！真正令日本为之失落20年的，主要还不在于由美国主导的《广场协议》，而在于其自身错误的应对。

那么，在中国的经济问题上，又何尝不是如此呢？

全力支持出口的那些政策

有趣的"出口主导型"之争

除外部因素论之外，主流经济学界还有一种流行的观点，这种观点虽然亦认同问题出在中国的经济结构上，只是他们认为不是出口出了问题，而是我们的投资过度了。

2009年初，瑞银证券公司（UBS）全球新兴市场经济学家乔纳森·安德森（Jonathan Anderson）在他撰写的一份报告里就认为，中国不应被看作"出口主导型"经济体，全球经济衰退对中国的影响，也不必过于夸大，中国并不必对世界需求下降过于恐惧。

他说，出口占GDP的比这一指标具有误导作用，它甚至是一个毫无意义的统计指标。与外界常有的印象不同，中国的出口部门虽然规模可观，但是，在整个经济中仍然只扮演一个比较"中庸"的角色，比亚洲绝大多数的国家都弱。尽管出口额在飞速增加，但它对经济增长的贡献率增长缓慢，他认为时间序列的比较分析证明了这一点。

他进而分析被广泛援引作为证据的中国出口占GDP比率这一数值。这个许多人会脱口道出的简单、流行数字，是以人民币计价的出口海关数据除以中国的GDP。人们能够看到出口占GDP的比例在过去急剧上升。

由此推导出的一般结论将是：一，出口已超过中国经济总量的1/3；二，出口对经济增长的贡献率相当高。如果这两点成立的话，很显然，当出口竞争力减弱、全球对中国产品需求趋降时，中国经济将面临着急剧萎缩的风险。

但是，以上结论是误导性的。2006年，马来西亚的出口占GDP达到104%。显然，不能将此理解为该国的出口部门比整个经济都大。对于中国香港地区和新加坡来说，情形就更"糟"了，这个比例超过200%。对于不知情的观察者来说，这些显得不可理解，一个国家（地区）的出口为何会"超过"其GDP呢？安德森指出，这个指标是拿两个不具可比性的数据来做比较：出口被定义为总的"流水"，而GDP是从增值的意义上而言的。如果拿一个公司来打比方，出口类似于销售额，而GDP则类似于利润。

瑞银证券公司的估算表明，在中国出口产品中，国内价值含量为45%。也就是说，出口总价值的55%代表了进口原材料和制造业零部件。这并不令人意外，因为中国出口行业本来就以劳动密集为优势，以组装为特色，国内含量仅占GDP的14%~16%。安德森总结，"这是我们对外部需求对于中国经济影响的最佳测算"。

有趣的是，40多年前，同样的争论发生在日本。在20世纪70年代，世界经济学界曾就日本是不是一个出口主导型的国家争论不休。哈佛大学教授理查德·凯维斯（Richard Caves）在他的论文《出口主导型的增长和新经济史》里指出，如果经济增长是以出口为主导的话，那么就必须有能带来经济利益及使实际收入增加的外部因素，并且还必须能把它和由于增加人力及物力的投资而出现的劳动生产率的提高加以明确地区别。

根据凯维斯的说法，区别内外部作用因素的简单试验就是看出口价格和出口量的变化是成正比还是成反比。如果成正比，那么作用因素就在外部；如果成反比，作用因素就在于国内供给的变化[1]。罗林斯·库劳茨把凯维斯的实验用于日本，发现1961年出口价格指数为92，而1968年尽管出口量大幅度地增长，达到了232%，但是出口价格指数却仍然维持在92.9，也就是说几乎没有什么变化。根据这一结果，罗林斯·库劳茨认定20世纪60年代日本的经济增长不是以出口为主导的。通过对这段历史的回顾，我们可以清晰地发现，事实上安德森的分析工具和模型，与罗林斯·库劳茨一样，完全是套用了凯维斯的理论模型。

但正如日本著名经济学家都留重人博士对罗林斯·库劳茨所做的批评一样："凯维斯提出的'如作用因素主要由海外需求所产生，那么出口量的变化就成正比例'这个观点，在理论上或许可以说是正确的，但是这里所表现的理论模型本质上却是静态的。某种特定的工业部门由于利用了双重价格机制而发展成为出口工业，接着为了充分利用大量生产的好处又扩大生产的规模，其结果出口价格和出口量的变化形成反比，这种情况即使抽象地加以考虑也是完全可能的。如果对日本在最近20年的出口增长起重要作用的工业加以详细分析，便可得知，通过投入更多的人力和物力来提高国内劳动生产率，是由于扩大出口的成功才得以成为现实。[2]"

日本的另一位著名经济学家建元正弘，1974年6月1日提交给在美国马萨诸塞州召开的"公共经济学国际讨论会"的论文《日本的稳定政

---

[1] 原文出自J.N.巴瓦帝主编的《贸易、国际收支和增长》，北荷兰出版社出版，此处转引自商务印书馆1979年出版的都留重人的《日本经济奇迹的终结》。

[2] [日]都留重人.日本经济奇迹的终结[M].商务印书馆，1979

策及其对世界经济不稳定性的关系》中也指出:"扩大工厂及设备的投资,这种促进经济增长的国内因素,是不能和出口分裂开来的。"

对于这一观点,加州大学圣迭戈分校国际关系和亚太研究学院教授星岳雄表示赞同,他说:"如今日本仍然依赖于出口贸易。由此带来的问题便是,如果你估算一下需求占经济利润总额的比例,就会发现这一比例非常之小。日本的国内生产总值仅占出口国内生产总值的10%左右,当这一比例仅为10%~15%左右时,份额可以说是相当少的。如果你着眼于日本的经济发展,便会发现其国内生产总值的增长基本得益于出口。这就意味着,在庞大的国内市场环境下,85%~90%的经济并未增长。只有15%或10%的外向型经济在增长。日本仅依赖于这一小部分的经济增长来维持整体的经济发展。[1]"

这一思路在日本成立,那么在中国呢?我想应该是同样成立的。这一观点支持了我对中国政府就2000年和2008年为应对欧美经济危机,而采取相应措施的判断。在2009年8月初所出具的一份题为《中国经济未来走势取决于欧美复苏情况——以时间换空间的经济危机因应之策能够走多远?》的研究报告中,我的一个基本判断是:

中国政府对该轮经济危机的因应之策,事实上是2002年政策的翻版。结合2002年至2004年政府在应对经济危局的措施来看,今天政府的经济因应政策与当时的核心思想是一致的,那就是试图通过加大固定资产投资这一手段来争取时间,并以争取到的这个时间来换取空间,即等待欧美经济的全面复苏,然后再将经济增长的结构重点,由资产投资转化为出口。

---

[1] 避免重蹈"日本奇迹"覆辙,财新网《比较视界》,2011.07.29.
http://video.caixin.com/2011-07-29/100285126.html

在该报告中，一个重要依据就是，对比两次危机后政府应对时投资的非典型性增长：

我们无法回避的，就是我国经济确实在增长，虽然其结构值得商榷。投资增长在各项指标中表现极为突出，2009年上半年全社会固定资产投资保持强劲增长，增长率达到33.5%。从绝对金额来看，2008年1月到6月的总额约为6.8万亿，而今年同期则达到了9.1万亿。扣除价格变动的因素，投资增长速度还要更高。

这种结构性增长，让我们不得不联想到，2001年因美国互联网泡沫破灭所导致的经济危机时，中国政府当时所取的政策和与之相匹配的结构性增长。

下面这些数据应该可以说明一些问题：首先，如同我们今天的局面，当时固定资产投资增幅非常大，2003年全社会固定资产投资的增幅高达26.7%，2004年第一季度更是高达43%。2004年上半年的增幅虽有回落，但仍然高达28.6%，高于2003年全年的水平，并远远高于改革开放以来全社会固定资产投资平均增长。这点可参见北京大学经济学院的刘伟、蔡志洲两位教授共同撰写并发布于2004年第三期《经济科学》里的文章，该文章给出的相关资料是：自1980年至2003年，中国包含价格变动因素在内的全社会固定资产投资的年均增幅为19.53%，扣除价格变动，年均增加约为12%。

从这里我们可见的是，4万亿的财政刺激计划而导致的投资过度，的确是引发包括产能进一步过剩、房地产泡沫和地方债务膨胀的直接原因，但正如建元正弘教授所指出的："扩大投资，这种促进经济增长的国内因素，是不能和出口分裂开来的。"这主要表现在，这些投资中，很大一部分本就是为出口而投的。另一方面，政府为吸引这些投资而在包括厂房、交通运输等大配套设施方面做了大量投入。从这点可见，在我们的经济结构中，事实上过度的投资只是在为出口服务而已。

细说那些配套政策

同样的问题还表现在对货币政策的态度上，而在持有这种观点的人中，我本人应该就是一个典型。就中国经济的衰退问题，我曾与一位网名为"@德国农村妇女"的网友，在新浪微博里有过一番讨论。

@德国农村妇女："一个深谙中国的经济学家说，中国有钱人很多但是富人很少，这就是财富的质量。比如一个新建工厂，两年后你去看，已是门窗锈了墙面脱落了，设备管理也一塌糊涂，而这个老板却还在建新工厂，这个现象在每个行业都存在。而德国工厂有30年历史，依然如新。"对于这种现象，她将其归因为中国人的浮躁，她说："中国的这些问题并非无解，就是踏实些……"

对于她的这种说法，我的观点是，正确但不充分。我当时的回答是："您说的这些确实是我们的短板，但以我个人之理解，我认为您说的这些事实反倒恰好是果而不是因。为什么我们的企业家能够容忍这些无效率生产，为什么能够放纵扩建而不去努力提高管理和生产的效率呢？原因很多，但主要的或还在于人口红利和低利率政策这几个主要原因。正因为人口红利和低利率政策，我们的企业家在压缩成本提高生产率上的压力没有那么强烈，压力一旦解除，那么他们自然会放纵他们的行为。而这些行为的结果就是大量的无效生产和错误投资。设想一下，如果我们的资金成本和人力成本很高，那么企业家还会这样无视无效生产吗？"

这一观点的确解释了企业的无效和错误投资的普遍性，但可惜的是，这一论点无法解释我们的货币当局为什么要执行低利率这一政策。

中国人民银行货币政策司司长张晓慧为我们给出了一个有力而权威的解释，张司长在2011年的一篇工作论文里指出："导致中国流动性过剩的国际收支顺差既是全球化发展过程中跨国外包、供应链重组加速以及国内资源禀赋竞争优势的反映，也与出口导向发展战略，以及围绕此战略长期形成的财政体制、收入分配体制、贸易体制、价格体制、汇率体制等因素有关。"简而言之，就是一切相关政策都是为出口导向型战略服务的。

譬如汇率政策。中国之所以要锚定美元，目的很简单，就是想通过与美元结成连船战略，以此减少汇率波动来扩大出口，最终为其出口导向型战略服务。

我们在前面提到过，目前主导欧美国家特别是美国经济的是借款"依赖型"体制，美国要想维持它当前的长期国际贸易逆差和经常账户逆差，就需要以美元不间断地循环周转为保证。这就需要其他国家出口商品换取美元，并购买美国债券投资于美国。

不幸的是，包括中国在内的出口导向型国家，正是这一体制的维护者，具体来说就是包括中国和那些石油出口国在内的对美贸易顺差国。它们将通过国际贸易赚取到的美元，通过购买美国国债的形式投给了美国。也就是说，这些经常项目经由资本交易回流到了美国。

整个循环过程大致是这样的：在美国以住宅抵押贷款购物的消费者比较多，如果住宅价格上涨利率下降，则再融资抵押贷款的借款额就会增加，在还款额一定的情况下，借款人可以套取巨额的现金，也就是所谓的套现借贷。这种借贷的大部分用来充抵购物款，这样就形成了在住宅价格上升的情况下，其他商品的销售情况也会随之同步增加的局面。

而中国为了应对美国庞大的需求，则长期实施超低利率政策和政府干预汇市。于是，我们就可以对美国的泡沫经济做如下的理解：借中国的商品趁人民币贬值和低利率之势，增加在美国的销售。而中国则将其赚取到的美元，又以购入国债的形式投资在美国。由于中国大量买入长期国债，结果是压低了美国的长期利率，这又反过来支援了美国的住宅按揭贷款。伴随着中国出口进一步扩大的是，它也慢慢地吹大了美国的住宅价格和金融泡沫。

而当大量优质客户都已买好房，有购买能力的人群越来越少的时候；当居民收入增长远远落后于住宅价格上涨的时候，住宅价格的下跌就成为一种必然。一旦住宅价格下降，华尔街银行家的资产负债表就开始恶化。在"去杠杆化"的诉求下，银行的放贷审查自然会趋于严格，这就使得原本打算购买中国商品的人因为银行放贷紧缩而无法实现购物愿望，致使中国商品销量下降。也就是说，中国近几十年来一直是，"向美国散发低成本的资金"。

正是这种行为，间接地助长了这场金融大浩劫。这几年出口企业的业绩大增是事实，只是从整体来看，我强烈地感觉到中国被主谋美国所利用了，并且今后还要为此付出更大的代价。事实上，我们已经受到了一定的惩罚。长期的低利率政策和人为压低汇率，其结果是在固化现有的产业结构之外，更制造了大量的错误投资。

正如张司长的论文所指出的，除了货币体制和汇率体制外，还有财政体制、收入分配体制、贸易体制、价格体制等配合出口导向型战略。

譬如于现行财政体制下对企业的变相减免。在中国，常常有人说，比起筹措资金和劳动力来，购置土地是极为容易的事情。制造工业的"土地生产率"和农业相比较，大得不可同日而语，这也完全是事实。一份数据显示，在中国，农业用地与工业用地的土地生产率比为1∶1000。因此，人们可能想，只要把农业用地转化到工业上去那么一点点，就能够使得这块土地的价格提高数百倍。

在西方，作为工业主来说，如果想得到工厂用地，一般的惯例和普通的做法是由他根据自身的判断来展望前途，选择一定的土地，再签订购买某一区域的合同。但是，事情却并不如此简单。如果说工厂用地必须满足各种效率方面的条件，那么就必须符合以下各种要求，诸如：适当的工业用水、运输便捷、劳动力供应充沛等。即使碰上了好运气，有人愿意出卖他所拥有的土地，那么使买卖双方都满意的价格问题还是严重的障碍。拥有土地的人要求的价格，往往不仅要补充他将丧失的、将来能连续从其土地上获得的收入，还要能够补偿他自己改行所需的费用，在一个产权明晰的国家和地区这是理所当然的。而在这种漫长的谈判和估价中，对企业来说，最大的风险是时间成本。

但是，在中国上述情况几乎不存在，因为在中国，农民所拥有的仅仅只是该土地的使用权。土地的最终支配权在政府手里，政府可通过手中的行政权征地。这也就免去了像产权明晰的国家和地区那样的，企业跟农民一对一的谈判，而替之以作为土地承包者的农民与政府的谈判。这样一来，企业所需付出的成本也就很低了。政府更是对已征收土地提供修建道路、供水、供电等产业基础设备，为征收土地进行先行的公共投资。政府承担这部分工作的结果，使企业把获得工厂用地的成本控制到最小限度。

此外，还有政府在水电方面给予企业的隐性减免。我们知道，水、电对现代文明是如此重要，因而被定性为"公用事业"。然而，不管是水、电的发明和最初应用，还是当前和今后的供给，无不是私人行为和市场力量的结果。

既然是一种市场化的私人行为，一切自然以价格变动为风向标。而真正的市场价格，不仅由成本决定，还取决于供求关系。但处于快速工业化和体制转轨中的中国，水、电价是被行政力量管制的，水、电价长期被低估，从而降低了整个国民经济用电成本和资金成本不一样，工业的用水、用电经常因为行业不同而千差万别，对于某些产业来说，水、电费用在总成本之中所占比大于利息成本。因此，政府通过价格管制的手段强力压低工业的水、电费用，在某些特定的制造工业如钢铁、化工、建材以及原料工业的发展过程中，是个不可忽视的因素。以电解铝为例，该行业铝锭综合交流电耗2007年全年平均值为每吨14 488千瓦时，该耗电水平据说已创历史最低水平，其耗电之巨可见一斑。

此外，作为全力支持出口战略的一揽子政策的一个重要部分，税收政策亦是不容忽视的政策。2011年，美国《福布斯》(Forbes)杂志发布全球"税负痛苦指数(Tax Misery Index)[1]"榜。在该榜单中，中国税负痛苦指数在公布的65个国家和地区中排列第二。事实上这不是中国首度入榜，早在2005年和2009年，中国曾先后两度入榜，且也一直仅次于法国而稳居该榜单的次席。

按常理而言，"税负痛苦指数"越高，对外资的吸引力就应该越小。但事实却恰恰相反，虽然税负高居全球第二，但这丝毫不影响外资大量涌入中国。官方数据显示，金融危机后的2010年，反映外商投资意愿的领先指标——2010年全国累计吸收外资1057.4亿美元，同比增长17.4%。

事实上，《福布斯》提到的"税负痛苦指数"，采取的税率是名义税率，而不是实际税率。由于各种优惠及政策减免，中国的实际税率要远远低于名义税率。这也是在中国同时出现高"税负痛苦指数"和高"外资吸引力"悖论的真正原因。

我们知道，在中国大多数税收法规不是以法律的形式存在，而是以"暂行条例""暂行规定"等形式出现的，如《增值税暂行条例》《消费税暂行条例》《营业税暂行条例》《城市维护建设税暂行条例》《征收教育费附加的暂行规定》《企业所得税暂行条例》。

从20世纪我国改革开放以来，为吸引外资、发展经济，我国政府就对外资企业采取了有别于内资企业的税收政策。现行内、外资企业所得税税率虽均为33%，但在实施中，内资企业平均实际税负为25%左

---

[1] 税负痛苦指数(Tax Misery Index)也叫税收痛苦指数，是根据各地的公司税率、个人所得税率、富人税率、销售税率/增值税率，以及雇主和雇员的社会保障贡献等计算而得，指数越高意味痛苦程度越高。

右，外资企业平均实际税负为15%左右。

关于出口退税这点，且让我们先来看一则2008年10月的新闻[1]。

出口退税率下月起上调

　　作为国务院常务会议提出的保经济增长的重要措施之一，部分商品的出口退税上调成为现实。昨日，财政部、国家税务总局联合发出通知，中国将从2008年11月1日起，适当调高部分劳动密集型和高技术含量、高附加值商品的出口退税率。其中部分纺织品及服装的出口退税率由13%提至部分之14%；日用及艺术陶瓷出口退税率提高到11%；部分塑料制品出口退税率提高到9%；部分家具出口退税率分别提高到11%、13%。

　　通过财政政策刺激出口早已被业界认为将是一个必然的趋势。但是，在专家们看来，短期的刺激作用可能会比较明显，如果希望中国的外贸企业能够长期发展，只有退税上调尚远远不够。

　　退税政策出台的速度之快令业界惊讶。广东省东莞市一家外贸企业的负责人在听到出口退税上调之后，非常兴奋："虽然政府多次表示要调退税政策，但是，没想到这次这么迅速。"

　　对于政府出手如此之快，郭田勇的解释是，其实，在传闻开始之时，政府的相关机构已经多次组织专家去企业调研，对于企业的很多情况都了解得比较清楚。他们也知道出口企业的经营惨状，感觉到必须尽快出手。

从这则新闻里企业负责人的"兴奋"劲，和中央财经大学郭田勇教

---

[1] 详细新闻内容可参见如下链接 http://news.liao1.com/newspage/2008/10/4020038.html

授的"足以说明政府挽救出口企业的决心"的评论，我们不难发现，出口退税对企业、行业甚至整个外贸出口的影响之大。

那么，什么是出口退税呢？出口退税（Export Rebates）是指对出口商品已征收的国内税部分或全部退还给出口商的一种措施。1994年1月1日开始施行的《中华人民共和国增值税暂行条例》规定，纳税人出口商品的增值税税率为零，对于出口商品，不但在出口环节不征税，而且税务机关还要退还该商品在国内生产、流通环节已负担的税款，使出口商品以不含税的价格进入国际市场。

结合上面引用的新闻和这一名词的解释，可以看出，出口退税为企业减轻了多少负担，为出口企业在国际市场的竞争成功实施低价格策略，提供了多大的政策保障！正如郭田勇所指出的，出口退税表明的是政府挽救出口企业的决心。岂止是挽救出口企业这样简单，政府挽救的是整个出口产业、整个出口导向型战略。

只是，这种决心真的有用吗？

中国绝对胜出的日子行将终结

对于这种决心，乔纳森·安德森显然是持悲观态度的。安德森分析指出，在过去的20多年时间里，中国出口增长率持续高于周边国家和地区，通常要高8到10个百分点。中国在绝大多数劳动密集型轻工业领域占有了极高的市场份额，正气势逼人地进军电子产业；在重工业产品上，也一跃成为净出口国。但是，这一势头不可能长期持续。安德森博士给出的理由是：劳动供给减弱，年轻单身的移民短缺，非熟练工人工资迅速提高，更不用提正在升值的人民币。据此，他认为，中国绝对胜出的日子行将终结。

虽然在"出口导向型经济"的定义上，我不能认同他的观点，但关于出口这一势头不可能长期持续这一观点，我倒是完全认同他所给出的理由。在这30多年的发展中，出口无疑为中国经济的高速增长助益良多。而出口的快速增长，除有赖于上文所述及的诸多全力支持的政策外，还有两大要素是必须予以提及的，那就是人口和储蓄。

根据哈罗德-多马经济增长模型（Harrod-Domar model），增长率等于储蓄率除以资本系数，要想维持特别高的增长率，就必须有较高的储蓄率。摩根士丹利的研究部在2007年公布了一份数据：2004—2006年，中国的国民储蓄率接近50%，家庭储蓄率约为收入的30%。对此，国务院发展研究中心副主任李剑阁认为，国民高储蓄率是支持中国经济高速增长的要素。但这一观点不能让人信服。在摩根士丹利的同一份报告中显示，日本的居民储蓄率也高达31%，但日本为什么没有出现高增长呢？同样的情况还出现在台湾地区等其他东亚经济体。

所以，劳动力的问题或许是更令人信服的证据。我们知道，人口是劳动力供给的基础。新中国成立以来50年时间，是中国有史以来人口增长最快的时期。1950年中国总人口为5.52亿，到1998年末增长到12.5亿，翻了一番多。庞大的人口基数和适当的人口年龄结构，构成了中国这30多年来取之不竭的劳动力后备军。而且劳动力的供过于求，还减弱了工人的议价能力，因此在改革开放这30多年来得以实现了低工资率。这种低工资率使工资增长的幅度比劳动生产率提高应带来的工资增长幅度要低得多。

在1998年之前，西方社会的沃尔玛街（Wal-Mart Street）[1]居民消费品的提供商不是中国，而是东南亚各国。从某种意义来说，当时的中国与东南亚各国是明显的竞争对手。而就在竞争最激烈的时候，金融大鳄乔

---

[1] 该词为作者自创。在美国，沃尔玛一贯采用的是低价策略，其目标人群亦多为中低收入者。在这里用沃尔玛街来指代中下阶层，以此与华尔街形成区别。

治·索罗斯（George Soros）和他旗下的量子基金（Quantum Fund）攻击了东南亚，引发一场巨大的金融风暴。危机迅速地扩展到政治等领域，从此东南亚各国陷入了一个长达4~5年的挣扎期。而其终端——西方世界并没有受到这场风暴的太多影响，甚至还得到了一些额外的利益。这也就决定了西方人的消费需求非但没有因为东南亚的金融风暴而降低，甚至更趋增长。在这样的前提下，对手失去的4~5年，不正是中国意外获得的4~5年？！借此，中国开始凭经济影响力站到了世界经济的前台。

2001年的两件大事亦为中国的全球化进程提供了莫大的助益，它标志着中国的改革开放进入了某种意义上的新阶段：2001年"入世[1]"的成功使中国大踏步地进入全球化过程；而随后而来的"9·11"事件及欧美的相关应对——全球反恐，使西方世界的注意力聚焦于伊斯兰地区。该一事件不仅淡化了中美原来的矛盾，更重要的是促进了双方的互谅、合作，从而在很大程度上改善了中国的国际政治甚至经济生态。

无可否认，上述的大事件对中国市场经济的发展，都起了空前的推动作用，其效果绝不亚于日本、德国经济崛起过程中的朝鲜战争和越南战争。

基于这样的外部有利条件，中国加快工业化步伐，并以低廉的劳动力成本进行工业制成品的生产。得益于此，中国的经济在此后的10年间得到了长足的发展。但也正如迈克尔·波特（Michael E. Porter）的五力模型（Michael Porter's Five Forces Model）[2]所反映的，中国的进入和

---

[1] 加入世界贸易组织的中国式缩写。

[2] 五力分析模型是迈克尔·波特于20世纪80年代初提出，对企业战略制定产生全球性的深远影响。该模型可以有效地分析客户的竞争环境，其五力分别是：供应商的议价能力、购买者的议价能力、潜在竞争者进入的能力、替代品的替代能力和行业内竞争者现在的竞争能力。五种力量的不同组合变化最终影响行业利润潜力变化。

发展使整个世界经济的结构改变。中国需求增长迅速，导致以澳大利亚、巴西为代表的铁矿石出口国，以沙特阿拉伯、俄罗斯为代表的石油出口国以及土地和劳动力的供应商等的议价能力明显增强。

另一方面，中国产出的增长，也令包括美国、欧洲在内的购买者的议价能力增强。更重要的是，受中国经济的强劲增长激励，大量的后发国家，如越南、印度等纷纷加入。如此一来，结构内的竞争更趋激烈，无论是上游的供应商还是下游的购买者，其议价能力都为之增强。随之而来的是，成本的增长和利润的下降。这样，整个世界的经济结构又随之改变。原油价格的上涨、劳动力成本的上升，甚至出现的用工荒，这些原本就是原有的经济结构已经发生改变的强烈信号。

正如前面所讨论的，这种出口型模式所赖以存在的最大要素就是充裕而廉价的劳动力。事实上，它一直就是中国经济依赖于出口导向崛起的"最大的比较优势"，而今天这一优势似乎即将失去。

根据联合国《世界人口展望（2010年修订版）》的方案显示，中国人口在2017年达到13.6亿的顶峰后，将于2018年开始负增长，在2100年降低到5亿。而《大国空巢》的作者易富贤博士则更悲观。他认为，联合国的方案对中国而言还是过于乐观，联合国认为2010年中国生育率为1.64，但2010年人口普查显示生育率只有1.18。用2010年的人口结构和1.18的生育率进行预测，那么中国人口将在2017年达到13.4亿的顶峰后开始负增长，到2100年只有4.6亿人，到2200年只剩6800万人。如果2010年后生育率能够提高到1.3，那么中国人口将在2019年达到13.5亿的顶峰后开始负增长。

中国社会科学院人口研究所研究员蔡昉所掌握的一项数据也显示，中国一般的劳动年龄人口（16岁至64岁）数量在2010年至2015年将处于峰值，随后劳动年龄人口的比例将不断下降。这可能意味着，中国经

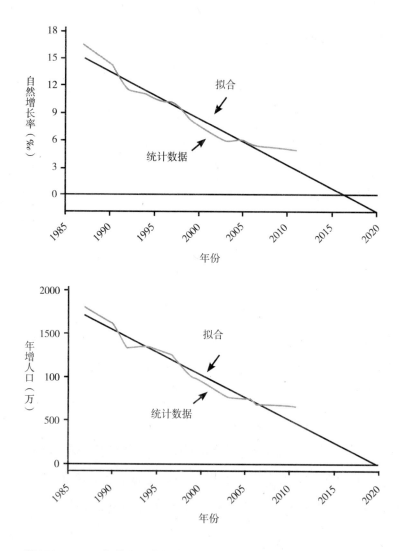

据1987—2011年的人口自然增长率、年增人口推测今后人口变化

资料来源：易富贤

济享受人口红利的时代过去了[1]。这也正是安德森博士判断中国的出口难以为继的重要原因。

---

[1] 社科院专家：民工荒预示中国人口红利即将结束[N].中国经营报，2010.04.26.
转引自人民网：http://finance.people.com.cn/GB/70392/11451841.html

当然，我们也必须予以指出的是，正如我们于前面所提到的陈潭模型G=I[MPT]所表明的，在经济的增长中，人口要素是一个重要的要素，但它并不是唯一要素，稳定和良好的制度结构才是经济增长的基础。这也正是我跟易富贤博士认识有所偏差的地方。想当年大清帝国人口有3万万之众，不列颠的人口不过2千万而已，也就是说大清帝国的人口足足是不列颠的15倍。两国之间的领土面积则更是有多达60多倍的悬殊。然而就是这样一个"蕞尔小国"，派几百号人、开几艘军舰，就将泱泱大国掀翻在地！那么，这个"蕞尔小国"凭的是什么呢？显然不是人口P，而是它的制度I和该制度下所派生的包括蒸汽机、现代工厂制度在内的技术T的长足发展。对中国而言，当前的人口红利固然会丧失，但中国并不是毫无办法。在人口P缩小的时候，我们需要做的是扩大市场M、提高技术T，而关键又在于放大制度I，以此来促进经济G的增长。

也正是因此，在这个时候，对中国而言，最需要做的是，实现产业结构的优化和调整，以此跳出已经严重恶化的竞争环境。但事实恰好相反，中国政府为了支撑原有的以"人口红利"为支撑的产业模式，而采取了更为宽松的货币政策、饱受争议的汇率政策和税收政策。关于前两者大家已经讨论得比较多了，我们在这里来看看第三项税收政策。1994年税制改革以来，中国出口退税政策历经7次大幅调整。

1995年和1996年进行了第一次大幅出口退税政策调整，由原来的对出口产品实行零退税率调整为3%、6%和9%三档。

1998年为促进出口进行了第二次调整，提高了部分出口产品退税率至5%、13%、15%、17%四档。

此后，外贸出口连续三年大幅度、超计划增长带来了财政拖欠退税款的问题。2004年1月1日起国家第三次调整出口退税率为5%、8%、11%、13%和17%五档。

2005年进行了第四次调整，中国分期分批调低和取消了部分"高耗能、高污染、资源性"产品的出口退税率，同时适当降低了纺织品等容易引起贸易摩擦的出口退税率，提高重大技术装备、IT产品、生物医药产品的出口退税率。

2007年7月1日执行了第五次调整的政策，调整共涉及2831项商品，约占海关税则中全部商品总数的37%。经过这次调整以后，出口退税率变成5%、9%、11%、13%和17%五档。

2008年8月1日第六次出口退税政策调整后，部分纺织品、服装的出口退税率由11%提高到13%，部分竹制品的出口退税率提高到11%。

第七次调整是2008年11月1日实施的上调出口退税率政策。此次调整涉及3486项商品，约占海关税则中全部商品总数的25.8%。主要包括两个方面的内容：一是适当提高纺织品、服装、玩具等劳动密集型商品出口退税率。二是提高抗艾滋病药物等高技术含量、高附加值商品的出口退税率。调整后的出口退税率分为5%、9%、11%、13%、14%和17%六档。

虽然伴随着经济过热，在2007年我们似乎看到了一丝希望，那就是由市场倒逼着企业逐步优化和调整。但可惜的是，这种希望随即而逝。首先是因为错误认识，而带来的诸如"腾笼换鸟"这类人为干预的政策。等到2008年金融危机来袭，为防止经济出现大起大落，政府运用了包括低利率和4万亿政策手段在内的宏观调控手段。

得益于这种决策和应对，我们避免了大面积的企业倒闭、工人失业、农民返乡等局面的出现；也是得益于此，我国经济才得以继续保持了良好发展的势头，进而维护了社会的和谐与稳定，防止了现代化进程出现大的波折。

但"是药三分毒"，中国人民银行行长周小川博士最近在接受媒体采访时就指出："任何一种调控都不能是百利而无一害的。也可能有过冲，有超调，也会有震荡。"对此，我们也应清醒地认识到，这种应对策略的确给我们带来了"问题被留到日后"的局面。

从经济和社会创新的角度来看，2008年的应对策略，如更为宽松的货币政策、更为积极的财政政策、被低估的汇率政策和更高的出口退税政策，在维护社会和谐稳定之余，在一定程度上也的确令那些本应破产的企业借此而苟活了下来。这也就意味着，这一付药因其毒副作用，在无意中人为地破坏了"创造性破坏"这一市场机制，进而对原有的产业模式起到某种意义上的保护作用。

如果经济能够持续繁荣，这些企业、这种产业结构也许能够在泡沫下得到暂时的维系。可惜的是以前那些依靠信用而大手大脚花钱消费的美国人，现在正忙着去杠杆化，以此来恢复自己的信用。这也直接导致了目前我们的出口如此低迷。显然，这是一个具有象征性的事件，至少可以由此来判定，中国经济又回到了2008年年末的水平。

从这个意义上来讲，中国现在所发生的一切，问题的实质显然不仅仅只是"欧美的债务危机，特别是欧元区的债务危机"问题，而是中国经济本身出了问题。而其根本就在于因2008年的政策的副作用而固化的产业结构发生了问题。

诚如周小川行长所认为的，任何一种调控，在带来百利的同时，必然会有一害。那些试图将中国经济问题说成"受欧美经济影响"人，不过是在讳病忌医。这种讳病的态度根本就是百害而无一利。

第9章
经济与政治

中国的经济再平衡，以及投资和出口导向型增长方式的转变，明显比预期要缓慢得多。此前人们的预期主要来自经济判断，但是，这一判断到底是拗不过墨守成规的政治现实和根深蒂固的利益集团。

中国为什么选择出口导向型战略

我们为什么那么贫困

在全球一体化的时代，一个国家要想在经济竞争中获取竞争优势，办法不外如下两种：一种是加大经济活动中的科技、教育投入，在不断创新的过程中取得竞争的优势；另一种则是借助传统的技术，利用廉价劳动力及自然资源，形成比较优势。

显然，中国选择了后一种竞争战略，经济的增长主要依靠增加投资和扩大生产规模，廉价劳动力是中国竞争战略取得成功的关键，因此工资上涨落后于GDP增速也就不足为怪了。这样的结果是，经济的高速增长并没有使得国民的财富得以同步增长。自1978年以来，中国的改革开放已有30多年了。在这30多年里，"我们生产了占美国30%的消费品，经济也连年保持接近10%的增长速度，但工资水平仅为美国的4%"。

在GDP高速增长的同时，许多中国人并没感觉到收入有明显的增长，至少相比于两位数的GDP增速，中国人的钱包并没有鼓起得那么快。事实上，中国人均收入水平增速已经连续多年低于GDP增速。

国际上通行的规律是，当一个国家人均GDP超过1000美元的时候，居民可支配收入占国民可支配收入的比重，应该是呈不断上升趋势的。近年来，我国GDP以9%左右的速度增长，各级政府的财政收入也以年均20%的速度增长，但是我国劳动者报酬占GDP的比却呈逐年下降趋势。

据有关部门测算，我国居民劳动报酬占GDP的比重，在1983年达到56.5%的峰值后，持续下降，20多年间下降了足有20个百分点。到2007年，我国包括农业主收入在内的劳动报酬占比39.74%，同期美国劳动报酬占比为55.81%，英国为54.5%，瑞士为62.4%，德国为48.8%，南非为68.25%。[1]

另据全国总工会的调查显示，23.4%的职工5年未增加工资；75.2%的职工认为当前社会收入分配不公平，61%的职工认为普通劳动者收入偏低是最大的不公平[2]。

"廉价劳动力"策略的直接结果是，国内消费需求长期不振。这一点很容易解释，因为长期的低工资政策让居民没有足够的收入用于消费。劳动与资本所发生的这种结构性失衡，已严重阻碍了中国经济的可持续发展。而更令这一情况恶化的是，我们缺失完备的社会保障体系。

---

[1] 中国行业差距居世界之首[N].新闻晨报，2011.02.11.
转引自中国网络电视台：http://jingji.cntv.cn/20110211/101428.shtml

[2] 数据显示我国劳动者报酬占GDP比例连降22年[N].新京报，2010.05.12.
转引自新浪新闻：http://news.sina.com.cn/2010-05-12/024420251101.shtml

恶性循环

中华民族本身就有"未雨绸缪"的意识传统，在没有与之相匹配的养老、医疗、教育等社会保障的前提下，人们更趋向于为不确定的未来做储备，这也是我国居民工资偏低但储蓄率高企的缘故。住房、教育、医疗支出及保障性储蓄主导国人的消费、投资结构及行为，并进一步加剧国人日常消费支出的减少。生产发展的内在张力被无形地耗损，我们的产能不得不寄希望于国外的需求，恶性循环就此形成——国内居民在工资低且缺乏社会保障的情况下，没钱消费也不敢消费，政府与企业不得不将更多的注意力放到国外；中国的发展集中在投资和出口领域，内部的需求无法实现，这样一来，产业结构必然会进一步畸形化。[1]

当前的这种发展模式，还决定了中国经济出口带动的顺差导致国际收支失衡。而这种失衡又加剧了外汇储备的规模，庞大的外汇储备虽然拓宽了中国货币体系的安全边际，但出口增多、外汇储备过多，经中央银行结汇后，本国货币发行也相应增多，对投资需求、物价及资产价格上升形成很大的压力。我们在赚取大量出口顺差的同时，事实上也在大肆购入通货膨胀和资产泡沫的概率。

中国经济发展模式最大的问题就在于，不仅没有使国民财富同步增长，反而使国民成为改革成本的长期承担者，并因此留下内需不振、经济失衡、社会矛盾激化等种种后遗症。[2]

---

[1] 就这一现象之所以选择捎带而不是详细论述，原因在于上述事实正是国人无日不经、无日不历的。作家何其芳曾提到，对于人们日常所经历的东西我们无须进行细致的描写，因为人们已经非常熟知。

[2] 韩和元.中国经济将重蹈日本覆辙?[M].中国商业出版社，2010.

相关阅读

中国经济问题的根源在于社会保障体系的缺失

韩和元

中国经济当前面临的问题,是由一系列国际和国内因素造成的。就国际而论,全球经济危机当推首因。眼下,全球股票市场已经崩盘,许多人将此归咎于美国的衰退。这确实是原因之一,但更重要的是全球银行资本损失引起的流动性萎缩。现在,全球金融市场已经如此庞大,其变化足以影响到实体经济。

就国内而言,央行有责。央行在低通货膨胀时期放出了太多货币,这些货币进入资产市场并导致通货膨胀,但央行非但不接受这一政策带来的通货膨胀后果,反而继续推行宽松的货币政策,引起资产市场强劲的需求增长和超长的通货膨胀。如果为了对付通胀而紧缩货币,资产价格就会下跌,资产紧缩会引发需求疲软,因而央行不愿减少货币供给以控制通胀。最终,昨日的资产膨胀变成了今天的CPI通胀。

而这一切的促动因素却在于外汇增长过快、基数过大、储蓄过剩造成国际收支顺差。外汇规模过于庞大给国内经济带来货币供应增长过快、流动性过剩等问题,进而造成潜在通货膨胀压力。

关于这个问题,从表象来看仿佛是两个问题,但只要我们仔细地分析,不难发现,问题的核心却只有一个。我们知道,外汇增长过快、基数过大的原因在于中国的产业结构问题——以出口为导向。到目前为止,中国的发展还是过于集中在投资和出口领域,而内需严重不足。

这里就有一个问题了，为什么我们国家的产业结构会畸形呢？原因是保障体系的缺失。社会保障体系的不健全甚至缺失，整体工资及可支配收入增长的缓慢，"未雨绸缪""自保意识"等，决定住房、教育、医疗支出及保障性储蓄主导国人的消费、投资结构及行为，并进一步加剧国人的日常消费支出的减少，这种现象必然导致产业结构的进一步畸形化。

面对当前的金融乱局，中国央行仍然坚持不变，因为其经济基本面仍然是坚实的。但到2008年年中，人们就清楚地看到，亚洲区也面临一场衰退。作为亚洲增长发动机的那些国家——比如中国——都是出口导向的，人民币的强势正对它们造成伤害。未来几年，人民币还将继续走高，最终导致亚洲经济区增长乏力。然而中国央行要被迫降低利率的话，将会打开中国阻止通货膨胀的最后一道闸门，从而面临通货膨胀高于增长率的情形。

基于以上分析，中国经济问题的核心在于内需不足，内需不足的根本原因在于保障体系的缺失，这种缺失必然导致产业结构的进一步畸形化——中国的发展不得不集中在投资和出口领域，而这又将促成外汇增长过快，从而给国内经济带来货币供应增长过快、流动性过剩等问题，进而造成潜在通货膨胀压力。

深陷"转型陷阱"

金发姑娘

关于这点,其实中国人民银行货币政策司的张晓慧司长,有着非常清醒的认识,她曾公开指出,导致中国经济出现问题的原因,"与出口导向发展战略,以及围绕此战略长期形成的财政体制、收入分配体制、贸易体制、价格体制、汇率体制等因素有关"[1]。

我们的财经官员对这一问题有着如此深刻的认识,却为什么不肯改革呢?也许法国人让·皮萨尼-费里的观点能够给予大家一定的启示:"中国的经济再平衡,以及投资和出口导向型增长方式的转变,就比预期要缓慢很多。此前的预期主要来自经济判断,但是,这一经济判断拗不过墨守成规的现实政治和根深蒂固的利益集团。[2]"

目前的这种经济结构,正如蔡定剑教授所认为的,已严重阻碍了中国经济的可持续发展。随着中国经济的增长,其占世界经济的比重越来越大,这种结构对全球经济的可持续发展,亦是一种莫大的挑战。也正是因为如此,美国人克鲁格曼为之忧心忡忡:"现在我说的是中国,另一个经济危机信号开始浮现,这是目前整个世界都不愿意看到的。"但问题正如让·皮萨尼-费里所指出的,这种局面的出现在于那些根深蒂固的利益集团。

而对那些利益集团而言,当前的这种格局,正如《三只小熊》里所提到的森林里的那间小屋。而他们正是那位找到这间可以痛痛快快、舒舒服服过着美好生活的"金发姑娘"们。

对于这种惬意的生活,"金发姑娘"自然不愿意回到过去,也不愿

---

[1] 张晓慧.国际收支顺差条件下货币政策工具的选择、使用和创新[R].中国人民银行,2011.03.24.

[2] 让·皮萨尼-费里.咎在政治财新[J].新世纪,2011(32).

意见到那三只熊回来。这种日子对她而言，是刚刚好的。回到过去，意味着得重新过着那种朝不保夕、有上顿没下顿的日子；而那三只熊一旦回来，在"金发姑娘"看来，幸福生活就此一去不复返了。

转型陷阱

也正是因为如此，我们非常认同清华大学教授孙立平的相关观点，那就是我们现在最需要警惕的，既不是拉美式的中等收入陷阱（Middle Income Trap），也不是简单的改革停滞或倒退。对现在而言，我们真正需要警惕的是转型陷阱（Transition Trap）。[1]

这种陷阱指的是，在改革和转型过程中所形成的既得利益格局。这种格局阻碍了进一步改革的可能，既得利益者需要的是维持现状，将某些具有过渡性特征的体制因素定型化、制度化、合法化，就像童话故事里的"金发姑娘"得把她无意间闯入的房子权属化一样，以此来保障其利益最大化。

那么，这种转型陷阱是如何形成的？

在孙教授看来，上个世纪80年代的改革，中国大体体现了市场化的方向。政府主动将政治行政权与经济分离，国家对资源和机会的垄断及控制弱化，自由流动的资源和自由活动的空间开始出现。在这个时期，体制的变革推动着各种社会力量的形成、孕育和发育。也正是由此，一个经济型社会开始有逐步取代政治型社会的趋向。

这个过程，赋予了中国社会以活力，并使得中国社会一度出现了多元化的趋势，不同的社会力量得到了较为均衡的发展。这个过程中发育出来的那些最有力量的社会群体已逐步成熟起来了。而这些定型下来的社会结构，开始左右体制变革的过程。这就使得之后的改革和既得利益

---

[1] 孙立平.用公平正义打破转型陷阱.引自 http://news.hexun.com/2012-03-27/139783295.html

集团开始有着千丝万缕的密切关联。

孙立平认为,转型陷阱中既得利益格局的形成,主要取决于不断定型下来的体制。因为既得利益集团要将社会从结构与制度上定型下来,以期将其制度化、合法化。这种被逐步定型下来的体制,以权力与市场因素的奇特结合为特征。这种混合催生了权力与市场这种近乎奇特的结合,使既得利益集团迅速地获得了社会中大量的资源和机会,譬如上世纪八九十年代所出现的"官倒"[1]。

进入21世纪,一种建立在权力与市场因素相结合之上的新体制,逐步升级并趋于定型。这个新体制的基本特征遵循着权力和市场的结盟,在行政能力继续强化的前提下,把市场体制进一步打碎为市场因素,然后再通过权力重组这些市场因素。对此,中共上海市委党校哲学部副教授周东华亦认为:"(改革的)决定,最后都变成权贵利益,无法逾越利益集团的控制。"

正是基于这样的认识,中央政治局委员、广东省委书记汪洋于2012年1月4日的中共广东省委十届十一次全会上指出,与30年前相比,如今改革面对的困难是既有利益格局。他警告称:"如果只是根据这个利益格局决定改革的取向,那么改革就不可能进行下去。"我们现在的所谓改革收益,几乎都是"沿着利益集团权贵设计的资本渠道,流向他们的口袋[2]"。

国家对要素和资源的控制

对于我国为什么长期以来坚持出口导向这一问题,陈志武教授给出的解释是,国有经济的分量太重,国家对要素和资源控制得太绝对、比

---

[1] 所谓的官倒是指在价格双轨制下,官员们利用手中权力,使用计划平价和市场价两个杠杆捞钱,俗称官倒。

[2] 周东华教授的上述论述请参见纪硕鸣博士的相关文章。

例太高，导致中国内需不足。改革开放30多年，今天我们回头看，不论是产业结构还是经济增长模式，以及能源资源消耗等诸多问题，最后的症结点都与国家掌握太多的资源关系密切。他做过一个测算，今天中国75%的资产（包括国有企业、土地和矿产资源）掌握在国家手里，而不是掌握在民间，由此付出的代价是，"中国的经济增长永远是投资驱动型的，而不是消费驱动型的[1]"。

为此，陈教授指出：我们一直说要增加第三产业，提高消费驱动型经济的比重，但却很难做到，这并不是偶然的。国家掌握这么多固定资产配置权，迫使中国的经济增长只能由出口来带动，从而让出口驱动型的经济模式继续强化。这些都是一环扣一环套在一起的。

既得利益集团对资源的把控，除导致陈志武所提及的消费率低下之外，还表现在加剧中国经济的不平等、加剧社会经济的不正义。中国经济的不平等在近20年里，尤其是近十年里迅速恶化，其程度已达世界之最，远远超过了印度。不平等、不正义反过来又严重威胁着整个社会的稳定。没有稳定的社会，经济增长的可持续性必然又将沦为一句空话。

另外，不平等本身也是导致内需不足的一个根本原因。有人认为，我国的经济结构中，存在严重的投资过度局面，对于这一观点我是不能完全认同的。无可否认，在东部的城市，特别是特大城市里，的确存在着重复投资、无谓投资的现象。但在我国的中西部地区、在我国的广大农村地区，却存在着严重的投资不足，这表现为民生配套、基础设施的落后和缺失。为什么会出现这种情况呢？原因就在不公义、不平等性上。

我们为什么会陷入出口陷阱之中，原因就在于我们已经陷入了转型

---

[1] 设立国民权益基金，提供经济转型新动力[N].南方都市报，2008.07.27.

陷阱之中。所以，今天我国的经济问题咎不在经济本身，而在于其他。

具有决定作用的创造力

大成功后的大危机

在《资本主义、社会主义与民主》一书中，熊彼特就资本主义的未来，提出了一个大问题，那就是"资本主义能生存下去吗？"。他的答案非常马克思主义，他认为，马克思提出的社会主义必然会取代资本主义的这一观点，是正确的。但在熊彼特看来，这一结果的出现，并非如马克思所认为的，资本主义是被自己的失败所毁灭。恰恰相反，在他看来，资本主义最后是被其自身诸多的成功所毁灭。

熊彼特坚信资本主义成功的一个主要原因就在于创造性破坏这一市场机制。资本主义不仅包括成功的创新，也包括打破旧的、低效的工艺与产品。这种替代过程使资本主义处于动态过程，并刺激收入迅速增长。

然而伴随成功而来的是问题的出现，这种创造性破坏让企业优胜劣汰，那些糟糕的企业所占用的资本和人力资源会被其他更具目光的企业家所用，结果是资源越来越集中。在这个集中的过程中，这些资源事实上是由官僚主义的管理者在支配，而不是那些具有创新的企业家。这些管理者不像企业的主人而更像雇员，他们更趋向于收入的稳定，在他们看来，工作是否具有保障显然要远甚于创新和冒险。如此一来，资本主义就失去了倾向创新的动态趋势，以及不断进取与变化的精神。

无论是企业、民族或是国家，最容易遭遇危机的时候往往不是困难最多的时候，而是在其获得巨大成功的时候。所谓"生于忧患，死于安乐",说的就是这种状况。

在困难时期,生存及发展的条件虽恶劣,但大部分的人都能集中力量共同奋斗,领导者在决策方面弹性也颇大,因而对危机的适应性也较强。在这期间,只要确定方向,民众往往都表现得很积极,而且创造力亦都不错。在困难及挫折的重重包围下,这些勇往直前的企业、民族和国家,有着让人吃惊的适应力和应变能力。为了解决问题以争取生存空间,他们通常都会累积更多的实力。因此,当他们克服这些恶劣生态后,实力经常会有大幅度的展现,竞争力也大大超过对手,进而造成空前的成功。但也就是在这个时候,这些企业、民族和国家往往陷入了难以克服的危机之中。轰然倒塌的三株集团是如此,亚历山大的马其顿是如此,康乾盛世后的大清国亦是如此。

这里不得不谈一谈所谓的企业文化、民族文化和国家文化,这些由历代最优秀的人们以实际行动所建立的文化,对企业、民族和国家从克服困难到迈向大成功,的确有很大的贡献。但这些文化运用不当,也会成为企业、民族和国家的致命累赘。曾将史蒂夫·乔布斯逐出苹果公司的约翰·史考利,在其自传《奥德赛:从百事可乐到苹果》(*Odyssey: Pepsi to Apple*)一书里这样写道:"一个组织里成功的文化,经常会使它的成员有足够的理由,认为依循这一习惯去办事,会更舒服、更自在,也更完全。也正是因此,人们在不知不觉中,反而受到了它的限制和约束,慢慢地演变为封闭型的思考,僵化了组织成长所最重要的生态适应力。"

成功的经验总会令人难以忘怀,特别是在艰苦奋斗中获得空前成功的文化,经常充满太多的神话,有太多的故事和传统。由于那些真实的功绩,这些文化逐渐变得神圣不可侵犯。而那些因为成功而塑造的文化,一旦被组织请上神龛,就将用自己的行动写下历史的遗嘱。敢于质疑的人会被人们视为叛徒,因此,即使颇具创新力的领导人,也很少敢直接向这些可能已不合时宜的文化发出挑战。这时，这些成功的企业、民族和国家的最大的敌人，已经不再是别人，而是他自己了。

这里必须说明的是，我们无意批判任何政府和个人，正如思想家苏格拉底所告诉我们的，在这个世界上没有什么是不变的，唯一不变的就是变化本身（There is nothing permanent except change）。我们需要认识到的是，在A时点上行之有效的政策，并不见得适应于B时点，因为二者的客观生态决定了他们不可能一样。也正是因此，越是成功的企业、民族和国家，越容易陷入这种不自知的危机中。太多的神话、太多的故事、太多的传统会使其应有的适应力衰退；太多的必然及应该，使人们无法发挥创新性的想象力。

强有力的企业、民族和国家文化能表现出一贯性的承诺及能力，能协调组织成功执行其必要的战略，从而能满足企业、民族和国家的社会发展需要，争取竞争优势。这种有力的战略，意味其必须能够随环境的变化而做出必需的调适。若是不能够予以适应性调适，那么这个企业、民族和国家的逐渐衰微，也就成为一种必然。

史考利在书里一再告诫我们："一个超级成功的组织，在他的文化中，需要传承，更需要更新。因为只有这样，组织成员才能够真正体认，今天所做的是对未来的投资，而不是对过去的反映。"企业如此，民族和国家亦然。

任何伟大的传统，在它成为神圣的教条后，经常会转化成最可怕的敌人。当这些曾经是最为优异的文化，阻碍了企业、民族和国家对生态变化应有的调适能力时，这些文化便可能很快地成为企业、民族和国家发展的致命伤。在上世纪获得大成功后的日本便是典型案例。

政府与创新

在谈到日本失落的2个10年时，星岳雄——这位近年最为人们所关注的日本经济学者认为，日本所面临的最大的阻碍便是如何提高生产力，这对于发展为发达型经济是至关重要的。一旦日本达到了发达经济的标准，它必须要积极促进生产力的增长。然而日本政府却并不愿意这样做，这便是日本经济在过去20年中所遇到的阻力。

在政府操控一切而实施的出口导向型战略下，政权可以利用重要的经济和政治资源，创造出令人印象深刻的工业和经济壮举。但从长期来看，这种社会经济模式，往往会导致经济和社会的扭曲。20世纪50年代以前的很多国家，譬如德国、苏联和第二次世界大战时的日本都是这样的。当然，战后的日本还是这样的。那么，这些国家的命运是怎么样呢？答案是两个字——覆灭。至于第二次世界大战后的日本，在它制造了上世纪80年代的经济壮举后，现在所有的仅仅只是挣扎。

就日本陷入2个失落的10年这种局面，有论者认为日本政府是应负莫大责任的，譬如克鲁格曼就认为日本的失落，完全在于日本政府的麻木、不求进取和得过且过。他说："在当时日本政府虽然没有实现其预期的增长率，但它仍然认为，既然经济仍在继续增长，那就说明政府的政策还是对的。[1]"

那么，为什么会出现这种情况呢？原因在于出口导向型经济的弊端。这种弊端表现在，经济增长来得太容易，执政当局丧失了创造性地改善国内制度生态的动力，也就不能为本国的经济增长提供一套根本性的制度架构，以及一个健全的管制生态。

当然，这种行为的深层次原因，还在于人类在获得伟大的成功后，会在自满中慢慢地失去与其他治理方式、方法竞争的热情。

这样一来，原有的丰富创造力也就衰竭了。这种曾经成功的政策，开始自我锁闭，开始对这个变动的世界缺乏适应的弹性。

---

[1] [美]保罗·克鲁格曼.萧条经济学的回归和2008年经济危机[M].中信出版社，2009.

环顾世界，我们发现当年的英国和现在的美国，都是利用国内需求作为经济增长的发动机。但是，要想发展出能拉动经济的强劲内需，需要不断改善现有的法治秩序和监管架构。简单的如各种金融产品、信贷产品，都必然得经过若干年的发展，才能产生旺盛的国内需求。

因此，要想依靠内需增长特别是消费增长，必然要将对制度的要求相应地提高，对国家管制能力的要求也相应提高。相比之下，利用出口、利用其他国家市场的需求，来启动本国经济增长，就方便和快捷得多，而这也正是一切失去创造力的政权所更愿意采纳的方法。

创新的缺乏，在事实上让他们形成了典型的路径依赖及路径锁闭。也正是因此，在2008年，当金融危机的再次来袭时，世界各国所采取的应对之策只是2002年的那套。这也导致如下情况的发生：

2009年以来的新一轮景气，其关键要素，如同2008年以前一样，还是出口。虽然受金融危机的影响，中国外贸在2009年遭遇了同比16%的下滑，但也正是这年，中国的出口总额首次赶超德国跃居全球第一。出口增长的一个要素是，该年亚洲市场出口猛增。2009年中国出口环比增速超出整体增速的市场均在亚洲，如东盟、日本、印度及中国香港地区等。到2010年时，则仍然是美国的进口。美国对中国的双边贸易逆差在2010年6月上升了17%，达到262亿美元——创40个月之最。

但其结果是美国的经常收支赤字扩大到了几乎不可持续的程度，站在美国国家立场的《纽约时报》，在2010年8月15日的社论中，大声疾呼"致命贸易逆差已卷土重来 (Return of the Killer Trade Deficit)"。

第二个要素是人民币的贬值。这点我们可从2010年1月12日出版的《广州日报》的一则新闻找到佐证：

> 高盛中国经济分析师宋宇认为，出口强劲增长的主要原因除了外部需求复苏外，还有出口价格上涨，以及人民币有效汇率下降的因素。人民币有效汇率下降是因为人民币与美元挂钩而美元持续走低所致。高盛计算的人民币贸易加权指数自从2009年3月份以来下滑了9%，已经基本达到了2008年7月份出口增长放缓之前的水平。

遗憾的是，2009年的复苏是典型的建立在中国经济掉回极其危险的旧有模式这一基础上的复苏。这种模式下，2008年我们曾无可避免地受到欧美国家经济波动的冲击。那么，今天我们又凭什么能幸免呢？现在中国经济所发生的并不是新情况，而是早该发生的事情终于发生了而已。

这种情况同样发生在欧美世界。如果说我们还可以将中国经济问题的责任推诿给外部因素，那么欧美因为债务危机而引发的经济危机，我们总不能说那也是外部因素而引发的吧？欧美世界为应对债务危机而采取"债务→通胀→泡沫破灭，更多的债务→通胀→泡沫破灭……"的模式，何尝不是这种自满而导致的路径依赖呢？纵观全球经济走势，如果非得给中国政府与欧美政府做一个对比，我想他们之间的差异，绝对不会比五十步与一百步之间的区别大，这也正是今日全球经济如此之糟糕的深层次原因了。

当然，诚如耶鲁大学的罗伯特·希勒教授所指出的，绝大多数历史事件，从战争到革命，都找不到简单的起因。当这些事件朝着极限方向发展时，就像最近股市中的市盈率表现那样，通常是因为一大堆因素汇集在一起，其中任何简单的因素都不足以解释整个事件。罗马不是一天建造起来的，也不是毁于某一突发的厄运。更可能的情况应该是：罗马的灭亡归咎于多种多样的因素——重要的和次要的,间接的和直接的——共同作用的结果。[1]

在经济上又何尝不是如此呢。实事求是地说,我们不能将所有的责任都推给政府,因为"资本主义成功的本身,就常常削弱那曾经使它强大起来的结构[2]"。

中国经济的结构性调整之所以不可避免地发生,最主要的原因就在这里。经济自身固有的这种特性决定了,无论如何,包括中国经济在内的世界经济必然会出现波动,只是人为要素令这种波动更趋恶化了而已。

---

[1] [美]罗伯特·希勒.非理性繁荣[M].中国人民大学出版社,2004.
[2] [美]约瑟夫·阿洛伊斯·熊彼特.资本主义、社会主义与民主[M].商务印书馆,1999.

第10章
中国如何突围

如果说，试图以"腾笼换鸟"的形式来实现产业结构的调整，是典型的政府越位；那么，社会保障体系的缺失，则是典型的政府职能缺位。

当务之急，"腾笼换鸟"应缓行

棉纺织业+工厂制度=第一次工业革命

我们再将视线从全球范围转到国内。中国是一个有着特殊国情依赖症的国家，在这个国家总有一些人在遇到问题而又不预备解决时，经常会拿出特殊国情的招牌来为自己遮丑。这类人就如公孙龙，总是纠缠于"白马非马"的无聊诡辩。白马和黑马，无论他们的颜色有何种差异，但其"马"的这一属性是第一位的，同样人也是如此。不管是欧洲人还是亚洲人，"人"的某些秉性也是一致的，譬如饿了要吃、有爱的渴求等。用马克思哲学的观点来说，不具有普遍性的特殊性是不存在的。所以一味地谈特殊国情，不得不让人觉得这类人有着公孙龙式的恶心。当然我们在承认白马和黑马都是马的前提下，也承认马还是存在黑白之分的，就如同事物在普遍性原则下还是存在特殊性的。

也就是说，特殊国情确实存在。譬如在创造性破坏上，中国既有其他国家也面临的一般性问题，也存在着中国式的状况。"腾笼换鸟"式的产业升级，就是一种典型的中国式"破坏"，也许执政者认为，他们的所作所为是在"创造性"破坏。

该政策的决策者发现，过去利用廉价的土地、人力成本优势，承接国际产业转移而发展起来的劳动密集型产业的低端生产能力，在金融危机冲击下，深层次矛盾暴露无遗。决策者认为，如果没有当前严峻的经济形势，要实现发展模式之变、实现科学发展的难度或许会更大、时间会更长。对此，他们认为，那种为了保速度而把本已淘汰的落后产能重新扶上马的做法，无异于饮鸩止渴。

正如我们在上一章里所提到的，对于创造性破坏而言，最重要的一点就是，不能拿着各种借口来保护传统产业。就这一观点而言，决策者的政策主张无疑是对的。但遗憾的是，决策者忽视了物竞天择的筛选决定权是市场，而不是政府。

所谓的腾笼换鸟，就是指通过指令关停、强令转移、税费调整、拒绝续租等行政手段，及银行窗口指导，将现有的传统制造业从目前的产业基地逼着"转移出去"，再把所谓的"先进生产力"转移进来，以达到经济转型、产业升级。

这一政策出台，有着极深的认识背景。近年来，在我国存在一种热烈追捧"新经济"的现象，有些人认为我国的传统产业已经毫无希望，应该把资源集中在"新经济"上。在他们看来，"新经济"的核心，就是诸如信息技术和生物技术等在内的"高科技"领域。这一认识严重地扭曲了人们对竞争的看法，产生了一个错误的观念，即只有少量产业、少量企业能以高级的方式进行竞争。

但事实却是，就微观而言，正如新竞争学派所指出的，在这个世界上从来就只有低技术的企业，却从没有低技术的行业。如果公司能够使用世界级的技术和经验提高生产率，进行创新，从而提供独一无二的产品和服务的话，那么，这家公司就可以在任何行业——鞋类、农业或者半导体行业，在任何价值链段——开发、营销、加工，都具备竞争优势。鞋类的耐克与宝元，信息技术的苹果与鸿海精密，就是最好的例证。这些成功者告诉我们，所有的价值链段，都可以运用先进的技术；所有的行业，都可以是知识密集型行业。去过澳门和拉斯维加斯的人，都可以感受到，在那里，人类历史上最古老的博彩业和娼妓业，是如何被那些精明的商人，用最新的管理技术和工具彻头彻尾地予以改造的。

我们再从更为宏观的视角来看。棉纺织业是个典型的"老产业"，不仅现在的我们是如此看，早在200多年前，人们也是这样定义的。但正如熊彼特所指出的，工厂制度的引入提高了棉纺织业这种"老产业"的生产效率，而从家庭纺织转向布匹的机械化制造是如此的复杂，以至于它引发了第一次工业革命（1760—1840年）。请注意！是"棉纺织业这种老产业＋工厂制度的引入"，这种新组合缔造了第一次工业革命。

延伸阅读

第一次工业革命

工业革命首先出现于工场手工业新兴的棉纺织业。1733年，机械师凯伊发明了飞梭，大大提高了织布速度，棉纱顿时供不应求。1765年，织工哈格里夫斯发明了"珍妮纺纱机"，大幅度增加了棉纱产量。"珍妮纺纱机"的出现首先在棉纺织业中引发了发明机器、技术革新的连锁反应，揭开了工业革命的序幕。此后，在棉纺织业中出现了骡机、水利织布机等机器。

> 不久，在采煤、冶金等许多工业部门，也都陆续有了机器生产。
>
> 随着机器生产的增多，原有的动力如畜力、水力和风力等已经无法满足需要。在英国伯明翰，1785年，瓦特制成的改良型蒸汽机投入使用，提供了更加便利的动力，得到迅速推广，大大推动了机器的普及和发展。人类社会由此进入"蒸汽时代"。
>
> 随着工业生产中机器生产逐渐取代手工操作，一种新型的生产组织形式——资产阶级工厂诞生了。1840年前后，英国的大机器生产已基本取代了工场手工业生产，工业革命基本完成。英国成为世界第一个工业国家。

工厂制度不仅促使棉纺织业走向了现代化，它还促使了很多其他"老产业"走向了现代化。譬如，在钢铁行业，更大熔炉的出现使生产大规模的中间产品，如锭、薄片、棒和电线等变得更加容易，工厂由此扩大了产品范围，使金属制品、工厂中"利用水轮"制造的纸张、陶器制造、糖的提炼，以及玻璃、肥皂和盐厂等成为可能。因为棉纺织业而引发的工厂制度，使英国的经济生活全面地迈入了一个崭新的时代[1]。这种新组合所引发的革命，不仅为企业家带来了巨额财富，更提高了全体人们的社会福利。

我们必须承认的一个事实是，今天经济生活的竞争比当年的英国要更具动态性。公司通过全球资源调配，可以减少许多投入成本的不利因素，使旧的比较优势观念不再那么重要。竞争优势依赖于投入品得到更高生产率的利用，这就要求公司必须持续地创新。企业为了能够获得最大的经济效益，能够取得长期稳定的经营状况，将不得不努力开发有发

---

[1] [美]托马斯·麦克劳.创新的先知：约瑟夫·熊彼得传[M].中信出版社，2010.

展潜力的产品，或者通过吸收合并其他行业的企业，以充实系列产品结构、丰富产品组合结构。那么企业为什么会采取这种行动呢，根本原因可以归结为两大方面，即外部原因和内部原因。

促进企业这样行动的外部原因主要有以下三点：需求增长率停滞；买方市场过于集中；需求的不确定性。

促进企业这样行动的内部原因主要有以下三点：企业内部资源的潜力挖掘和裂变；企业本身的规模；现有行业的发展压力。

企业的发展存在一种自发、渐进原则。在外部环境和内因的共同作用下，成功的企业会进行适应性裂变，而失败的企业会因为无法适应外部环境的变化，被市场所淘汰。

这次因为市场压力导致的，包括珠三角、长三角企业在内的"倒闭潮"，正是市场通过自然选择的手法优胜劣汰，巩固东部地区特别是珠三角、长三角所业已取得的成就。由市场机制，为上述地区建立一种自发的市场和竞争秩序，由自然法则筛选和培养有竞争力的企业，其实，这才是真正的创造性破坏。

政府的本分

但可惜，突来的困局（事实上只要懂得经济周期理论的人，就决然不会认同今天中国东部地区特别是珠三角、长三角的困局是突发的），打懵了相关的学者和决策者。他们不能相信这种自发的秩序、人类赖以取得成就的许多规章制度，是在没有计划和指导思想的情况下自发产生的。基于这种对自发秩序的不信任，他们以为世界应该由他们予以理性的、科学的设计，"腾笼换鸟"式的"产业升级"也就应运而生了。

在这里，我不准备就经济秩序问题做过多的论述。我只想说，我国的东部地区，特别是珠三角、长三角地区已经创造了一个奇迹，一个发展的奇迹。这个奇迹应该维持，但不是故步自封，不是美国拯救克莱斯勒和AIG、中国拯救四大商业银行式的维持,而是企业在内部和外部压力下,自我创新、自我发展、自我裂变,积极地利用世界级的技术和经验,提高生产率。因为所有的行业、所有的价值链端都可以运用先进的技术,如果珠三角、长三角的企业能把握好这种精髓,那么他们也就具备了核心竞争力,公司也可因此而完成产业升级。

既然提到了竞争力,那么我们就来谈谈这个话题。竞争力的研究,事实上包括以下几个层次和领域:产品竞争力、企业竞争力、产业竞争力和国家(地区)竞争力。毫无疑问,这些不同层次的竞争力,彼此都将有着密切的联系,而企业的竞争力则是核心和基础。至于产品竞争力,我们可以将其理解为企业竞争力最直观的表现载体。同样,就国家(地区)竞争力而言,我们完全可以将其理解为该国或者地区或该产业所有企业所表现出来的竞争力之和。哈佛商学院教授迈克尔·波特指出,"国家和地区的竞争归根来说还是其所在地的企业的竞争",既然所在地的企业具有竞争力了,产业升级了,那么这个地区的竞争力也就上来了。

马克思经济学里最重要的一点是:生产力决定生产关系。按照辩证法,反过来我们亦可得出这样一种结论,生产关系也将决定生产力的发展。形成促进生产力发展的生产关系,是建立在对竞争力的正确认识之上的。同样,形成有正面影响力的政府框架,也是基于对竞争力的正确认识之上的。也就是说,只有当政府的影响力,能够影响其所辖地区的企业的价值创造时,政府才能够在经济层面上,证明其存在是合理的。

在这里,我们必须认识到的是:公司在某一特定地区竞争的熟练度,受其所在地区的商业环境质量,特别是政府所提供的高质量的投入品的强烈影响。例如,没有高质量的基础设施,公司就不可能使用先进的技术;没有受过良好教育的雇员,公司就不可能在成熟的业务上进行有效率的竞争;在繁杂拖拉的办事程序下,或在不能快速、公正解决争端的法制体系下,公司就不可能有效地运作。

今天经济生活的竞争更具动态性，这也直接决定了公司所在地区的富裕状况。认识到这一点，就不难发现，对于公司所在地区的政府来说，它最重要的工作就是努力创造能够提高其所辖地区企业生产率的环境，至少是这座上层建筑不去妨碍企业生产力的发展。

对于政府来说，合理的宏观经济政策是必要的，却不是充分的。竞争的微观基础将最终决定生产率和竞争力。因而，政府必须保证高质量投入品，如有教养的公民和有形基础设施的供给；制定公平公正的竞争规则——特别是反垄断法，以此来保护竞争，而不是保护某些特殊的行业或企业，进而实现生产率的提高，并促进经济和社会福利的全面发展。

但现实却足以令人灰心。在"中国特色"的市场经济里，有一批企业是被保护的，它们是不能被"毁灭"的。这些糟糕的企业不知道提高服务质量，不知道怎么留住人才，不知道降低运营成本，也不知道控制系统风险，它们所会的就只是怨天尤人，拼命挤压民营企业的发展空间。

在中国政府资产负债表中，有一笔多达1.3万亿元人民币的资产管理公司（AMC）债务[1]。对于这类不尊重资产负债表的企业，本应受到惩罚而进行创造性地毁灭，把稀缺的资本和人才让给有能力的企业，市场经济法则也一向如此。但事实却恰恰相反，他们非但没有受到惩罚，反而变相地得到政府的同情甚至奖赏。政府的行动放纵了他们再次肆意妄为，因为他们心里料定，政府会在他们陷入泥潭时出手把他们拉上来的。对于当前的中国而言，我们的政府迫切需要做的，不是将更多的资源投入到这类实体资本中，而是应该将有限的资源抽出，投入到有利于全社会创新的人力资本中来。

也正是因为如此，恳求我们的政府，先别忙着"腾笼换鸟""产业

---

[1] 马骏，张晓蓉，李治国等.对中国国家资产负债表的估算[R].博源基金会,2012.

升级"，而是先检讨一下自己，是不是扮演了合格的并且在经济意义上合理的有影响力的"中介"，是不是为所辖地区的企业提供了足够的企业竞争所必需的微观基础。

从创造性破坏角度而言，"腾笼换鸟"式的"产业升级"应缓行，甚至于废止。在本不应该插手的地方，我们的政府却偏偏越位了，而对于本是政府分内的事务，他们往往又缺位。如果说试图以"腾笼换鸟"的形式来实现产业结构的调整，是典型的政府越位；那么，社会保障体系的缺失，则是典型的政府职能缺位。

扩大内需的关键

社保体系的建立和完善

正如霍布森指出的，社会政治问题的根源在于经济问题。为了消除日趋严重的社会问题，必须进行一系列社会改革。我们在《经济与政治》一章里已经讲到了，中国经济的根本问题在于内需不足，而内需不足的根本原因在于社会保障体系的缺失。社会保障体系的缺失导致国内消费需求不足，过剩的产品竞相依赖出口，产业结构进一步畸形化，生产发展的内在张力被无形地耗损。

病症找到，无疑是有许多方面的。要想解决中国经济的问题，关键还在于，着手将经济增长的重点转向消费。要达成这一目标，第一步是要建立与完善社会保障体系。从欧美等国的经验来看，社会保障体系的建立和完善，一则可以避免经济波动引发大的社会动荡，有效地规避了社会、文化与经济发展的浩劫；二亦可为人们解决后顾之忧，促使他们放胆消费，形成强大的消费需求，进而促进经济的良性发展。

谈到这里，也许有读者跳起来反驳，你这不是摆明了搞双重标准吗？一方面，针对欧美，将其债务问题归责于他们的社保和福利体系；另一方面，却又积极地要求中国建立社会保障体系，这不是思维混乱，就是别有居心。

需要说明的是我既不思维混乱更没有什么居心。拉弗对税负的态度正是我对待社保体系的态度。拉弗认为税率高达100时，政府的收益为零，但如果税率为零，政府的收益还是为零。"拉弗曲线"必然有一个转折点，在此点之下，即在一定的税率之下，政府的税收随税率的升高而增加，一旦税率的增加越过了这一转折点，政府税收将随税率的进一步提高而减少。

这一分析同样适用于社保体系。我从没有认为这个社会应取消社保体系，就如同拉弗没有认为应该将税率降为零一样。我一以贯之的观点是，我们需要社保体系，但我们却反对过度福利。我认为社保曲线的转折点大致在于宽口径的社保支出/财政支出的比为35%~40%这个点上。在此点之下，政府建立和完善社保体系将导致生产效率和社会安全的边际效用递增。一旦超过这个点，则会像现在的欧美国家一样，无论在生产效率和社会安全方面都将出现边际效用递减的现象。

我们知道，惰性和安于现状这些人性特点决定了，人如果不是受到即时的饥饿和因其带来的死亡威胁，多半是不会走极端的。而只有在极端无助的情况下，生存的压力才会胁迫他以生命为代价去争取改善自己的生存状况。所以，只有建立了社保体系，我们的国家和社会才能够得以稳定。另外，正如欧美的实践所告诉我们的，它也可促进民众的消费欲望，进而扩大内需市场。

中国是一个很善于学习，并且也一直强调充分利用后发优势的国家。对于这样的国家而言，欧美国家在社保体系和福利主义上的前车之鉴，自然会引起我们足够的思考和借鉴，中国事实上也预备这样做。在《中华人民共和国国民经济和社会发展第十二个五年规划纲要》的第33

章的导言中,政府是这样强调的:"坚持广覆盖、保基本、多层次、可持续方针,加快推进覆盖城乡居民的社会保障体系建设,稳步提高保障水平。"最让我印象深刻的是如下关键字眼:"保基本""可持续"。从这点可见,中国已经充分汲取了欧美国家在福利制度上制造太多债务的教训。这一思路,无疑是对的,这也将是未来世界必然的一种社保模式。在这一政策上,中国无疑将节省一笔庞大的纠错成本。

收入倍增计划亦不容忽视

仅仅只是将社保体系建立和完善了,显然还不足以构成全面消费的要素。我们知道,古巴的社保体系在全世界范围内是最好的,这是一个不会让任何人无衣无食、流落街头,绝不改变全民免费教育、全民免费医疗的国家。但这个国家人民消费力却并不旺盛。这是为什么呢?

这就如我们在前面讨论的,国民的收入增长这一要素是值得我们思考的。假设我们的社保体系像古巴一样建立起来并且完善了,但人们的收入增长缓慢,那么我们也将像古巴一样,还是不能提高消费在国民经济中的比重。

长期以来,中国经济发展过于依赖投资和出口,过于依赖物资消耗。国际金融危机使得中国经济发展方式问题凸显出来。目前消费占我国GDP总量仅35%,而美国则已高达70%。我国居民消费不足,已经构成了我国经济最大的结构性问题。在中国,低工资正在减缓消费文化的增长,而这却被认为是中国要保持经济增长所需要的,能够为13多亿人创造足够多的工作岗位。2008年12月27日,温家宝总理就表示,目前这种增长模式是不可持续的。只有扩大消费需求,才能提高抵御外部冲击能力。

在《马克思恩格斯全集》第25卷第548页有这样一句话值得我们思考:"一切真正危机的最根本原因,总不外乎群众的贫困和他们有限的消费。"事实也是如此,从最终需求上看,消费与投资需求的形成机制是不一样的。消费是一种对可支配收入的支出,在消费倾向不变的情况下,可支配收入增长得越多,消费增长也将越快。一般来说,居民消费倾向是相对稳定的,可支配收入成为居民消费的重要解释变量。要促进产业结构的升级就必须扩大内需,而扩大内需就必须从增加劳动者收入入手。确乎,也只有提高国民收入、藏富于民,才能够保证激活市场、扩大内需,实现国家经济可持续发展的目标。

从微观上讲涨工资或许是个不错的办法,因为这有助于刺激消费,而且还将有助于缩小贫富之间的鸿沟。在当前这个节骨眼上,我们的决策者或许应向亨利·福特(Henry Ford)学习,学习他是如何通过加薪而打造了一个富足的产业工人阶层。

传奇人物艾柯卡(Lee Iacocca)在其自传中,曾对福特做过一个与主流学者截然不同的评价。当时主流学界的观点认为,福特一生中最大的贡献来源于他在1913年10月7日创立的汽车装配流水线。得益于福特在海兰园设立的这条总装线,汽车装配速度提高了8倍,第一次实现每10秒钟诞生一部汽车的神话。主流学界的观点认为是这一制度改变了我们的生活。但艾柯卡却并不这样认为,他认为福特对美国乃至世界的最大贡献在于他所采取的高薪制度。

对于加薪涨工资,很多经济学者的第一反应就是,这是民粹主义作祟,特别是那些自诩奥地利学派的学者。但这种观点显然是有失偏颇的。在这里首先需要弄清楚,什么是民粹主义。

所谓的民粹主义,就是指一味地迎合国民的眼前利益。无可否认,民粹主义有其积极的一面,它强调平民大众在社会历史进程中的作用,它把平民群众的愿望、需要、情绪等当作考虑问题的出发点和归宿,它肯定平民大众的首创精神。因此,从重视人民群众的历史作用方面来看,无疑它具有积极意义。但我们也应该注意到的是,在另一方面,民粹主义过分强调对大众情绪和意愿的绝对顺从,哪怕这种情绪和意愿,从长远看明显不利于社会进步。因而,从社会发展和平民大众的长远利益看,它又无可争议地具有莫大的消极作用。

然而,福特涨工资这一决定,显然不具备民粹主义的任何要件。首先,它显然不是福特为迎合工人阶级的眼前利益,而被动做出的决定,虽然对每个工人而言涨工资是再欢喜不过的意愿。但它只是福特作为一个企业家,所做的一项再正常不过的经营决定罢了,其性质就如福特上马流水线一样。它更不是无视企业、国家、民族的长期发展,事实恰好相反,这一决策本身就旨在推动企业、国家的长期发展。

1914年的1月,福特宣布将工人工资增加一倍,使员工工资达到前所未有的日薪5美元的高度,这在全球都成了头版新闻。福特的这一举动让当时的企业家和媒体震撼不已,他们都认为福特已经疯了。但艾柯卡却这样描述:"福特朴素的初衷是,如果连生产汽车的人都买不起汽车,还指望谁来买?如果没有人买得起,他造的汽车卖给谁?他加薪的目的是通过加薪创造一只庞大的富裕工人队伍,使他们有能力去购买从福特流水线上出产的T型车[1]。"

但让福特意想不到的是,5美元改革极大地增加了员工的归属感。在实施"福特新政"之前,福特汽车公司的员工流动率高达380%,而在5美元新政之后,劳动力的流动率遽然间低了90%,旷工率更是从10%降到了0.3%,工人们开始以在福特工作为荣,在休息日还要将公司的徽章别在领带上,这样走在街上都会引来羡慕的目光。对此,美国媒体感叹道,5美元引起了一场全国性的人口大迁移。找工作的人在福特公司门前排起了看不到尽头的长队。更令福特惊喜的是,越来越多的优秀技术人员和熟练工人被吸收进厂,这对福特公司的技术进步可谓意

---

[1] [美]李·艾柯卡,威廉·诺瓦克.艾柯卡自传[M].中信出版社,2007.09.

义重大。这也成为福特公司不断寻求技术创新的原动力。

福特公司的厂史专家鲍勃在他的一篇文章里指出:"福特此举让他的T型车更为畅销,因为他创造了一个稳定的工人阶层,推动了美国中产阶级数量的增长。"鲍勃认为:"福特的目的是增加工人的购买力,但福特收获的却特别多,那些有了归属感的员工又为他生产了更多更好的产品。"

福特发起的高工资制度,并没有无视企业、国家、民族的长期发展,事实上它有着非常明确的长远目标,我们甚至可以将他的这一举措视为一种创新。从这里我们还可见,不是所有的将"平民群众的愿望、需要、情绪等当作考虑问题的出发点和归宿"的决策行为都是民粹主义。正如马斯洛需求层次理论所表明的,某些愿望和需求往往是合理且必需的。只有当这种决策属于"过分强调对大众情绪和意愿的绝对顺从,哪怕这种情绪和意愿,从长远看明显不利于社会进步"时,这种行为才能构成民粹主义。

今天,中国制造业已经来到了十字路口,未来怎么走?由福特所带动的美国经验或许值得我们借鉴。正如上所论,只有可支配收入增长才能够确保与之匹配的购买力,才能够消化业已过剩的产能,进而提高就业率,减少社会的不稳定性因素,同时亦可摆脱对出口和投资的过度依赖、摆脱对欧美发达国家的过度依赖,从而在货币政策、外交及国际事务中获得更大的独立和自主权。

从宏观上讲,为启动内需,中国不仅需要将社会保障体系予以建立和完善,同时还需全面实施类似日本的"国民收入倍增计划"。

在第七章我们探讨过当前中国所处的位置,它既不是弗里德曼和克鲁格曼所认为的1989年的日本、2006年的美国,也不是许成钢教授所认为的1913年的中国。那么,当前中国恰当的位置在哪里呢?方正证券于2009年8月出具的一份宏观经济形势报告里写道:"通过对日本的研究,我们认为,当前中国工业化水平相当于日本上世纪60年代中前期,城市化水平相当于日本上世纪50年代末期至60年代初期水平,中国的工业化、城市化进程远未完成,重工业化还具有非常大的发展空间。"

为此,他们认为,要拉动内需,我们需要一个"中国式的收入倍增计划"。那么,什么是国民收入倍增计划呢?我们有必要先来认识一下日本的国民收入倍增计划:

20世纪50年代,日本借助有利的国际、国内形势,迅速完成了国家的战后恢复重建工作。到1953年,日本的GDP已经恢复到了第二次世界大战前的水平,但其社会并未就此而稳定。当时日本虽然导入了新的技术革命,譬如电视机等家用电器已经大量生产,其经济水平和产业结构仍然落后于欧美,国际竞争力仍然薄弱。尤其是,日本的工资水平长期以来一直比较低,当时日本制造业单位时间的平均工资尚不及美国的1/4。较低的国民购买力导致的问题是,随着朝鲜战争的结束,日本出口渠道收窄,对当时的日本经济造成严峻而冷酷的打击。1957年,由美英两国肇始的经济危机,霎时间以多米诺骨牌效应席卷整个资本主义体系国家。对于日本来说,这无异于雪上加霜。经济危机进一步加剧了日本经济业已存在的问题。出口减少,但国内的消费又因为国民购买力的低下而无法启动,日本开始出现大量的产品积压,这又导致整个国家的失业率遽增。1957年12月,日本的完全失业者是49万人,但到翌年3月,该数字遽然增加至92万人。产品积压,失业增加,劳资关系一度紧张。

1960年,南九州岛三池煤矿发生劳资严重对立事件,该事件将社会矛盾推向白热化的程度,整个日本社会处于极度不稳定的状态之中。同年,日美安保条约修正案也遭到民众的强烈反对。这两个事件引发的社会动荡导致岸信介内阁下台。在此背景下，池田勇人内阁上台，新首相从他的前任岸信介"政治优先"的路线中吸取了教训，清醒地意识到只有把握经济优先的政策，才能巩固政权。

在大平正芳（1978—1980年任首相）和宫泽喜一（1991—1993年任首相）的建议下，1960年12月27日，日本内阁会议通过"国民收入倍增计划"，改变日本经济的宏伟规划开始实施。

在这份由日本经济企划厅所制定的《国民收入倍增计划（1961－1970年度）》中，日本政府认为要想实现这一目标，关键就在于平权。该计划明确指出"在这一过程中，必须致力于纠正农业与非农业之间、大企业与中小企业之间、地区相互之间以及收入阶层之间的生活上收入上的差距，以期国民经济和国民生活得到均衡发展"。

在推行计划的十余年时间里，日本社会形成了近1亿的"中产阶层"，实现了国民收入同步前进。从1960—1970年，日本年均经济增长率达10.9%，高居发达国家榜首。实施计划的第七年，日本便实现了国民收入增长一倍的目标。到1970年该计划完成之时，日本国民生产总值增长350%，已先后超过法国和德国，跃居世界第二位；人均国民收入年均增长10.4%，10年间国民收入增长率340%，实际消费水平提高2.1倍。各个阶层普遍享受到经济高速增长带来的收益，基尼系数显著降低，从六十年代年到八十年代中期，日本的基尼系数一直保持在0.26的低水平，劳资关系和社会矛盾趋向缓和。

基于此，有学者认为池田内阁所宣布实施的"国民收入倍增计划"是日本经济起飞的基础和转折点，这一计划使日本掀起了一场伟大的消费者革命。日本经济学家林直道为此在他的《现代日本经济》一书中感叹道，日本实现"国民收入倍增"以后，国民生活方式、社会形象、人们的思维方式，乃至日本的面貌都发生了根本性变化，就"像换了个国家一样。"

国内市场建立的根本之道

看上去很美的陈志武构想

熊彼特在他1912年出版的《经济发展理论》一书里讲到:"开动资本主义的发动机并使它继续运作的基本推动力,来自新消费、新生产或运输方法、新市场。"我们在本章的第一节里讨论的核心就是熊彼特所指的"新生产"问题,而在本节将继续步第二节的调子,将精力集中于"新市场"上。

对于我们在前文聊到的中国消费不足,无法形成市场,陈志武教授给出的解释是,国有经济的分量太重,国家对要素和资源控制得太绝对,比例太高。中国75%的资产不是在民间,而是掌握在国家手里,这包括庞大的国有企业群、矿产资源和土地。因此,付出的代价是,中国的经济增长永远是投资驱动型的,而不是消费驱动型的。

同样的道理,找到了病因就好办事,对症下药!

陈志武给出的解决方案是,把国资委掌握的国有财产以及国土资源部掌握的土地资源改成国民权益基金,然后按全国人口分成13多亿份,13多亿公民每人一份,以这种方式把国有资产分到全民手中,真正兑现全民所有制这样一个理想。这样就把消费的动能分到每个家庭。打个比方,假设把今年8.8万亿元的资产性增值分到13亿人身上,每个公民今年的收入就会多6769元,三口之家的收入就多了20 307元。陈教授认为这些资产性收入掌握在私人家庭手里之后,必然会转换成对消费品、服务的需求,这不仅能减少中国经济对出口的依存度,而且可以给服务业带来很大的需求,并为中国经济的转型提供动力和契机。[1]

这一构想看似公允但实则不得法。首先,陈志武的国民权益基金设想,唯一的"好处"是,在现有的架构中平白地多出一个管理机构。管

---

[1] 陈志武.设立国民权益基金,提供经济转型新动力[N].南方都市报,2008.07.27.

理和分配这笔资产性增值的资金，必然需要一个对应的管理和运营组织——国民权益基金理事会。而对于这样的组织，我们只需看看这些年社保基金组织的作为就知道了。

更重要的是，我们假定这个组织像社保基金理事会一样，的确起到了一定的作用——全民在每年都能够获得资产性增值部分的平均分配。按照陈志武教授的设想，这种分配类似于股东获得的企业分红。但问题在于，股东是具有财产处置权的，而国民权益基金的分配方案，与当前的全民所有制并没有实质区别。从理论上来说，人们是这些资产的所有者，但实际上，他们却根本不具有对这些资产的相应处置权。也就是说，就本质而言，他的这一方案并没有触动当前业已存在的全民所有制问题的实质。

此外，还有一个问题便是，这种权益基金制度到底是固化还是不固化？固化的结果是，自基金固化之日以后出生的新生儿将不再享有这一权益，这本身也有悖于公平、正义原则的。如果不固化，采取的是随时动态的办法，那么财产的处置权就更是无从说起。所以，陈教授的这一构想看上去很美，但根本就不具有任何实际操作的可能。

综合城乡情况的实际，要想解决当前"国有经济的分量太重，国家对要素和资源控制得太绝对、比例太高的现状"，最好办法就是在十七届三中全会提出的"城乡一体化"战略原则的指导下，比照城市房地产改革，对现有农村土地予以确权。

土地的城乡平权化

造成国民经济和国民生活非均衡发展的根本原因是，城乡之间、大中小企业之间、地区之间存在着严重的政治权利、经济权利和社会权利的不平等。而这些权利的不平等本身具有经济效益性，直接导致包括收入在内的发展差距的累积性扩大。

事实上，日本在1960年实施的"国民收入倍增计划"，也是从纠正农业与非农业、大中小企业之间、地区之间因为权利不平等而造成的差距等开始的。对于日本的"国民收入倍增计划",我的解读是其政策的指导内核非常简单,就是平权,实现城市与农村、大企业与中小企业、地区与地区在政治权利、经济权利和社会权利方面的平等化。

特定于中国,我认为更应该如此。除了企业之间的差距(国有与民营、大企业与中小企业)外,在中国,最明显就是东西部差距,是以城市为主体的东部地区,与以农村为主体的西部地区之间的差距。这种的差距归根结底就是城乡之间的差距。

也正是因此,如果要谈国内市场的建立,必须涉及广袤的农村,谈到农村必然涉及农民和土地政策的问题,毕竟中国是一个从农业社会生活方式向工业社会生活转变的转型国家。在这样的国家,至今尚有着占总人口半数以上的农民生活于此。论述中国经济问题,特别是关于国内市场建立的问题,都不得不从这个问题出发。而解决这一问题的关键,又在于进一步深化土地制度的改革。

基于方案的可接受性,为减少改革的阻力,我给出的政策建议是:在党的十七届三中全会所提出的"城乡一体化"战略原则的指导下,对城乡予以平权。也正是因此,我并不赞同给予农民土地的永佃权,我认为可以考虑的政策是,在"城乡一体化"战略原则的指导下,将农村土地与城市土地平权化。比照城镇土地政策,将集体土地先予以国有化,然后国家以土地所有者的身份,将土地使用权让渡给土地使用者。由土地使用者向国家支付土地使用权出让金,而其年限如同城镇土地使用权一样,亦以70年为限。

在具体的操作中,应遵守党中央"按照公平原则全面推进城乡一体化,把保障农民发展权放在首位,尊重农民选择权,尤其要防止把城乡一体化当作圈地、剥夺农民的工具"的内在要求,我的建议是将全国可耕地和其他不可耕地在现有承包制的基础上,以农民自愿认购的形式向政府购买。只有承包人自动放弃对土地的使用权后，政府才有权就该地块向社会公开招标拍卖。而因为全国各地所存在的地租级差差异，购买价可不实施全国统一价，农民所购地价以第三方评估机构根据当地土地实际生产率水平予以确定。

根据有关数据显示，中国当前未开发土地价值高达33万亿元[1]。我们以市价对折的方式匡算，政府可从土地改革中得到15万亿元左右的现金收入。对于当前中国农民的收入普遍偏低的实际情况，我建议，一方面农民可实施分期付款，农民在交付占总额30%的首付后，余下部分可以10年期分期支付。在这方面，政府可借鉴企业管理层收购（MBO）时，企业为员工提供融资的方法，独立开设一家政策性银行，该银行成立的目的就是给那些差钱的农民提供地贷融资。

同时，遵照城乡一体化所要求的"在公平的原则下配置公共资源，尤其是财政资源以及公共服务资源，以城乡基本公共服务均等化为导向，不断优化财政支出结构，推进城乡公共服务制度对接"的精神。考虑到城乡差异的实际情况和城镇居民的可接受性，为了令改革得以顺利进行，对于所集合到的这笔庞大的资金，我建议，其中的70%即10万亿元，单独划开，成立一只单独的、有别于城市标准的，覆盖农村居民，符合农村居民实际情况的，涵盖养老、医疗及教育的初级社会保障基金。

另外，剩余的5万亿元中的2万亿元成立数家农业产业化基金，扩大对农村农业的基础设施建设和产业扶持，旨在引导社会资本向农业产业注入，从而将中国的农业打造成现代意义上的农业工业。

另将2.5万亿元划入城市增容基金，为可能出现的因大量农民进入城市而加剧的城市廉价住房提供保障。余下的0.5万亿元，则划入新农村新农民教育培训基金，其中的0.3万亿元作为对大量低端农民工技能

---

[1] 陈志武给出的国有土地价值为50万亿元，这50万亿元是指从集体土地征收为国有的部分，且这部分为已开发部分，而我所指的该部分为尚未被征收的其余部分。

的培训专项基金。该基金的使命就是,对大量需要从农村向城市及从纯粹的传统农业从业者向现代农业从业者转移的农民,提供基本技能的培养,为现代工业(包括产业化的农业本身)提供合格的劳动力,为进一步提高生产率服务。余下的0.2万亿元则作为适合现代农业发展需要的高端人才的培养经费,这方面可借鉴当前政府对师范生培养模式,与愿意回到农业农村岗位去的大学生签订合同,予以免费培养。同时加大与包括新西兰、澳大利亚、以色列、法国和美国等农业产业发达国家农业方向的教育合作,为中国农业的产业化提供包括农业科学(节水、基因等)、市场营销、生产管理等方面合格的领导人才。最后,还可设立包括农业技术、市场营销等方面专项科研的扶持资金。

疑难之一:农业的萎缩

现在反对土地改革的一个非常流行的观点是,随着土地的平权化,农民可以随意处置他们所拥有的土地,他们将土地盖成收益更高的房子或做其他用途,会导致农业的萎缩。

事实是,恰好相反,此项改革只会促进农业的繁荣和发展。我们知道,目前农村土地是不可以自由流转的。中国农村与美国农村有本质的差别,美国地多人少,人均拥有大面积的土地,而中国是人多地少,人均不过一亩地。对于这点土地,农民会为之投入几百万搞现代化吗?显然不会。农民也不敢搞,因为土地的不确权,政府想征用就征用了,如果他投入了几百万,谁为他的这笔投入埋单?城市里,那些有大量闲置资金的人也是如此,他不可能拿出几十万的真金白银投到那一亩三分地里去。况且,那土地,政府要征就征,想收就收,他的投资损失谁又来赔付?而一旦城乡土地平权化,也就是说土地一旦确权,这种情况将得到改变。首先可以确定的是,农民拥有这块土地,这块土地也就成为他的财产,他理所当然就有了财产的处置权,可以自行决定卖与不卖,或者是以什么价位买卖。由于有了相对确定的预期，农民自然也会比先时更肯投入，即使他的土地被人买走，他的投入也会体现到销售价格上。同样，城里有大量闲置资金或投资渠道有钱的人，也敢于投资，因为至少他能够确定土地的归属。

此外，随着政策的实施，一部分有本事、有能力的农民将会卖掉自己的土地，拿着这笔钱作为创业资金，到城市里创业。当然也会有一些好吃懒做的家伙，因为好吃懒做，积欠大量债务而不得不变卖土地。只要我们的社保体系如期地建立起来，这类人就不会成为流民。反倒是，他的土地可以集中到某些种粮大户那里。当种粮大户手头的土地集中到一定程度，我们可以想象，他会在这些土地上做怎样的投入呢？随着他手中筹码的增多，他也就有了引入城里大资金的条件了。

当然这或许是一种并不理想的状态，我们不能排除有另一种可能局面出现，那就是以土地入股而组成农业合作公司。张家3亩地、韩家2亩地、向家6亩地……一个村的人将这些土地评估作价，然后根据这个价组成一家农业公司。在公司内部，人们根据各自的能力、兴趣和公司的要求进行分工，有管理能力的做经理，有市场拓展能力的做市场，有技术能力的搞技术，而对农业生产没兴趣的也可只做股东，自己继续在城里发展。如果这公司的人有远见也务实，还可以向城里的闲置资金定向增发搞增资扩股。如此一来，我们就可以将城里的资金、管理、技术和市场都引回农村。

随着农村组织的创新，以及城里的资金、管理、技术和市场的配合，我们可以预见，农村不仅不会因为土地的此项改革而萎缩，反倒会因为小农意识的破产、现代农业的引入、公司组织的出现、竞争的加剧而繁荣。农业产业化的必然又将形成这样的结果：更多的非农人才回流，包括资金在内的更多的资源要素被投入到农业上。我们的农业只会越来越现代化，农村只会越来越繁荣，我们的粮食安全也将得到更多的保证。

这不正符合城乡一体化所提出的,"加快产业布局调整,推进劳动密集型产业、涉农工业和农产品加工业从城市向农村转移,进一步加快城乡产业结构调整,优化城乡产业布局,强化城乡产业之间的协作和联系,鼓励城市资金、人才等生产要素进入农村,改变资源从农村向城市单向流动的格局"这一发展要求吗?!

退一步讲,正如那些反对者所担心的,在土地城乡平权化之后,农民真的可以随意处置他们所拥有的土地了,他们都将土地盖成收益更高的房子,那么真会影响粮食的安全吗?

土地对于粮食的安全意义重大,每一寸土地的流失都意味着粮食的存在空间被压缩,但这种眼光显然是静态的。在这里,我们首先要搞清楚的一个问题是:"并不是土地在生产粮食,而是市场在供应粮食。"如果市场信号表明,生产粮食有利可图,那么人们会创造性地搞出很多的技术和方法为市场供应需要的粮食。技术的创新,比如袁隆平的伟大创新,本身是可以抵消土地的部分减少的,而土地又具有可再造性,比如在一块20公顷的土地上我们盖一座高12层的大楼,抛开柱桩结构的占地面积,我们可以得到至少11层楼的可种植面积,这也就意味着,在20公顷的土地上我们凭"空"能够多出200公顷的土地。

所以,土地本身没有问题,现在的问题是我们的农业从业人员看不到这样的信号,这也必然地决定了他们对土地的技术与创新投入不足,这才是致命的。

疑难之二:农民的破产所表明的是国内市场的建立

反对土地改革的另一个时髦观点是,如果土地确权了,可以像城市房产一样自由流转,那么,农民就会随意处置自己的土地,比如卖了或抵押给银行或他人,最终成为流民,而给社会造成很大的危害。持有这种观点的人,其逻辑之混账是很吓人的。在1998年前,中国城市居民的住房是单位的,自己对房屋的权利,与今日的农民对他们的土地一样,只有使用权而没有所有权。随着1998年城市房地产改革,我们并没有看到多少城里人随意处置自己的房产,并因此而成为流民。事实却是恰好相反,市民在拥有稳定的产业和收入后,他们才会有更为求稳的思想,从而社会才能更趋稳定,国家因此才能更为富强。对此,孟子早在2000多年前就指出:"民之为道也,有恒产者有恒心,无恒产者无恒心。"

或者退一步讲,农民真的破产了又会怎样呢?关于这个问题,我们可以从马克思主义的经典作家那里寻找到答案。列宁在他的经济学著作《俄国资本主义的发展》一书的第一章《民粹主义经济学家的理论错误》的第四节里,针对民粹主义经济学家尼·一逊的"俄国国内市场由于农民的破产、由于没有国外市场,无法实现额外价值而日益缩小"这一糊涂观点,指出:这些民粹主义者既根本不了解资本主义社会中产品的实现(即国内市场的理论),也根本不了解国外市场的作用……实现问题就是:如何为资本主义的每一部分产品按价值(不变成本、可变成本和额外价值)和按物质形式(生产资料、消费品,其中包括必需品和奢侈品)在市场上找到代替它的另一部分产品。

特定于当前的中国,列宁的上述论点应该是具有指导意义的,那就是在国外市场日益萎缩的时候,中国必须从以出口为导向的外向型经济向建立国内市场转型。关于这点,可从政府发表的谈话和学界的论述得到证明。而现在真正困扰中国的问题更在于国内市场建立的路径选择上,特别是社会分工和土地政策关系的内在联系上。

在学界一直有一种论调固执地认为,将农村土地与城市土地平权化,不仅会让整个社会为之动荡,更可怕的是,也会让整个并不太大的国内市场,因为农民的失去土地破产而进一步萎缩。这是所有问题的症结所在,但事实上这并不是新问题了,早在19世纪中叶马克思就解答了这个问题。

当年列宁有纠正沙俄民粹主义经济学家理论错误的必要，今天我们也有老调重弹的必要。列宁当日在回击那些无知的民粹主义经济学家时，提到："市场是商品经济的范畴，而商品经济在它自身的发展中转化为资本主义经济，并且只有在资本主义经济下，它才获得完全的统治和普遍的扩展。"要分析国内市场的基本理论原理，我们有必要从简单商品经济聊起。

社会分工是商品经济的基础。在自然经济下，社会是由许多单一的经济单位（特定于中国则是家长制的农民家庭）组成的，每一个这样的单位从事各种经济工作，从采掘原料开始，直到最后把这些原料制造成消费品。而在商品经济下，各种不同的经济单位建立起来，单独的经济部门的数量日益增多，执行同一经济职能的经济单位的数量日益减少。这种日益发展的社会分工就是资本主义国内市场建立过程的关键。在《资本论》中，马克思说："在商品生产及其绝对形态，即资本主义生产中……产品之所以成为商品，即成为具有必须实现（转化为货币）的交换价值的有用物品，仅仅因为有其他商品构成它们的等价物，仅仅因为有作为商品和作为价值的其他产品同它们相对立。……由于社会分工，这些商品的市场日益扩大；生产劳动的分工……使它们互相成为市场。"由此可见，社会分工是商品经济和资本主义全部发展过程的基础。

而我国目前的土地政策和学界的认识显然都与此相矛盾，原因在哪里呢？原因就在于我们当前的这种政策，虽说土地的所有权归集体，农民仅仅只享有土地的使用权，这种政策也确实使得小农经济获得了巨大的推动力，但这种不能予以自由流转的制度安排，又无疑是在延续甚至强化几千年来的小农制度，也就是马克思所指的"小土地私有制度"，这种制度的反动就在于——小土地所有制实质上排斥社会劳动生产力的发展，排斥劳动的社会形式，排斥资本的社会集中，排斥大规模的畜牧业，排斥科学的日益广泛采用。

虽然我们有足够的理由相信政府的出发点是好的，是基于最广大农民的切身利益考虑的，但社会规律不会以人的主观意志而转移。"生产资料无止境地零散化、生产者本身分散化、人力大量消耗、生产条件日趋恶化和生产资料日益昂贵是小块土地所有制的规律。"整个资本主义社会历史将证明给我们看：小农制度破产是必然的。

马克思进一步论述道："资本主义生产（市场经济）方式由于它的本性，使农业人口同非农业人口比较起来，在不断地减少。总之，没有工商业人口的增加和农业人口的减少，商品经济或者说资本主义（市场经济）是不能够设想的。这种情况对国内市场问题的意义同样巨大，因为它与工业的发展有着密切的联系，也与农业的发展有着密切的联系，工业中心的形成，其数目的增加，以及他们对人口的吸引，不能不对整个农村结构产生深远的影响。"

对于中国的主流经济学家而言，他们显然忘记了如下一些事实，那就是当一部分生产者从生产资料中解放出来，也就意味着必须以这些生产资料转入他人手中、变成资本为前提；这些生产资料的新占有者以商品形式生产那些原先归生产者本人消费的产品，就是说扩大国内市场；这些新的占有者在扩大自己的生产时，向市场提出对新工具、原材料、运输工具等的需求，以及对消费品的需求（这些新占有者日益富有，他们的消费就自然增多）。

他们显然也忘记了亚当·斯密和马克思的一些教诲，譬如对市场来说重要的绝不是生产者的生活水平，而是生活水平与他们手中货币资金的数目增加完全一致，因为这种农民愈破产他们就愈加不得不出卖自己的劳动力，他们就愈加必须在市场上购买自己更大部分的生活资料。马克思在《资本论》第一卷里这样论述到："一部分农村居民的被剥夺和被驱逐，不仅为工业资本家解放出了工人及其生活资料和劳动材料，而且也建立了国内市场。"他的这一观点得到了列宁的认同,列宁在《俄国资本主义的发展》一书里,与马克思的这一观点这样予以呼应:"从抽象的理论观点来看,在商品经济和资本主义正在发展的社会中,小生产者破产……表明国内市场在建立而不是在缩小。"

在原有高速增长的诸多条件逐步消失的情况下,如果中国不从结构改革上着手,还只是习惯性反应,那么就不会有中国经济的再生和发展。对于当前的中国而言,确实需要推行一场轰轰烈烈的结构改革。唯有如此,方可使这个世界上人口最多的国家发起一场消费者革命,并以此成为其经济起飞的真正基础和转折点。

如何规避鲁比尼预言的实现

对于当前的中国经济结构而言,最受诟病的莫过于投资了。无论是克鲁格曼,还是郎咸平莫不将矛头直指投资过度。经济学界的另一位重量级人物——纽约大学经济学教授努里埃尔·鲁比尼亦认为中国的投资正在为中国经济酝酿一场大危机。他基于中国的"投资已占到国内生产总值的50%"这一事实,以实证方法对照20世纪60年代到70年代的苏联和1997年金融危机之前的东亚的例子,得出一个结论,那就是——60年来的数据显示,过度投资最后总是以经济硬着陆收场。为此,他认为中国会于2013年出现经济硬着陆。这正如我们在前面所做的论述,也是我所担心的。

然而,这一切都需要我们以动态的、辩证的眼光来予以观察。如果我们经济中投资、出口和消费之比,并没有发生根本性改变,也就是我们仍以出口和投资拉动来实现经济增长,那么从长期而言,鲁比尼们所认为的硬着陆将无可避免。

但如果我们的经济中投资、出口和消费得到有效的优化调整，也就是，消费、出口和投资的比重更趋合理，那么我们完全可以说，当前的投资是必要的。如果仅仅因为担心产能过剩，而大规模地限制投资，这显然是不得法的。以中国的能源投资为例，我们可见端倪。1997年之前，人们普遍认为中国的能源投入过热，出现了严重的产能过剩。在中央的调控下，1997年以后中国能源生产进入长达4年的负增长期，1997—2000年能源生产总量年平均下降率为5.14%。这种对能源投资和产能的限制，导致2003年以后中国备受电荒之苦。2003年用电高峰时期，先后有22个省市出现拉闸限电现象。进入2004年，我国总体电力供需形势比2003年更为严峻。该年夏季用电高峰时期，全国电力缺口超3000万千瓦。

经济学里有一个著名的木桶理论，说的是：一只水桶盛水的多少，并不取决于桶壁上最高的那块木板，而是取决于桶壁上最短的那块。这一理论的核心内容就是，只要这个水桶里有一块板不够高度，水桶里的水就不可能是满的。据此我们可见，中国经济的问题，根源不在于投资增速过快，而在于消费动能的严重不足。

那么，我们该如何规避鲁比尼预言的实现呢？我想我们不能只是简单地锯掉那块最长的板，即限制投资和产能，我们更应该做的是补齐那块最短的板，即扩大消费，只有这样中国经济这个盛水的木桶才会更为完满。

因此，我们当前的投资，本身并不是问题。我们的问题不是出在投资上，而是出在"政绩工程"所造成的不当投资上。包括北京、天津、山海关在内的中国大小城市的下水道、中国中西部农村地区的基础设施，这些都是亟须投资的地方。但事实是，我们的投资都集中到了地面能够看得见的地方，我们有无数座"白宫"，有无数才刚刚建好不到一年就被拆除重建的大楼、大桥。我们的各级政府选择性地将包括下水道、中西部农村地区这些真正亟须投资的地方彻底遗忘。既然遗忘，那么就自然不会有投资，对它们而言，也就自然不存在投资过度甚至过剩的局面了，存在的只是严重的不足、太多的欠账，以及大量的错误投资。

我们不从经济增长的角度出发，我们单从"以人为本"的立场来看，在未来几年里，中国需在包括城市下水道等领域做出大量投资。当然，在这里我们的政府应该认识到的是，这种投资的目的不是为保增长而做的简单重复无效的投资，而是事关人民生命财产安全的投资。同时，它更应该认识到的是，为防止资产负债表恶化而重蹈欧美国家覆辙，它应该坚持有所为而有所不为，将那些私人资本有能力且愿意介入的领域全面放开，而不是越位插手去做无谓投资。只有那些事关人民群众生命财产安全，而私人资本又没有能力也不愿意介入的公共领域，才是它应该介入的领域，因为这才是它的本分。

如果政府真是以这种本分观来行事，那么，这种投资将会带来一个莫大的衍生效应——经济结构调整过程中最为有效的缓冲剂。

第11章
企业与家庭的应对之策

泡沫本身并不会造成经济危机,造成经济危机的真正元凶在于膨胀的信用和负债。

深陷于"赌博经济"

对目前这样的经济发展大势,我们的企业、家庭这类私人部门该如何应对呢?要回答这个问题,我们得先对当前的企业和家庭状态有一个基本的了解。我们先来看一个情景:

上百万人从事房地产买卖,人们花比自己年收入10倍还多的钱买房子,向银行贷款。周末,到处是看房的车队。排队抽号买房的现象随处可见。人人相信:不动产投资一定赚钱,土地价格只能涨不会跌。最后,人们好像患有"自我强迫症"一样,强迫自己加入买卖,觉得大家都在做,自己不做是不是太傻了。买房的人,眼睛眨都不眨,不像买,更像抢。地价与房价,就这样被催促着越涨越离谱。

如果不是明确地告诉你这段话是日本丸红商社地产业务负责人井坂忠明在2006年就20世纪80年代日本经济泡沫膨胀情境的描绘,你是否以为，这是一个中国人对最近几年北京、上海、深圳的讲述呢？我想大部分人都会这么认为。

对此，国务院发展研究中心金融研究所副所长巴曙松，在读完《拯救日本——泡沫崩溃后的银行危机与华尔街行动》一书后，曾经感慨地说："如果把文章中的主人公更换成一位中国银行家的名字，原来关于日本银行界的叙述，几乎不用做大的调整就可以适用于中国。"

简而言之，目前的种种迹象无不显示，今天的这个中国越来越像当年的日本了。

"泡沫时代"的日本，商业银行的资金直接或间接地大量流向房地产领域。国务院发展研究中心宏观部副部长魏加宁说，尽管中国房市的资金渠道与日本不完全相同，但是这种倾向值得注意。国外流入的资金和国内的"炒房团"投机房地产的行动，无不隐含着泡沫的危险。

"中国房地产的风险都集中在银行业，这一点与当年的日本非常相似。"日本银行官员福本智之说。他的观点代表了很大一部分日本经济学家的看法。当下的中国和20世纪80年代的日本一样，股市规模不成生态，企业大多依靠间接融资，银行的钱不是流入股市，就是进入房市。

这种种的相似倒也罢了，现下甚至连心态也是越来越像了。日本经济界人士称，今天那些富有的、东部的中国中产阶层人士，与泡沫年代的日本人心态颇为相似。对于这种说法，我们可以拿到很明显和突出的例证。

譬如日本经济学家今井建一说，20世纪80年代日本人对房地产的心态是：大家拼命买房，担心现在不赶快买将来价格会更高。大家从不怀疑东京将成为世界上最大金融中心的说法，相信地价必然上升。他们的理由似乎很充足：日本国土面积是美国的1/25，人口是它的1/2，上升是必然的。日本陷入全民幻觉之中。大家都认为，东京将饱和，要建设第二个东京、第三个东京。

对于当时的日本经济，野口悠纪雄教授将其定义为"赌博经济"。他说："资产价格的上涨，为投资家带来了亿万的财富，流量收入远不能相比的巨大财富使得人们的价值观发生了混乱。汗流浃背、辛勤劳动的所得远不如金钱游戏带来的利益，必然对劳动积极性产生极坏的影响，对于企业也是如此——如果金融收益大大超出主业收益的话，试问谁还会认真对待研发等正常的经营活动呢？[1]"日本就此卷入了赌博经济的汪洋。正如上面中日学者所做的对比，今日，那个富有如日本的中国，何尝不正陷入这种"赌博"式的经济中呢？

负债才是元凶

但也正如野口教授所指出的，当泡沫崩溃的时候，赌博经济的负面影响，也将以更为剧烈的方式表现出来。这就是投资的无法回收，特别是通过借贷筹措的投资资金，使投资者面临灭顶之灾。利用借贷深陷巨额不动产投机的泡沫企业的归宿，就是这种影响的生动写照。

对于经济危机，约翰·穆勒在《政治经济学原理》一书里，为我们建立了一个典型的经济繁荣—衰败的周期模型，这个模型的特征是：外部冲击催生经济繁荣，受心理预期驱动出现投机热情，这种热情将资产价格拉上天的反馈机制，使每个人都能得到廉价的信用。泡沫越积越大，最终导致金融体系不可避免地崩溃，随之而来的是对实体经济的破坏。

泡沫本身并不会造成经济危机，造成经济危机的真正元凶在于膨胀的信用和负债。这一观点，在宏观上是成立的。那么，在微观上呢？且让我们先来看几个与此相关的断片。

---

[1] [日]野口悠纪雄.泡沫经济学[M].生活·读书·新知三联书店，2005.

再也找不到生产资金的法国

约翰·劳主导的"密西西比泡沫"最终以彻底的破产而宣告结束,它不仅给法国带来了一场繁荣幻觉,也给它带来了至少31亿里弗尔的财政亏空。

在这场投机风潮中,只有像坎蒂隆这样极少数的及时抛出股票的投机家大获其利,而无数的法国中产阶级和数以千计的上层社会都为之破产,法国货币体系也因此动荡不安。在崩溃之前,法国还算是欧洲最富裕、人口最密集、最有自信心的国家;但只是几个月而已,一切都彻底改变。从皇帝到普通平民,法国上上下下都因为西方公司的股票遭受巨大的损失。

在世界所有的国家中,法国以在歌唱中发泄不满而闻名。下面这首讽刺诗就出自那个时期:

拉斯[1]让我们都成了暴发户[2]

拉斯一来到我们美丽的城市,
摄政王就宣布拉斯很有用,
能帮他重建法兰西。
啦啦啦!咚咚锵!他让我们都成了暴发户,
哔哔喱!
伙计们,以野蛮的方式。

这个新教徒[3],想吸干所有人的钱,

---

[1] 法国人把"Law"的读音读成"lass(拉斯)",因为在法语里没有"aw"这一发音。
[2] [英]查理斯·麦基.非同寻常的大众幻想与群众性癫狂[M].中国金融出版社,2000.
[3] 法国的国教为天主教,在路易十四当政期间,为维护天主教的尊严,法国一直视新教等其他教派为异端的。

> 他首先骗取了我们的信任,
> 为此,他放弃了自己的信仰。
> 啦啦啦!咚咚锵!
> 伙计们,拉斯,是撒旦的子孙。
>
> 我们落得个沿街乞讨,
> 他榨干我们钱财,
> 一个子儿也不留下。
> 仁爱的摄政王啊,
> 还给我们被抢走的财产,
> 哔哔喱!

这场通货膨胀运动对整个法国的社会生产也产生了很坏的影响。在繁荣期,它把人们诱入歧途,使生产的劳动者不安所业,而只想到股票投机中去碰运气。作坊、工厂和农场都停工了,因为它们的主人都挤到了西方公司的办公处前面,他们期求把自己的名字列到"百万富翁"上去。在劳氏"制度"崩溃,社会从繁荣沦为萧条后,这些小手工业者和资本家受影响巨大,他们把钱赌掉了,再也找不到生产资金。投机及其崩溃使贸易和运输都陷于紊乱,很久以后都还未能消除这场可怕的危机的影响。

其中损失最大的是这个国家的中产阶级。上层的贵族阶级是有特权的,这种特权至少可以部分地保护其财产。而那些穷人,压根就没有资金介入资本市场,萧条时期他们固然艰难度日,在繁荣时期为应对通货膨胀他们还是艰难度日。这场泡沫运动的真正输家,无疑是那些夹在中间的中产阶级。他们有部分的闲钱,这令其可以自由地进入资本市场,同时在泡沫时期他们的信用也得到扩张。在繁荣时候他们可以利用这种信用以高杠杆形式大肆投资,在这时他们固然可以获得更高收益,可一旦经济衰退，其高杠杆也会给他们制造更多的负债。

下面这首讽刺诗，亦于当时广为法国人所传唱。

> **星期六，我进了乞丐收容站**[1]
>
> 星期一，我买股票去；
> 星期二，我赚了几百万；
> 星期三，我买家具；
> 星期四，我买好衣衫；
> 星期五，我跳舞去；
> 星期六，我进了乞丐收容站。

下面出场的这位来自日本的木村先生。其遭遇就颇有几分这首讽刺诗里的"我"的影子。

房子没了债务还在

56岁的木村先生，现供职于旅日媒体人徐静波的报社中，其年薪为560万日元。尽管他租房住，但每个月还得要还6万日元的房贷。

这位没有自己的房子，却每个月还需还房贷的中年人，在20多年前供职于另一家大报社，当时的年薪高达1000万日元。1987年，他买下了位于东京市中心的售价达9000万日元的三居室公寓。

做出这个投资决定是因为他算了一笔账：每年的收入是1000万日元，房价是9000万，那也就意味着这笔房价不过他9年的收入而已，完全承受得起；更重要的是，这套公寓在3年前（1984年）其价值还仅仅只是6000万，短短3年时间就涨了五成。木村跟当时的所有日本民众一样，

---

[1] [英]查理斯·麦基.非同寻常的大众幻想与群众性癫狂[M].中国金融出版社，2000.

认为在日本经济一片大好的形势下,房价肯定还会继续上涨。基于这样的乐观预期,木村出手了,他通过借贷将自己属意的那套房子买了下来。

木村没有预料到,这种盛世景象在3年后就一去不复返了。而木村为此付出的代价是,工资一路下跌,直到被那家大报社裁员。由于没有固定收入来源,无法偿还那笔房屋贷款,于是公寓被银行收回了。但问题在于,木村的公寓虽然被银行收走了,可是他还欠着银行5000多万。这5000多万,他直到现在还在偿还。

徐静波有次问他:"你那房子,现在能值多少钱?"木村回答:"大概就2500万左右吧。"

个人如此,企业又何尝不是如此呢?

日资电器为何全面沦陷

当一家企业的负债超过其资产时,从技术上来说就意味着它已经破产。一般企业破产的标准过程大致如下:企业发现自己的产品不再像以前那样畅销,虽然它加大了对产品的销售力度,可还是毫无起色。在这样的情况下,企业的资产日趋减少,最终整个企业的资产净值沦为负数。这种企业的失败属于典型的无可救药型,因为它的产品已经彻底地被市场所淘汰了。

但从1990年起,在日本发生的情况却并没有遵循这一普遍规律。当时的真实情况是:在日本失落的头10年里,它还一直是当时的全球最大的贸易顺差国,这也就是说,当时的日本产品在海外还有着广阔的市场。在整个20世纪90年代,日本与美国之间频繁地爆发着双边贸易摩擦,这更从一个侧面证明了市场对日本产品旺盛的需求。这些事实说明当时的日本企业,无论是在技术、产品开发还是营销策略上,都处于良性运转的状态,其盈利状况也非常之好,这些企业仍然在不断地创造着利润。

但即便如此,许多这样的日本企业还是因为国内资产价格的暴跌,在资产负债表上出现了巨大的窟窿，而身陷净负资产的困境中。日本六大主要城市商业不动产价格从泡沫高峰期，到位于谷底的2003年和2004年，分别暴跌了95%和87%，使它们的现值只有当初的1/10。

在资产价格暴跌时，当初用来购买这些资产（或者以这些资产作为抵押获得）的贷款数额却没有变。到20世纪90年代中，日本的企业发现，它们不仅丧失了大笔的财富，同时也陷入了资产负债表的困境。

例如，一家大阪的企业通过借贷拥有了价值1000亿日元的土地，到1995年时它却发现，它手中的这块土地价值仅有100亿日元了，而它的资产负债表上却依然保持着700亿日元的负债。换句话说，本来盈余的资产负债状况突然变成了600亿日元的净负债。就这样，这家企业的资产负债表上出现了一个巨大的窟窿。

事实上，成千上万的日本企业都属于这种情况。这些企业和个人，为修复其严重恶化的资产负债表，而不得不努力归还债务。也正是因为如此，在1995年日本将利率降到零时，无论是企业还是个人都没有增加借贷。这些企业和个人赚到钱后，所做的第一件事情不是加大对科研技术和市场的投入，而是加速还贷。到2002年和2003年，日本的净债务偿还额，已经上升到每年30万亿日元以上的空前规模。

为了努力偿还债务，尽快修复糟糕的资产负债表，这些企业不得不拼命地节衣缩食、控制成本。如此一来自然对其经营行为中的科研、市场，甚至是质量投入，都形成严重的挤出效应，长期以往无疑会对日本企业的竞争力造成巨大的伤害。前一个失落的10年期，日本的企业还能够源源不断地制造出大量的利润，并用它去偿付当初因为赌博经济而落下的亏空。但没有投入，对于现有的产业采取典型的收割战略，当日本步入第二个失落的10年期时，这种危害就开始凸显出来了。

对于2010年的丰田危机，《国际商报》的汽车主编何仑认为，丰田汽车不顾一切控制成本的思想导致了它的那次全球性危机。他说："很多丰田车没有经过现实的路试,只是进行实验室里的模拟实验。其实很多车子在实验室里是发现不了问题的。丰田的新车上市时很少宣传自己经过多少公里的路试,因为路试成本太高了。"

丰田汽车的问题不是孤立的,事实上其他的很多日本企业情况比它更糟。

2012年5月,日本最大家用电器制造商松下公司公布业绩称,在2011财年第四季度里,公司出现4384亿日元净亏损,创公司史上最大单季净亏损规模;2011财年松下净亏损额达7721亿日元。松下还预计,公司2012年的电视销量将由2011年的1700万台降至1550万台,在电视业务上,公司或仍将维持亏损状态。受此影响,5月14日公司股价深度跳水,盘中一度下跌4.7%,创该公司1978年1月份以来的股价最低纪录。

与松下面临同样命运的还有日系家电巨头索尼和夏普,迄今索尼与夏普的跌幅分别达48%和46%。三大巨头的股价在2012年均出现接近"腰斩"的现象,其中较为典型的是索尼,索尼在2000年全盛时期的市值超过1000亿日元,但是截至2012年5月11日收盘,公司总市值仅为175亿日元。

同年5月,索尼因为电视业务亏损、预盈规模缩水,其股价一度跌至自1980年8月份以来的低点;夏普也因电视和面板业务的亏损一路走低,同月11日收报390日元,创过去三十多年收盘新低。

降低负债是避免重蹈覆辙的关键

对症下药!

既然泡沫过后个人、家庭和企业的痛苦,都是源于高负债。那么,中国的个人、家庭和企业要想避免重蹈1989年的日本和2005年美国的覆辙,我的建议是，首先要认识到赌博经济的危害，不要轻易为金钱游戏带来的虚幻利益所迷惑。只有认识到它的危害，我们才能够做到趋利避害。

趋利避害的关键，不在于盯着你现在的资产负债表，你要以泡沫可能出现的崩溃为标准，来重新检视你的资产负债表，并逐步降低你的资产负债率，把资产负债率降低到合理的水平。

而当务之急则是，抵制诱惑。家庭财富要降低对诸如房产等泡沫财富的过度依赖；公司要摆脱炒地皮、囤地皮、肆意赚取房地产暴利的怪圈，而是像政府一样回归本分，将自己有限的精力老老实实地放回企业的经营上来。

当然，如果你有着理查德·坎蒂隆那样敏锐的观察力和对经济运行规律的十足把握，那么你的确可以例外。在约翰·劳改革的时候，理查德·坎蒂隆正随其叔父在巴黎经营银行业，同时还附带经营着丝绸和酒业。坎蒂隆基于他渊博的经济学知识和非凡的洞察力，预料到了约翰·劳的改革将注定失败，但他相信凭借自己非凡的智慧，能够做到火中取栗。于是，他专门成立了一家金融公司，炒作西方公司的股票，以此来赚取巨额利润。同时，为了规避风险，坎蒂隆将其赚取到的纸币偷偷摸摸地兑换为硬币，再将其转移到英国和荷兰。也就是说坎蒂隆的成功投机，实际上是对他朋友约翰·劳改革的破坏。最后约翰·劳忍无可忍，利用职权将坎蒂隆驱逐出了法国。就在坎蒂隆离开法国的时候，劳的改革已走到了尽头。当约翰·劳的金融体系最终崩溃时，巴黎90%以上的银行倒闭了，而他们的资产绝大多数都流入了坎蒂隆的钱包。

正如上所论，你可以例外，但其前提是，你必须得拥有理查德·坎蒂隆那样的智慧。如果你非常幸运地拥有这种智慧，那么，我的建议是，你非但不应该降低你的杠杆率，反倒是你应该将杠杆化做到极致，因为只有这样，你的利润才会最大化。如果不幸的是，你并不具备这种智慧，那么我的建议是，你应该听取本杰明·富兰克林（Benjamin Franklin）的忠告：次要的罪恶是说谎，最大的罪恶是负债。

信用扩张下资本市场的一般规律

在当前错把民粹当民主的政治体制下，在当前仍由凯恩斯主义主导的经济思想支配下，为了应对经济的波动，政客们必然的选项是通过货币和财政手段对经济滥加干预。

当中央银行为此而印制出新的货币，并将其投向商业领域，这会发生什么情况呢？首先，货币供给量的扩大必然导致利率的降低。接下来的情况是，商人被银行的信用扩张所误导，大量借入这些便宜的资金，但基于人们的储蓄诉求和传导时滞影响，货币供给的增长，很难在短时间内传递到总需求，特别是消费需求上来。这决定了人们出于应付日常的商品交易而需要持有货币的动机，即交易动机的货币需求很难在短期内上升。这时要想让货币市场保持均衡，只有通过风险资产价格上升。

在这样的环境下，商人拿着他们新得来的便宜的资金，会向那些远离消费者的，像股票、房地产这样的资本商品行业转移，这样一来风险资产就开始上升。而那些在资本市场募集到了资金的企业，也将扩大它的产能。譬如：房地产开发商将为满足投资者的需求，而建更多的房子，这又必然会带动它的上下游相应产业。在资本商品行业资产价格上涨的直接带动下，经济增长开始加速。新的货币也将从风险资产价格的上涨中，从商业贷款人手中渗透到生产、生活的各环节，募集到资金的企业扩大产能，这必然会形成用工、用地的需求。这种需求会以工资、房租的形式，传导到我们的生产、生活中来。而随着经济从复苏步入繁荣，随着就业形势的好转、工资的增长，人们的消费需求得到恢复，食物价格和出行成本也开始慢慢上涨。

这时，人们为了应付日益高涨的日常商品交易，需要持有更多的货币，交易功能的货币需求上升。为了让货币市场恢复均衡，就需要风险资产价格下降，以此来减少其对货币的需求，进而满足实体经济中对交易性货币需求的增加。

但可惜的是，这个时点上的商人们，却把太多的钱放在了资本商品里了。那些商业投资因缺乏新资金的加入而难以为继，就显得多余而浪费。其必然的结果是，"繁荣"停止，"危机"也就不期而至。

在这个单纯地依靠流动性驱动的繁荣中，我们将会依次看到这样的场景：以资本商品为代表的风险资产上升；在该类商品价格上涨的直接带动下，经济增长加速；新的货币也将由商业贷款人之手，逐步渗透到生产、生活的各环节中，也就是物价上涨；物价上涨导致货币需求从风险资产领域，重新转移到日常消费上来，其直接结果是风险资产价格下降。

基于这种传导的序贯机制，我们完全可以将资产市场的调整，视为实体经济调整的先导指标。而历史上从繁荣到萧条的每次转变，事实上无不是由资本市场的调整开始的，如1720年法国西方公司股票的调整，与及后的法国大崩溃；1929年黑色星期四，及以后的大萧条；2000年网络股崩盘，与之后的经济衰退；2006年开始的美国房地产市场的崩盘，与此后席卷全球的经济危机。

诚如投资大师索罗斯所认为的，市场中的认识和现实之间始终存在着偏差。有时这种偏差很小，有时认识则与现实不接近，索罗斯将其称为"远均衡"。在索罗斯看来，"远均衡"现象又存在两种子现象：一种是尽管认识和现实相差很远，但状态却相对稳定，他将其定义为"静态不均衡"；另一种是状态极不稳定、变化迅速，认识与现实的偏差非常之大，他将其定义为"动态不均衡"。他认为"动态不均衡"是"自我强化"的结果。"自我强化"必然使投资者进入一种盲目狂乱近乎于"类兽性"的失控状态，从而导致市场价格的暴涨暴跌。市场越不稳定，越多的人会被这种趋势所影响,这种随趋势投机的影响越大,市场形势就越不稳定。当达到一个临界点后,局势将不可避免地失控,市场为之崩溃。这时,相反方向的"自我强化"过程又会重新开始。这也就形成了所谓的"狂升暴跌"。也正是这种"自我强化"意识,导致风险资产市场调节速度大于实体经济调节速度,风险资产价格通常会出现超调。

作为市场的参与者,其任务不是去纠正市场,而是要走在市场曲线的前面,至少应该做到顺势而为。那顺谁的势呢?在当前错把民粹当民主的体制下,在当前仍由凯恩斯主义的经济思想支配下,在这个经济被政治任意操控的时代,自然是顺政府和媒体特别是媒体的势。

正如被《剑桥意大利文学史》誉为20世纪后半期最耀眼的意大利作家的安贝托·艾柯(Umberto Eco)所指出的,我们目前所处的政制,实在地说,就是典型的传媒民粹政体[1]。因此,如果媒体极度悲观,哭喊着再不救市就要完了,那可以预期的是,相应的刺激政策也就不会太远了。正如我们在前面所论的,面临货币供给增长的冲击,要想让货币市场重新恢复均衡,只有通过风险资产价格上升才能实现。而当媒体又集体抗议经济太热了政府再不调控,经济就危险的时候,我认为,那将是

---

[1] 这种政体表现为在国家领袖和人们之间建立起直接关系,其利用的工具即社会大众习惯的信息传播方式。这样一来,国会的威信被剥夺了,政府首脑无须亲赴国会要求赞同,国会沦为橡皮图章地位。更重要的是,如果政府首脑在国会中宣布一件事情,那么档案中必然有录音、录像为凭,日后要否认宣布过的事就不可能了。但是,政府如果在大众媒体上宣布,那么不管国会是否同意,他们都会立刻得到想要的结果,为选举赢得某些人的票;而此后,他又可信誓旦旦地表示自己从没说过这些话,或污蔑媒体将其观点断章取义了。大众传媒的本质导致如下现象:它的观众隔天便会忘记前一天他们听到的宣布事项中的含义,唯一留存在他们脑海中的,是对政府首脑先前那番话的正面印象。艾柯认为这便是传媒民粹主义政权的真面目。在他的视野里,政权具有主导地位而媒体只是工具,是从属者。但在我看来,媒体本身的民粹化亦不容我们忽视。事实上,很多媒体都有一套偏执的意识形态,它们每日的工作就是不停地洗民众的脑,之后通过其在民众中的影响力,反过来又裹挟政府的立场和态度,这一现象被经济类媒体表现得非常明显。这些媒体往往通过其影响力,按照其意识形态来制造舆论,进而影响民意,倒逼政府来改变立场。譬如,华尔街日报中文网,在2009年时,为推销其意识形态,而故意罔顾事实,长期盯着某一单一指标鼓吹中国应该继续执行宽松的货币政策。

你卖去手中资本产品的好时点。

当然,这里需要特别指出的是,一般规律并不能够对每次具体趋势的时间做出正确的研判。正如"自我强化"心理所透射的,资本产品价格的升降和升降的幅度,有时纯粹是由投资者的心态所决定的。但有一点却是一般规律所肯定的,当景气循环到谷底的时候,某些投资者将不得不考虑退出市场,多余的竞争者被筛除,参与者逐渐减少,市场的非理性因素也会随之而下降,实体经济亦在同样的规律下而有所改善,这时资本市场的景气自然会有所提升。而当大量投资者为坚守者的利润所吸引,纷纷涌入时,相反方向的"自我强化"过程又会重新开始。

附录

学者小传

路德维希·冯·米塞斯（Ludwig von Mises）

1881年，米塞斯出生在奥匈帝国的莱姆堡。他于1900年进入维也纳大学学习，毕业后，参加过庞巴维克的研讨课。他发表的第一本重要经济学论著是1912年出版的《货币与信用理论》。在这本书里，米塞斯对通货膨胀表现得无比厌恶，他简明扼要地提出了商业周期理论，认为货币供应增加只会产生一个恶劣的影响，那就是生产结构严重扭曲。该理论后来被哈耶克继承发展。第一次世界大战爆发后，米塞斯在军中服役，战后，任职于奥地利工业委员会。到1921年，他还担任了一个政府机关的法律顾问，负责起草终战条约的条款——解决交战国间战前的私人债务问题。1927年元旦，他创建的商业周期研究所正式成立，哈耶克出任该所第一任所长。因对纳粹势力蚕食奥地利深感不安，1934—1940年他不得不移居日内瓦，担任日内瓦国际问题研究院的教授。因第二次世界大战的扩大，1940年，他移居美国纽约。

然而，此时的美国经济学界被凯恩斯主义主导，米塞斯遭受同行的放逐，他甚至找不到足以糊口的工作，直到1945年通过Lawrence. Fertig & William Volker基金会的推荐，才在纽约大学得到访问教授的虚职。所谓的访问教授，实际上也就是对他学术成就的不认可，当时的纽约大学甚至拒绝给他薪水。到1949年，米塞斯一生中最伟大的著作《人的行为》（Human Action）一书出版，但即使如此，他仍只能做访问教授，直至1969年退休。

但世俗的眼光无法掩盖他的伟大。2000年，他被《自由》杂志推举为"自由至上主义的世纪人物"。获得如此高度的评价，主要得益于他在对理解人类经济社会运作基本原理方面所做出的诸多理论贡献。在通货膨胀、经济周期、经济学认识论和方法论、市场交易学和人的行为学等领域，他都曾做出过杰出的贡献。

基于这样深刻的认识，米塞斯在20世纪20年代初就独具慧眼地指出：在缺乏市场价格机制条件下，经济计算的不可能性会导致中央计划经济的非可行性。其理论依据是：没有自由市场，就没有价格制度；没有价格机制，就不能进行经济计算。经济计算问题，注定了中央计划者永远无法正确地计算复杂万分的经济体系的运作。由于失去了价格机制，政府根本无从得知市场需求的情报和信息，随之而来的必然是中央计划体制的失灵，以及经济的低效率乃至瓦解。20世纪最后10多年苏联的解体和东欧的改制，以毋庸置疑的史实验证了米塞斯对中央计划经济非可行性的理论判断。

米塞斯和他的学生哈耶克的经济学思想，可以说是我自己认识的出发点。本书对未来经济走势的基本判断，就来自米塞斯的观点："信用扩张确实能导致一时的繁荣，但这种繁荣迟早会归于破灭，导致新一轮的萧条。货币把戏只能收到表面的一时之效。从长远看，它肯定会让国家陷入更深重的灾难。"

约瑟夫·阿洛伊斯·熊彼特（Joseph Alois Schumpeter）

　　1883年，熊彼特出生在当时奥匈帝国的摩拉维亚省，1893年迁居维也纳。他于1901—1906年在维也纳大学求学，攻读法律和经济。他是奥地利学派主要代表人物庞巴维克的及门弟子，1906年获维也纳大学法学博士，1919年任奥国财政部长，后在德国任教于波昂大学。经济大萧条的发生为纳粹主义兴起提供了温床，为此他不得不于1932年避居美国，任教于哈佛大学经济学系。

　　熊彼特的重要学说主张是"商业周期（Business cycle）"理论，这是熊彼特最常为后人引用的经济学主张。根据其说法，早在19世纪30年代英国经济学家图克（Thomas Tooke）就提出过类似"商业周期"的主张。此后，在重要的经济学家们的著作中也都略有提及，如李嘉图、朱格拉、马歇尔……因此，熊彼特谦虚地认为，他自己只不过是将前人对商业周期的理解予以总结并把定义与作用明确地展示出来而已。

　　根据他的集大成理论，他认为当景气循环到谷底时，某些企业将不得不考虑退出市场，而另一些企业则必须要通过"创新"来求得生存。只有将多余的竞争者筛除，或是有一些成功的"创新"产生，才会使景气提升、生产效率提高。但是当某一产业又重新有利可图的时候，它又会吸引其他新的竞争者加入。随着行业内竞争者的加入，必然导致利润递减，一切又回到之前的状态……

　　基于此，熊彼特认为：每一次萧条都意味着一次创新的可能。或者反过来陈述为：每次的创新都预示着下一轮萧条。而资本主义成功的一个主因就在于"创造性破坏"这一市场机制。这一机制不仅包括成功的创新，也包括打破旧的、低效的工艺与产品，这种替代过程使资本主义处于动态过程，并刺激收入迅速增长。

　　但他并不认为资本主义能长久地生存下去。他说："不，我认为它无法生存下去。"马克思所认为的社会主义必然会取代资本主义的这一观点，他是赞同的，但这一结果的出现，并非如马克思所认为的，是资本主义自己的失败所致。恰恰相反，在熊彼特看来，资本主义最后是被其自身诸多的成功所毁灭的。

在本书第四章《咎在认识》及第六章《复苏之路——创造性破坏》中，我曾先后引用他的相关观点。

罗伯特·布伦纳（Robert Brenner）

布伦纳，欧美世界最为知名的马克思主义经济学家、加州大学洛杉矶分校历史系社会理论与历史比较研究中心主任。布伦纳所讲授的"马克思主义的社会与历史理论"颇受学生欢迎。这位20世纪七八十年代在英语世界引发著名的"布伦纳之争"的资深经济学家，被学界冠以"政治的马克思主义者""经济的马克思主义者"和"传统的马克思主义者"的称号。

他的理论诉诸马克思本人的思想，特别是马克思的生产力与生产关系理论，当然也受到英国历史学派，特别是希尔顿和多布等人的影响。他以马克思的生产力和生产关系理论为基础，认为新的经济发展模式的源起，必须在新兴的生产关系中寻找。这就意味着在研究一个社会阶段向另一个更高社会阶段过渡时，不能单纯地从线性的生产力（特别是技术）自我发展的视角出发，而是要从这一现象背后的根源出发。在他看来，并非单纯的贸易或商业资本的全球扩展，导致了社会阶段的更替，如封建主义的必然灭亡和资本主义的必然兴起。真正的原因要在经济现象背后的政治共同体以及其所构建的复杂的社会生产关系系统中去寻找。为此，布伦纳开创性地提出了"社会财产关系"这一全新概念，他认为人们只能在既定社会财产关系的框架前提下从事一定形式的再生产，由此诞生了具有时代特色的不同的发展模式。

他最新的一个观点是，2008年所爆发的经济危机归根到底就是一场因为生产过剩而导致的危机，也就是说，这场危机不是人们所认为的明斯基危机而是一场马克思危机。在本书的第四章中，我引用他的相关观点。

查尔斯·罗伯特·达尔文（C. R. Darwin）

达尔文，英国生物学家，生物进化论的奠基人。1831年，经他的老师、植物学教授约翰·史帝文斯·亨斯洛举荐，他以无报酬的"自愿博物学家"的身份，随"贝格尔号"环球航行，做了5年的科学考察。在这5年时间里，达尔文利用一切机会在地质动植物和生物特征等方面，做原始的观测与记录。此外，达尔文关于加拉帕戈斯群岛动物区系的研究，为他后来著名的进化论提供了许多基础性的资料。1859年，震动当时学术界的《物种起源》出版。

在这本书中，他用了大量翔实的资料证明所有的生物并非神创，而是在遗传、变异、生存斗争和自然的选择中，由简单到复杂，由低等到高等，不断发展变化的。他据此提出了"生物进化论"这一观点，摧毁了唯心的"神造论"和"物种不变论"。在这本书的第一章里，他开宗明义地指出，变异必须在生物的本性也就是内因和条件外因共同的作用下才能进行，且缺一不可。

达尔文认为关于变异，生物本身的内因往往比条件外因更为重要，原因就在于，它直接决定着生物变异的方向和性质。在本书前言及第八章《出口导向型战略的崩溃》里，我曾先后引用他的这一观点。

阿诺德·约瑟夫·汤因比（Arnold Joseph Toynbee）

汤因比出生在伦敦一个历史学世家，他的伯父也是一位历史学家，专门研究经济发展史。汤因比的名字正是为了纪念这位早逝的伯父而起的。在这样的家庭背景下，汤因比从小就受到很好的教育，并热爱历史。这些都为他在历史学上取得丰硕成果，并成为一代历史学巨匠奠定了基础。

汤因比对历史有独到的眼光。他的12册巨著《历史研究》讲述了世界26个主要民族文明的兴起与衰落，被誉为"现代学者最伟大的成就"。汤因比不仅是一位出色的历史学家，也是一位出色的哲学家。他常从哲学的视角思考宇宙人生和社会历史的诸多重大问题，被视为现代西方"思辨的历史哲学"的主要代表。为此，美国《新闻周刊》曾这样评价他：他已成为一位世界通哲，而与爱因斯坦、史怀哲与罗素并列。

他的一个重要观点是，人类各文明的存在和发展具有基本的一般规律。犹如一个有机体，每个文明都会经历起源、成长、衰落和解体四个阶段。不过，文明的这种周期性变化并不表示文明是停滞不前的。在旧文明中生成的新生文明会比旧文明有所进步。文明兴衰的基本原因是挑战和应战。他认为："适度的挑战，不但可以激励被挑战者获得一项较成功的回应，还可以帮助他们获得一种动力。这种动力可以驱使他们更向前迈进一步。"他认为一个文明，如果能够成功地应对挑战，那么它就会诞生和成长起来；反之，就会走向衰落和解体。在本书前言及第九章《经济与政治》里，我曾先后引用他的这一观点。

辜朝明（Richard Koo）

辜朝明，祖籍台湾，其父为"台独"大佬辜宽敏。辜朝明自幼在日、美等国接受教育，在约翰霍普金斯大学完成经济学学业后，作为经济学家任职于美联储，并在20世纪80年代末期，受聘于日本最大的证券公司野村证券担任首席经济学家。

作为一名经济学者，辜朝明有别于众多同行，他不是藏身于纯学术的象牙塔中，而是长期活跃在日、美等国经济金融舞台的第一线，因此他对诸多经济问题的视角和理解虽不深刻但却独到。

长期以来，对于美国1929年爆发的大萧条，及日本20世纪90年代开始的"失落的10年"这样大规模的经济衰退,传统的解释是:资本市场的崩溃导致银行不良贷款等问题凸显,造成信用紧缩,进而导致企业借贷困难,最终引发整体经济大规模的倒退。换言之,经济之所以出现危机,根本原因在于货币供给不足。因此,克服经济危机的必要手段就是通过货币政策向市场注入足够的流动性。

但经过对大量历史数据和资料缜密细致的分析,辜朝明认为事实恰好相反,他提出了"资产负债表衰退"这个在经济学领域具有开创性意义的概念。他认为包括大萧条及日本经济衰退的根源并不在于货币的供给方,而是货币的需求方——企业。由于经济的衰退,股市及不动产市场的泡沫破灭,市场价格的崩溃造成在泡沫期过度扩张的企业资产大幅缩水,企业负债严重超出资产。为修复恶化的资产负债表,企业的动能不是利润的最大化,而是负债的最小化。

辜朝明的这一观点无疑具有开创性,但可惜的是他把对了脉,却开出了很旧的方子——凯恩斯的财政刺激。事实上,日本经济之所以会失落20多年,根本原因就在于执行了辜朝明所醉心的政策——长期的财政刺激,这一结果是人为地破坏了"创造性破坏"这一市场机制,让那些本该毁灭的产业和模式,免于市场的惩罚得以存活。这一做法只能是将原有的已不合时宜的产业模式予以固化。这也正是本书所极力批判与反对的。

保罗·克鲁格曼 (Paul R. Krugman)

克鲁格曼是一位带有犹太血统的美国人,他于1953年出生在纽约长岛,1977年获得麻省理工学院博士学位。此后,他先后在耶鲁大学、麻省理工学院、斯坦福大学、普林斯顿大学任教。1991年,年轻的克鲁格曼获得美国经济学会克拉克奖。而真正让克鲁格曼声誉鹊起的是,1996年其出版的《流行国际主义》一书中准确地预测了1997年爆发的亚洲金融危机。在这本书里,克鲁格曼指出所谓的"亚洲奇迹"是"建立在浮沙之上,迟早幻灭"。

克鲁格曼的主要研究领域包括国际贸易、国际金融、货币危机与汇率变化理论。他因对自由贸易与全球化的研究贡献而获得2008年的诺贝尔经济学奖。瑞典皇家科学院认为他全面整合了此前全异的国际贸易与经济地理学研究领域,进而创立并阐明了一套全新理论,用以回答与自由贸易相关的问题。

同时,他更是一位强硬的凯恩斯主义者,他跟辜朝明一样,固执地认为当消费和企业开支难以前进,就只剩下了一种填补缺口的办法:政府必须采取行动,进行刺激性开支,美联储必须推行指向通货膨胀的货币政策,来为经济提供第一推动力。悲哀的是,日本这20年是如此走来的,而今日的美国又何尝不是如此走来的呢?

本·伯南克(Ben Bernanke)

1953年,伯南克出生在美国佐治亚州的奥古斯塔,在南卡罗来纳州一个叫狄龙的小村子长大,父亲是当地的药剂师。伯南克小时候就表现出了超乎于常人的智力,小学六年级时赢得南卡罗来纳州拼字比赛冠军;在高中时代,他更是加州SAT考试年度最高分获得者;大学入学考试成绩达到1590分,离满分1600分仅差10分;这位早慧的天才于1979年在麻省理工学院获得博士学位。

在攻读博士学位时,伯南克最感兴趣的有两件事,一件是20世纪30年代的美国经济大萧条,一件是波士顿红袜棒球队,这也是伴随他一生的两大爱好。他对大萧条做了深入的研究,并在这基础上发表了一篇颇具影响力的论文,分析了经济大萧条的根源所在。他并不重视危机产生的原因,甚至不重视美联储允许货币供应下降而造成的损害,而是直接将关注重点转移到了金融系统失灵的问题上。他的这一方法被辜朝明解读为：从不纠结于病因而直接对病人施以疗法。

此外，他还与合作者在一篇展望格林斯潘之后美联储政策的评论文章中，提出要给通货膨胀设定一个量化的控制目标，在一定时期内使通货膨胀率保持在特定的水平，以便引导公众预期。他这一理论被人们简化为"如有需要，就可通过大量印刷钞票来增加流动性"。也正因为这一观点和他以后的实践，伯南克得到了一个"印刷纸币的本"的绰号。

但这一观点及伴随而来的政策，就如辜朝明和克鲁格曼的积极的财政刺激政策一样，人为地破坏了"创造性破坏"这一市场机制，这一做法只能是将原有的已不合时宜的产业模式予以固化。这也正是在本书中，除积极的财政政策之外，我所极力批判与反对的另一观点和政策。

近年被验证的预测（摘要）

酝酿中的全球经济危机——格林斯潘给我们的遗产

2006-10-01

美联储人为压低利率造成信贷的扩张，往往误导着美国的消费者，使他们热衷于消费很多在正常情况下根本不可能消费的项目（美国的房地产业危机就是一个明证），形成一时的繁荣。这种繁荣传递到中国，也自然地影响了中国人民银行的利率政策，因为啤酒效应，这种政策在中国更呈倍积放大。中央银行也人为压低利率，造成信贷的扩张，也在误导商人，使他们热衷于投资很多在正常情况下根本不可能赢利的项目，由此，自然又造成世界另一极的一时的繁荣。但可惜的是信贷不可能永远无限制地扩张下去，一旦信贷收缩，那些本来不应该投资、消费的项目就会无以为继，结果就是衰退，就是失业，就是经济的全面危机。全球将以经济危机为代价为这轮的繁荣买单——这就是格林斯潘所给我们留下的遗产。

http://www.chinavalue.net/Finance/Article/2006-10-1/44872.html

降息无助于美国经济

2007-03-28

如果这个时候予以降息，所能够带来的必然结果只是将问题往后拖延了而已，这有点类似一些财务状况很坏的公司习惯的解决办法——借新债还旧债，用新债压旧债。这样的危机将带来滚雪球效应，到时问题将完全不在我们能够控制的范围内。

因此，我认为美国甚至包括紧步美国后尘的中国，应该做的是将问题放在现在处理，而不是把问题留到以后处理。而这，关键将取决于美联储政策。资产价格泡沫膨胀实在应该归咎于格林斯潘时代的政策失误。由于担心引发如日本10年通缩和经济衰退那样的严重后果，格老在泡沫膨胀至极限时，不敢大力将其刺破；当泡沫破裂后，又急于大幅下调利率，使过剩的流动性孕育另一个泡沫的诞生。目前美国和全球经济的安危均系于现任美联储主席伯南克一身，他需要做的仅仅只是彻底切断与"格林斯潘式"政策思路的任何联系，然而这需要他更多的智慧、勇气及挑战精神。

http://www.p5w.net/news/xwpl/200703/t854533.htm

Q近了P还会远吗
2009-10-19

当前的复苏形式，只是来源于传统的流动性驱动，而不是缘于经济产业结构的调整和新经济的驱动，这种复苏是不可持续的，是脆弱的。

米塞斯在1934年写的《社会主义》一书里，曾指出：信用扩张在初始阶段的确能够带来经济繁荣。同样的观点也可在货币主义学派那里得到支持，弗里德曼认为货币刺激的初始效应是正面的（提高Q），只是到了后期，负面效应（提高P）才显露出来。基于上面所述，我认为从当前至2011年前，包括中国和美国在内的世界经济将处于一个正面的Q的时期，但我们必须要有未雨绸缪的意识，必须借镜历史，不能被暂时的繁荣所蒙蔽，而错失宏观调控特别是货币调控的最佳时点，使通货膨胀失控。毕竟Q近了P就不会再远了！

http://www.chinavalue.net/Finance/Article/2009-10-19/188455.html

为什么我们坚信美国一定会推出QE3
2011-07-14

首先，伯南克本身的学术思想决定其政策主张。伯南克有一个绰号叫"印刷纸币的本"，这个绰号起源于他的一个重要的政策观点：如有需要，就可通过大量印刷钞票的方法来增加流动性。2008年金融海啸发作，伯南克所采取的办法就是他2002年时所坚持的那套——通过大量印刷钞票的方法来增加流动性，于是QE1、QE2也就相继出炉了。如果美国经济继续不景气，特别是伯南克所代表的新凯恩斯主义者所最为关注的就业率问题没有解决，那么我想伯南克一定会再次祭出他的法宝——如有需要，就可以通过大量印刷钞票的方法来增加流动性。从2002年以来，伯南克一直都是这么干的。

而另一个深层次的原因则在于，对明年的大选而言，最困扰预备连任的奥巴马的，就是美国令人沮丧的失业率。对于一个民选国家而言，在经济糟糕的环境下，政客们要想上台就需要选票，而握有选票的选民讨厌失业，为了当选政客们就必须承诺减少失业率，而要想实现这点，就不得不采用积极的财政政策和宽松的货币政策来对经济予以干预，以期人为地将失业率降低。所以，从这个角度来说，伯南克之所以上任，其本身就代表了利益群体对未来货币政策走向的期望。既然伯南克的偏好已经广为传播，奥巴马任命他其实就是在为未来的政策定调子，套用伯南克自己的话说——他，那个习惯于"如有需要，就可以通过大量印刷钞票的方法来增加流动性"的伯南克，本身就是奥巴马和民主党必须保留的选项之一。

正是基于上述原因，在经济和就业形势还充满了不确定性的美国，我们始终坚信，美联储推出QE3只是迟早的问题。

http://www.chinavalue.net/Finance/Article/2011-7-14/200395.html

致谢
The Next Economic Crisis

人云：文如其人。确是如此。在这本书里，我的劣根性再次暴露无遗，那就是我的好斗、好论争。哈耶克曾提到过，"正是源自人们不同经验的不同观念之间的争论和相互批评，被认为推动了对真理的发现，或者说，至少达到了在尽可能的情况下最接近真理的程度[1]"。对此，我乐于扯起此观点来做大旗，但那充其量不过是为掩盖自身的劣根性而找的一块遮羞布罢了。但有一点必须承认的是，我确实喜欢与具有不同经验、不同观念的人开展争论和相互批评。至于推动对真理的发现，自然非我的能力所能企及，但这些辩论确实让我不断向真理迈进。

正是因此，在这里我首先应该感谢那些具有与我完全不同的经历、背景和观点，而又不吝赐教于我的人，他们分别是广州大学的陈潭教授、美国威斯康辛州立大学的易富贤博士、西班牙加泰罗尼亚奥贝尔塔大学的费尔南多·费雷罗、中美友谊交流协会会长王胜炜博士、中国人保资产管理公司首席经济学家王家春博士、宏源证券首席经济学家房四海博

---

[1] [英]弗里德利希·冯·哈耶克.自由秩序原理[M].三联书店，1997.

士、广东生产力发展研究会的李超会长和蒋正元秘书长,以及网友"@urna风之度"。与他们的争论使我获益良多,也正是他们的批评使我纠正了过往很多认识上的偏颇。另外,值得感谢的、与我曾有过非常尖锐争论的人还有:芝加哥的山姆·弗兰克先生、中国经济体制改革研究会管理科学研究所的崔长林研究员……感谢Lisa,这个量子理论的信徒,正是与她的争辩,最终纠正了我只信艾略特波浪理论的偏颇。

在此,我还应该感谢的是价值中国网的创始人兼CEO林永青先生;感谢美中联合商会会长林志共博士;感谢经济学茶坊坊主杨孟著先生;感谢以前的同事詹森·布卢博士、张大卫博士;感谢张清平、王清铉、王华北;感谢王露、范静、黎晓婷;感谢李·甫里嘉、罗恩·桑尼、保罗·马修斯……在与他们的密切交往中,我学到了很多以前所不知道的知识,这种交往是极具价值的,感谢他们与我分享知识和经验。在这些朋友中,很多人不能够认同我的观点,也正如我不能够认同他们的观点一样,但这种观念的冲突总能激发我的灵感。在这漫长的岁月里,我们观念不同却长期保持良好的友谊,他们总是有求必应,我欠他们许多的情。

感谢我的老师谭士珍先生,我是不擅为文的,语法和标点总让我自卑,而这位向我们呈现了袁隆平一生的著名作家给了我莫大的鼓励,使我有勇气来写下一些感谢和感慨。

另外,我也应该感谢我的家人:感谢我的妻子钟凡立女士,她是本书的第一个读者,她看了我的初稿,并给了我无数的评语,使本书改善甚多;感谢我的祖母韩黄元秀,她教会了我自强不息,感谢她的茹苦含辛。我于5岁失怙,是这位可敬的老人将我与妹妹拉扯成人。正如同我的中学同学谢海波先生所指出的那样,如果不是这位伟大的女性,也许我只能待在湘西做一个并不合格的农民;感谢我的叔叔韩瑞兵、韩瑞文先生,特别是仅仅长我两岁的么叔韩瑞文以及我的妹妹韩海霞女士,我今天所拥有的知识完全是建立在他俩无私的付出之上，如果不是因为我，也许他们能够再多接受几年的教育。那么，他们也许能够给我们带来更多的分享，这让我一直不能释怀，事实上他们都比我聪明。

特定于本书，最后最应该感谢的人非日知图书的杨水秀女士莫属。我不是职业作家，事实上对于写作我常怀李嘉图式的恐惧。在《论谷物价格低廉对资本利润的影响》一文于1815年2月出版后不久，詹姆士·穆勒（James Mill）就建议大卫·李嘉图（David Ricardo）将该文加以扩充和修改。但李嘉图一开始并不情愿，因为他对自己的写作能力缺乏自信。他从格特康农庄写信给朋友谈到："穆勒先生希望我整个重写一次，我恐怕自己不能胜任这一工作……我期盼写出一些值得出版的东西，但我诚恳地说，这一点恐非我力所能及……我发现最大的困难就是在最简单的叙述中也不能避免混乱。[1]"事后，穆勒的儿子回忆说："如果不是家父恳切地请求与热情鼓励，恐怕（李嘉图的）那些书永远不会出版，或者永远不会写出。"同样，如果不是杨水秀女士的再三约稿和一再地鼓励，委实说，我也实在没有勇气写下去。

如果我的这本书还不至于一无是处，那么，读者们首先应该记住的是上述我感谢过的这些人。正是他们使得我的生命非常充实，并能够致力于研究。

韩和元
2012年秋于广州白云山畔

---

[1] [英]彼罗·斯拉法.李嘉图著作和通信集卷一[M].商务印书馆，1962.

参考文献

中文部分：

[美]辜朝明.大衰退:如何在金融危机中幸存和发展[M].东方出版社，2008.

[美]罗伯特·布伦纳.全球动荡的经济学[M].中国人民大学出版社，2012.

[美]约瑟夫·阿洛伊斯·熊彼特.经济发展理论:对利润、资本、信贷、利息和经济周期的探究[M].中国社会科学出版社，2009.

[美]托马斯·麦克劳.创新的先知：约瑟夫·熊彼得传[M].中信出版社，2010.

[美]保罗·克鲁格曼.克鲁格曼的预言：美国经济迷失的背后[M].机械工业出版社，2008.

[美]罗伯特·希勒.非理性繁荣[M].中国人民大学出版社，2004.

[美]努里埃尔·鲁比尼.末日博士鲁比尼的金融预言[M].万卷出版公司，2010.

[美]李·艾柯卡,威廉·诺瓦克.艾柯卡自传[M].中信出版社，2007.

[美]莫瑞·罗斯巴德.美国大萧条[M].上海人民出版社，2003.

[美]米尔顿·弗里德曼.论通货膨胀[M].中国社会科学出版社，1982.

[美]塞缪尔·亨廷顿.文明的冲突与世界秩序的重建[M].新华出版社，1998.

[美]保罗·沃尔克，[日]行天丰雄.时运变迁：国际货币及对美国地位的挑战[M].中国金融出版社，1996.

[美]约瑟夫·B·特雷斯特.保罗·沃尔克：金融传奇人生[M].中国金融出版社，2006.

[美]史蒂夫·福布斯，伊莉莎白·艾姆斯.福布斯说资本主义真相[M].中华工商联合出版社，2011.

[美]迈克尔·波特.国家竞争优势[M].华夏出版社，2002.

[美]陈志武.金融的逻辑[M].国际文化出版公司，2009.

[美]约翰·奈斯比特.大趋势[M].中国社会科学出版社，1984.

[美]弗朗西斯·福山.历史的终结及最后之人[M].中国社会科学出版社，2003.

[美]保罗·萨缪尔森，威廉·诺德豪斯.经济学[M].人民邮电出版社，2008.

[英]亚当·斯密.国富论[M].华夏出版社，2009.

[日]野口悠纪雄.泡沫经济学[M].生活·读书·新知三联书店，2005.

[日]都留重人.日本经济奇迹的终结[M].商务印书馆，1979.

刘瑜.民主的细节[M].上海三联书店，2009.

张五常.多难登临录：金融危机与中国前景[M].中信出版社，2009.

殷海光.中国文化的展望[M].上海三联书店，2002.

杨鲁军.论里根经济学[M].学林出版社，1987.

韩和元.通胀的真相[M].科学出版社，2012.

韩和元.全球大趋势2：被债务挟持的世界经济[M].中华工商联合出版社，2012.

英文部分：

Richard Koo.Balance sheet recession: Japan's struggle with uncharted economics and its global implications[M].John Wiley & Sons，2003.

Paul R. Krugman.The Great Unraveling: Losing Our Way in the New Century[M].W. W. Norton & Company，2004.08.

Clement Juglar .Des crises commerciales et de leur retour périodique en France，en Angleterre et aux Etats.Unis[M].Guillaumin et cie，1889.

John Scull.Odyssey: Pepsi to Apple a Journey of Adventure Ideas and the Future[M].Harpercollins，1988.

Charles Amos Dice.New Levels in the Stock Market[M].McGraw Hill，1929.

John Atkinson Hobson.The Physiology of Industry[M].J.Murray，1889.

N.Luhmann.Trust and Power[M].John Wiley &sons Chichester，New York.1979.

John Law .Money and trade considered. with a proposal for supplying the nation with money[M]. Gale ECCO，Print Editions August，2010

Paul Kennedy.The Rise and Fall of the Great Powers[M].Vintage，1989.